비대면 근무여도, 가치관이 달라도 성과를 내는
기록 중심 기업 운영 프로세스

저자 치다 카즈히로 / 역자 김누리

일 잘하는
글로벌 GitLab
Handbook
기업의
조직 문화

YoungJin.com Y.
영진닷컴

SE
SHOEISHA

GitLab Handbook
일 잘하는 글로벌 기업의 조직 문화

GitLab に学ぶ 世界最先端のリモート組織のつくりかた
(GitLab ni Manabu Sekaisaisentan no Remote Soshiki no Tsukurikata : 7942-1)
© 2023 Kazuhiro Chida
Original Japanese edition published by SHOEISHA Co.,Ltd.
Korean translation rights arranged with SHOEISHA Co.,Ltd.
in care of Japan Creative Agency Inc. through Lee&Lee Foreign Rights Agency
Korean translation copyright © 2026 by Youngjin.com, Inc.

ISBN : 978-89-314-8178-5

독자님의 의견을 받습니다.
이 책을 구입한 독자님은 영진닷컴의 가장 중요한 비평가이자 조언가입니다. 저희 책의 장점과 문제점이 무엇인지, 어떤 책이 출판되기를 바라는지, 책을 더욱 알차게 꾸밀 수 있는 아이디어가 있으면 이메일, 또는 우편으로 연락주시기 바랍니다. 의견을 주실 때에는 책 제목 및 독자님의 성함과 연락처(전화번호나 이메일)를 꼭 남겨 주시기 바랍니다. 독자님의 의견에 대해 바로 답변을 드리고, 또 독자님의 의견을 다음 책에 충분히 반영하도록 늘 노력하겠습니다.

이메일 : support@youngjin.com
주 소 : (우)08512 서울특별시 금천구 디지털로9길 32 갑을그레이트밸리 B동 10층
         (주)영진닷컴 기획1팀
파본이나 잘못된 도서는 구입하신 곳에서 교환해 드립니다.

STAFF
저자 치다 카즈히로 | **역자** 김누리 | **총괄** 김태경 | **기획** 현진영 | **디자인·편집** 김유진
영업 박준용, 임용수, 김도현, 이윤철 | **마케팅** 이승희, 김근주, 조민영, 김민지, 김진희, 이현아
제작 황장협 | **인쇄** 예림

최첨단 조직을 모델화하여
누구나 쉽게 구축할 수 있도록 하기 위해

많은 경영자 혹은 인사팀은 비즈니스를 성공적으로 이끄는 '좋은 조직'을 만들고 싶다고 생각합니다. 한편, 이러한 조직을 만들기 위해 타고난 센스와 특별한 재능이 필수라고 생각할지 모릅니다.

이 책에서는 이러한 고정관념을 부정하며 '퍼포먼스가 높은 조직을 누구나 구축할 수 있다'는 점을 강조합니다.

또한 이 책은 원격 근무 조직을 주제로 다루고 있지만, 이 내용은 모든 기업이 효과적으로 적용하고 재현할 수 있는 방법에 초점을 두고 있습니다.

여러분들도 소속된 조직이 어떤 형태든, 조직을 보다 발전시키는데 도움이 될 수 있는 힌트를 발견할 수 있을 것입니다.

또한 '조직 문화란 무엇인가?' '퍼포먼스란 무엇인가'와 같이 사람마다 해석이 다를 수 있는 개념도 가능한 한 이론과 정의를 바탕으로 언어화하는데 집중하였습니다.

이러한 연구를 통해 인간의 감정과 인간관계에 대한 새로운 통찰을 얻고 흥미를 느낄 수 있기를 바랍니다.

원격 근무 조직을 만드는 교과서
[GitLab Handbook]와 만남

지금은 완화되었지만, COVID-19가 유행하던 사회는 큰 혼란에 빠졌었고, 대다수의 기업은 어떻게 사업을 지속해야 할지 끊임없이 방법을 모색해야 했습니다.

그 시기 필자가 소속되어 있던 조직은 사무실에서 얼굴을 맞대고 대면 소통을 중시하는 일반적인 기업이었습니다.

사무실 중심의 조직 문화 덕분에 소속감을 느끼기는 했지만, COVID-19가 언제 끝날지 모르는 상황에서, 글로벌 트렌드를 고려했을 때 원격 근무 도입은 피할 수 없는 흐름이라는 위기감을 느꼈습니다.

그러기 위해, 사무실 근무를 전제로 한 방식과 함께 퍼포먼스를 극대화할 수 있는 원격 근무 조직을 구축하는 실험을 병행했습니다.

그 과정에서 필자가 접한 것이, 당시 '세계 최고의 원격 근무 조직'이라 불리는 소프트웨어 기업인 'GitLab'이었습니다. GitLab은 최첨단 원격 근무 조직을 운영하기 위한 노하우를 'GitLab Handbook'이라는 이름의 웹사이트에 자세하게 공개하였습니다. 필자는 가이드북을 처음 접했을 때 그 안에 담긴 체계적인 정보의 가치와 압도적인 분량에 큰 충격을 받았던 기억이 있습니다.

가이드북에는 세상에 존재하는 원격 근무가 일반화되기 전부터 GitLab에서 축적해 온 역사와 경험이 고스란히 담겨 있었습니다. 학술적인 연구 및 프레임워크를 축적하며, 체계화시켜 나간, 실제 조직 운영을 통해 다듬어진 귀중한 문서가 세간에 공개된 것입니다. '바퀴를 다시 발명할 필요는 없다'는 말처럼, 이미 검증된 노하우가 존재한다면, 그 성공 사례를 기반으로 활용하는 것이 효율적이라고 판단했습니다.

필자는 'GitLab Handbook'을 읽으며 그 안에 숨어있는 본질적인 개념들을 해석하고, 이를 소속된 조직에 하나씩 적용해 나갔습니다. 맥락(Context)에 의존하지 않는, 눈치를 보지 않는(Low Context) 커뮤니케이션 방식 및 문서화 중심 문화 등, 다소 이질적으로 느껴지는 개념들도 많았습니다.

동료들도 처음에는 당혹감을 느꼈습니다. 그러나, 이러한 방식이 왜 필요한지, 그리고 그것이 중요한 이유를 강하게 설명하며 실제로 효과를 체감할 수 있도록 한 결과, 점차 조직에 자연스럽게 정착되었습니다.

그 결과, 지금은 원격 근무 조직에 익숙하지 않은 신입 사원이 입사하더라도, 안심하고 자신의 역량을 충분히 발휘할 수 있는 기반이 마련되었습니다.

필자가 GitLab의 방식을 도입한 조직은 아직 수십 명 규모의 스타트업이지만, 조직 구축 방식에 대한 평가를 받았을 때, 후생노동성[1]이 직원들의 역량을 최대한 이끌어 내고, 일본을 대표하는 커리어 구축을 실현하는 기업을 표창하는 'Good Career 기업 어워드'를 ㈜야후 및 ㈜ NTT Communications같이 저명한 기업들과 함께 수상할 수 있었습니다.

또한, 후생노동성이 일본을 대표하는 원격 근무 기업을 표창하는 '빛나는 원격 근무상', 도쿄도의 'TOKYO 원격 근무 어워드' 등 다양한 상을 수상할 수 있는 기회도 얻었습니다.

이런 어워드의 심사위원들은 경영학 또는 조직론을 전문적으로 연구하는 대학 교수와 전문가들로 구성되어 있기 때문에, 우리가 추진하고 있는 방향이 조직 개발 이론 및 글로벌 트렌드와 부합한다는 확신을 갖게 되었습니다. 필자는 특별한 일을 한 것이 아니라, 'GitLab Handbook'의 사상을 정성스럽게 해석하

---

[1]   대한민국의 '고용노동부'와 '보건복지부'의 기능을 모두 수행하는 기관

고, 이를 현실적으로 재현해 나갔을 뿐입니다. 이러한 경험을 통해 알 수 있듯이 'GitLab Handbook'의 방식은 재현성이 높으며, 이를 착실히 실행해 나간다면 누구나 글로벌 기준에 부합하는 조직 체계를 구축할 수 있습니다.

뿐만 아니라, 'GitLab Handbook'을 읽으며 후 비동기(非同期: 시간선이 이어지지 않음) 업무 스타일을 이해한 결과, GitLab의 비동기 업무 스타일은 원격 근무 조직뿐 아니라 '현장 중심 기업'에서도 매우 가치 있는 방식임을 깨닫게 되었습니다. 사무실에서 근무하면 쉽게 자각하지 못하지만, 아무리 같은 시간에 근무를 하더라도, 실제로 우리들이 수행하는 대부분의 업무는 '비동기' 방식으로 이루어지고 있습니다. 대다수의 업무가 비동기 방식으로 처리되고 있다면 'GitLab'의 정교한 비동기 업무 스타일은 사무실 중심의 조직 문화에서도 업무 효율성을 높이고, 조직 운영에 큰 도움이 될 것입니다.

이 책은 'GitLab Handbook'의 내용을 단순히 전달만 하는 것이 아니라, 필자가 사무실 중심 조직에서 원격 근무 조직으로 전환하는 과정의 경험을 바탕으로 필요한 관점과 주의해야 할 사항들을 구체적으로 설명합니다. 원격 근무 조직을 실현하기 위한 방법뿐 아니라, 사무실 중심의 조직에서도 활용할 수 있는 실용적인 업무 노하우도 담겨있습니다. 그러므로 이 책은 완전한 원격 근무 조직을 목표로 이 책을 활용할 수도 있으며 원격 근무와 사무실 근무를 병행하는 하이브리드 조직, 혹은 사무실 중심의 조직 등 다양한 형태의 조직 운영 방식에 맞춰 효율적인 시스템을 구축하는 데 활용할 수 있습니다.

이 책에서는 세계 최첨단 원격 근무 조직을 구축하기 위한 데이터 및 노하우를, GitLab이 공개한 'GitLab Handbook'을 기반으로 4부로 구성하여 설명합니다.

'GitLab Handbook'에는 여러가지 지식이 수록되어 있습니다. 공식 웹사이트에서 공개된 정보만 해도 약 3000 페이지에 달하는 막대한 분량으로 구성되어 있습니다.

기회가 된다면 공식 자료도 직접 살펴볼 수 있도록 하고 싶지만, 모든 내용을 한 번에 이해하기에는 난이도가 높기 때문에, 이 책에서는 각 장의 배경을 포함해 보다 쉽게 이해할 수 있도록 정리했습니다.

① 세계 최첨단이라 불리는 원격 근무 조직의 실태 및 장점 개요 설명
② 세계 최첨단 원격 근무 조직으로 전환하는 과정에서 발생할 수 있는 문제 및 대처법
③ 원격 근무 조직이 원활하게 운영되기 위한 조직 문화 형성 방법
④ 원격 근무 조직에서 퍼포먼스를 극대화할 수 있는 인사 제도 및 업무 규칙 설계

위와 같이 ① 목표(goal)의 이해, ② 전환 절차, ③ 조직 전체에 적용되는 조직 개발 방침, ④ 구체적인 제도 설계의 순서로 내용을 전개하며, 이를 통해 난계적으로 학습할 수 있도록 구성하였습니다.

이 책은 경영자, 인사 담당자, 매니저, 팀 리더 등 더 나은 팀을 만들기 위해 다양한 노력을 기울이는 분들을 대상으로 하고 있습니다.

이 중에는, 인터넷이나 서적에서 찾은 노하우를 그대로 따라해 보았지만 기대했던 효과를 얻지 못한 경험이 있는 분들도 있을 것입니다.

이러한 실패는 공개된 정책이나 아이디어의 배경에 숨겨진 '목적', '사고방식' 그리고 '근거'를 충분히 이해하지 못한 채, 단순히 적용하려고 했기 때문일 가능성이 큽니다.

이 책에서는 정책의 근본적인 '목적', '사고방식', 그리고 '근거'를 파악하고 조직과 팀의 상황에 맞게 정책과 계획을 조정하여 최적화된 형태로 개선해 나갈 수 있도록 도와줍니다.

이를 통해 즉각적인 효과가 나타나지 않더라도 비관하지 않고 지속적으로 적용할 수 있는 체계를 구축하는 것이 가능합니다. 또한 이야기가 반복될 수도 있

지만, 필자의 GitLab의 가이드북을 참고하여 도입한 경험에서도 알 수 있듯이, GitLab은 조직을 하나의 시스템으로 구축하고 있습니다. 이처럼 근거를 축적하면서 조직을 발전시키는 방식이기 때문에, GitLab의 방법을 배우면 특별한 재능에 의존하지 않고도 누구나 최첨단의 원격 근무 조직을 구축할 수 있는 재현성을 갖추게 됩니다.

각각의 정책 및 규칙을 토대로 흘러가는 로직의 흐름을 이해함으로써, 절대 놓쳐서는 안될 핵심 요소를 파악하고, 예상치 못한 상황에서도 침착하게 대응할 수 있는 포인트를 설정할 수 있게 됩니다.

이 책은 구체적인 노하우를 설명하는 것에 그치지 않고, HR(기업에서는 인사 관리)의 관점에서 정책과 규칙의 배경에 숨겨진 '목적', '사고 방식', '근거'까지 해설함으로써, 최첨단 원격 근무 조직을 구축하고자 하는 리더가 '실제로 실현할 수 있는 환경'을 만드는 것을 목표로 하고 있습니다.

글로벌 기준을 충족하는 원격 근무 조직이 늘어나면, 다양한 인재가 활약할 수 있는 기회가 확대될 뿐만 아니라, 사회에서도 지속적으로 요구되는 생산성 향상과 다양성 활용에도 긍정적인 영향을 미칠 것입니다.

이 책이 시행착오를 겪고 있는 리더들에게 도움이 되고, 나아가 세계적으로도 손색없는 원격 근무 조직이 탄생하는데 기여할 수 있다면, 그보다 더 큰 보람은 없을 것입니다.

또한, 이미 원격 근무 조직을 운영하고 있는 기업이더라도, 신입 사원이 원격 근무 조직을 이해하는데 필요한 교육자료로 활용할 수 있도록 구성하였습니다.

새로운 원격 근무 조직에 소속되는 분들이 보다 원활하고 효과적으로 자신의 역량을 발휘하는데 이 책이 도움이 된다면, 그 또한 크나큰 기쁨일 것입니다.

2023년 9월 치다 카즈히로 (千田和英)

감수자의 말

　이 책은 원격 근무를 실천하고 있거나, 실천하려는 경영자 및 인사 담당자, 매니저, 직원 분들에게 시사하는 바가 많습니다. 그러나 원격 근무가 거의 도입되어 있지 않은 사무실 환경에서 근무하는 분들께도 이 책을 추천하고 싶습니다. 그 이유는 사무실 근무가 조직 내에서 협업하는데 오히려 비효율적인 방식으로 흐를 가능성이 크다는 점이 경험적으로 확인되었기 때문입니다. 예를 들어 어젠다 설정 없이 진행되는 회의, 회의 중 논의된 내용을 정리하고 공유하는 미팅 노트가 없는 회의, 정보 공개의 범위를 지나치게 좁게 설정하는 문화, 경영진 주도의 일방적인 커뮤니케이션이 과도하게 많은 경우 등 앞에 열거한 요소들이 사무실 환경에서 자주 발생하는 문제 중 일부입니다.

　이 책에서 제시하고 있는 사고 방식을 개인과 조직에 점진적으로 실천해 나간다면, 원격 근무 여부와 관계없이 장기적으로 조직의 성과를 위한 효율성에 기여할 수 있습니다.

　저는 경력 지향성과 원격 근무 방식이 잘 맞을 거라는 기대감 그리고 선진적인 업무 방식을 직접 경험해 보고 싶은 마음에, GitLab의 방식에 공감하게 되었습니다. 물론 현실적으로 GitLab의 업무 방식이 무조건 최선이라 단정지을 수는 없지만, "이런 방식으로 일해 보고 싶다"라는 생각을 하게 만든 경험과 실상을 'GitLab에서 배운 최고의 근무 방식'과 '자율성을 기반으로 한 조직 내 커뮤니케이션'이라는 주제로 정리하여 발표하였습니다.

　이 과정에서 참고한 'GitLab Handbook'은 이 책 집필 당시 기준으로도 영어로 약 3000 페이지에 달하는 방대한 양을 포함하고 있습니다. 솔직히 말해, 이런 방대한 분량 때문에 GitLab의 직원들조차 모든 내용을 완벽하게 숙지하는 것은 쉽지 않았을 것입니다. 저 역시 이 책의 검수를 맡으면서 처음 접한 내용이 여럿 있었으며, 이를 통해 많은 부분에서 새로운 인사이트를 얻을 수 있었습니다.

이 책은 이러한 방대한 'GitLab Handbook'의 중요한 포인트를 요약하여 읽을 수 있도록 구성되었다는 점에서 큰 의미가 있다고 생각합니다.

주제에 따라 GitLab Handbook에서는 학술적 배경을 깊이 다루지 않은 부분도 있지만, 이 책에서는 그러한 내용들을 보다 정밀하게 설명하고 있습니다. 또한 저자의 조직 구축 경험을 바탕으로 한 사고방식이 곳곳에 반영되어 있어, 전체적으로 적절한 구성과 흐름을 갖춘 책이라 할 수 있습니다. 조직 운영과 업무 방식에 대한 중요한 사고방식을 널리 전파하는 매체가 점차 증가하는 것도 매우 기쁜 일입니다.

또한, 현업에서 인사책임을 맡고 있는 입장에서, 이 책을 집필하는데 최선을 다한 저자 치다 카즈히로(千田和英)님에게도 깊은 감사드립니다.

2023년 9월
GitLab Solution Architect − 이토 토시타카 (伊藤俊延)

감수자의 말

2022년 2월에 개최된 'Developers Summit 2022'에서 감수자인 저희 두 사람은 'GitLab'의 근무 방식을 'GitLab에서 배운 최고의 근무 방식'이라는 주제로 소개하였으며, 이를 통해 많은 분들로부터 큰 반응을 얻을 수 있었습니다.

이 발표로 인해 이 책의 저자 치다 카즈히로(千田和英)님께서 이 책을 집필하게 되었고, 이처럼 훌륭한 책의 감수를 맡게 되고 이 출판을 알릴 수 있게 되어 매우 기쁘게 생각합니다.

원격 근무 방식이던, 사무실에 출근하여 근무를 하는 방식이던 세부적인 차이에 집중해 보면 결국, 근무지가 다를 뿐입니다. 현장에서 직접 근무를 해야 하는 직군들을 제외하면, 예를 들어 IT업계에 종사하는 우리와 같은 직군은, 이러한 좁은 의미의 원격 근무 실행이 충분히 가능하지 않을까요? 실제로 코로나 시기에는 톱다운(Top-down)[2] 방식의 의사 결정으로 인해 출근 일수가 제한되는 경우도 많았으며, 강제로라도 회사가 원격 근무 체제로 전환해야 했던 기업들도 적지 않았습니다.

그러나, 오늘날 대부분의 업무 환경에서는 같은 사무실에서 근무를 한다 해도, 근무 시간동안 지속적으로 정보를 공유하지는 않습니다. 각각의 역할과 업무 특성에 따라 비동기적으로 협업해야 하는 업무는 넓은 의미에서의 '원격 근무'라 볼 수도 있습니다.

이런 근무 방식을 효과적으로 운영하려면, '과거의 논제 및 경험 등의 정보가 가시화되어 있는가?', '의사 결정의 프로세스가 투명하게 운영되고 있는가?', '조직이 다양성을 중요시하고 있는가?'와 같은 질문이 더욱 중요해지는 가운데, 코

---

[2] 계층구조의 가장 높은 레벨의 구성으로부터 시작해서 다음으로 진행되어 가는 방법론

로나로 인한 일시적인 원격 근무의 여파가 점차 사라지고 있는 현재에도, 이 책이 도움이 될 수 있는 부분은 점점 더 많아질 것이라고 확신합니다.

이번 책을 통해, GitLab이 생각하는 원칙과 실제로 채택한 실천 방법을 다수 소개하였으며, 저희 감수진들이 옳다고 생각하며 실천해 온 방식이 적절한 방향인지 확인할 수 있었습니다. 이에 깊이 감사드립니다.

마지막으로, 이 책을 손에 든 모든 분들이 다음 세대의 근무 방식을 선도하며 그 과정에서 이 책이 작게나마 도움이 되었다면 더할 나위 없이 기쁠 것입니다.

2023년 9월 GitLab Senior Solutions Architect 사사키 나오하루(佐々木 直晴)

GitLab Handbook 일 잘하는 글로벌 기업의 조직 문화

비대면 근무여도, 가치관이 달라도 성과를 내는 기록 중심 기업 운영 프로세스

• 목차 •

서문	3
감수자의 말	9
독자 특전 데이터 안내	20

제1부

원격 근무 조직의 메리트를 분석하다

제1장

최첨단 원격 근무 조직 'GitLab'

위대한 원격 근무 조직은 우크라이나의 수도도 없었던 집에서 탄생하였다	29
'협업을 위한 원격 근무'라는 발상의 전환	30
원격 근무 조직을 지탱하는 오픈 소스 소프트웨어(OSS)의 개념	33

제2장

원격 근무 조직으로 전환하여 얻을 수 있는 메리트

94%가 자부심을 느낀다 - 놀라운 참여도   39
최고의 인재를 빠르게 채용할 수 있다   41
다양한 멤버들의 퍼포먼스를 극대화할 수 있다   43
성과를 중시하는 조직 문화가 형성된다   46
비용이 절감되며, 본질적인 업무에 집중할 수 있다   48
효율적인 비동기 업무는 사무실 중심의 조직도 개선할 수 있다   50

제2부

최첨단 원격 근무 조직으로 전환하기 위한 프로세스

제3장

원격 근무 조직을 구축하기 위한 프로세스

원격 조직의 인식을 새롭게 정립하고 명시한다   59
원격 근무의 책임자를 임명한다   62
핸드북(Handbook)을 제정한다   65
커뮤니케이션 가이드라인을 명시한다   69
도구(tool)의 종류를 최소화한다   72
경영진들이 원격 근무를 기본 원칙으로 삼는다   73
원격 근무 환경을 정비한다   75
인포멀한 커뮤니케이션을 설계한다   77
더 나은 원격 근무를 위한 12가지 실현 방법   83

제4장

원격 근무 시 발생하는 문제와 해결책

원격 근무에서 공통적으로 발생하는 문제   86

원격 근무의 일반적인 문제와 해결책   88

하이브리드 원격 근무 시 발생하는 문제   90

하이브리드 원격 근무의 문제점과 해결책   92

사무실 근무로 돌아가고 싶다는 욕구에 대처하는 방법   94

제3부

GitLab이 실천하는 조직을 활성화하는 조직 문화 형성법

제5장

조직 문화는 가치(Value)에 의해 형성된다

컬쳐 매치가 아닌, 밸류 매치가 중요   102

가치(Value)의 전체 내용 및 우선순위   105

협업(Collaboration)   107

성과(Result)   113

효율성(Efficiency)   119

다양성, 포용성 그리고 소속감(Diversity, Inclusion & Belonging)   124

이터레이션(Iteration)   132

투명성(Transparency)   141

GitLab은 어떻게 해서 가치를 강화하고 있는가?   145

가치가 지켜지지 않은 경우의 대응 방법   148

제6장

커뮤니케이션 규칙

무의식적 편견을 제어하기	153
커뮤니케이션 가이드라인을 설정하여 준수한다	154
비공개 정보 관리 방법	157
로우 콘텍스트 커뮤니케이션의 최적화	159
GitLab에서 실천하는 비동기 커뮤니케이션 방법	162
온라인 회의의 가이드라인	164
동기식 회의를 활용하여 비동기 커뮤니케이션을 촉진시키기	165
문서의 힘을 극대화하기	166

제7장

원격 근무 조직에서의 온보딩의 중요성

Ta–New–Ki Welcome Call	171
온보딩 버디의 중요성	171
온보딩 기간의 기준과 피드백	173
GitLab이 운영하는 입사 후 온보딩 프로세스	175

제8장

심리적 안정성 형성

심리적 안정성을 만들어 내는 7가지 방법   180
동의하지 않는다, 기여한다, 동의하지 않는다   182
긍정적인 의도라고 상정하기   183
심리적 안정성을 유지하면서 피드백하는 방법   184
심리적 안정성을 뿌리박기 위해, 규정을 엄숙하게 준수시키기   188

제4부

GitLab이 성과를 내기 위해 실천하고 있는 인사 제도와 업무 규칙

제9장

개인의 퍼포먼스를 끌어내기

GitLab이 생각하는 개인의 퍼포먼스   199
OKR과 North Star-KPI 설정   204
매니저와 퍼포먼스의 기준을 합의하기   206
의사 결정에 관한 사고방식   207
스킬과 의지에 따른 퍼포먼스를 평가하는 방법   210
팀 멤버 스페셜리스트라고 하는 역할   212
불건전한 규율에 저항하기   214
핵심 인재(Key Talent) 선정   215

제10장

GitLab Value에 기반한 인사 제도

직급은 업무 등급(Job Grade)을 기준으로 결정   220
인사 평가는 매니저의 최우선 사항   223
보수(Reward)에 대한 GitLab의 입장   228
경영 과제로서의 승계 계획(Succession Plan) 마련   230
모든 직원이 반드시 승진을 목표로 할 필요는 없다   231

제11장

매니저의 역할과 매니지먼트를 지원하기 위한 시스템

친밀함은 퍼포먼스를 향상시킨다   235
매니저는 직원을 이끌고 유지할 책임이 있다   237
SMART한 목표를 설정하는 법   238
실시간 피드백을 제공하여 퍼포먼스를 향상시키는 방법   239
퍼포먼스 부족 문제에 대응하는 방법   244
매니저가 갖춰야 할 5가지 핵심 역량   247

제12장

컨디셔닝을 실현하기

환경 감수성의 차이를 이해하기   254
휴가를 가지 않는 것이야 말로 조직의 약점   256
완벽한 휴가를 보내게 하기   258
운동을 통한 두뇌의 재정비   260

제13장

L&D를 활용하여 퍼포먼스와 의욕을 향상시키기

효과적인 자기개발 프로세스를 이해하기   263

개인 개발 계획(IGP)을 수립하고 지속적으로 커리어 개발 논의를 이어가기   266

360도 피드백을 통해 능력 개발을 촉진시키기   267

임시 역할에 대한 이해   269

GitLab이 제공하는 역량 개발 지원 프로그램   270

GitLab의 사고방식을 자사에 도입해 보기   272

독자 특전 데이터 안내

이 책의 독자 특전으로, '용어 해설지'를 제공하고 있습니다. 이 책을 더욱 잘 이해하는데 활용 부탁드립니다.
독자 특전 데이터는 아래 사이트에서 다운로드할 수 있습니다.

URL: https://www.youngjin.com/reader/pds/pds.asp

제1부

원격 근무 조직의 메리트를 분석하다

'GitLab Handbook'을 읽기 전, 우선은 원격 근무 환경에 대해 모든 독자 분들께 전제 사항을 제공하겠습니다. 여러분들도 아시다시피, 우리들은 COVID-19를 겪고 결과적으로 대다수의 기업이 원격 근무 제도를 채용해야만 하는 상황이 되었습니다.

원격으로 업무가 가능하다고 알려지게 되자 노동자들은 원격 근무 경험을 잊을 수 없게 되었습니다. 물리적으로 원격 근무가 불가능한 업종은 아직 존재하지만, 그렇지 않은 업종에서는 많든 적든 원격 근무를 도입할 수밖에 없게 되었습니다. 총무성(総務省)에서도 '2021년 통신 이용 동향 조사'에 따르면 원격 근무 도입 기업이 50%를 넘었고, 업종별 도입 상황도 보면 인재 채용 경쟁이 심한 IT 업종은 90%를 넘겼습니다. 원격 근무가 일반적인 업종에서 원격 근무를 금지하는 것은 인재 채용 및 인재 정착에 있어 큰 손해를 가지게 됩니다.

■ **원격 근무 도입 상황**

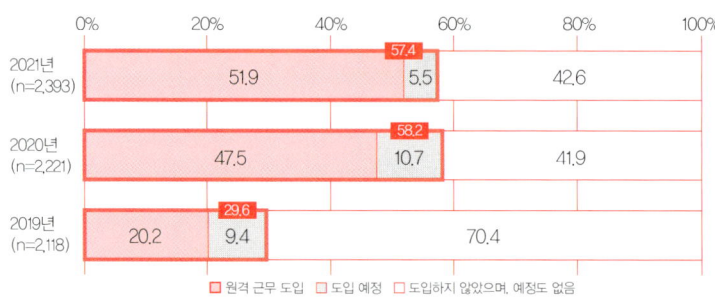

출처: 총무성(総務省): 2021년 통신 이용 동향 조사 결과
URL: https://www.soumu.go.jp/johotsusintokei/statistics/data/220527_1.pdf

출처: 총무성(総務省): 2021년 통신 이용 동향 조사 결과
URL: https://www.soumu.go.jp/johotsusintokei/statistics/data/220527_1.pdf

　COVID-19가 종식되어 사무실로 회귀하는 움직임을 보이고 있지만, 사무실로 회귀를 추진하는 기업에서 인재 유출이 발생하고 있다는 뉴스도 나오고 있습니다. 제국 데이터뱅크의 '인재 부족에 대한 기업의 동향조사(2023년 4월 실시)'에 따르면, 이미 정직원 인재 부족에 빠진 기업의 비율이 50%를 넘었다고 합니다. 이런 상황에서 우수한 인재를 채용, 정착시키며 건실하게 사업을 지속하기 위해서는 **어떠한 형태던간에 원격 근무를 전제로 한 조직 구성을 해야 하게 된 상황**이 현실입니다. 또한, 사무실로 회귀를 외치는 기업도 일부를 제외하고는 원격 근무를 완전히 배제하려 하지 않으며 원격 근무 중 발생한 문제를 해결하기 위해 사무실 출근을 선택하는 경향도 나타나고 있습니다. 즉, 원격 근무가 필요하다 생각하고 있지만, 원격 근무를 제대로 활용하기가 불가능해서 사무실로 복귀해야만 하는 기업이 많은 실정이 아닐까요?

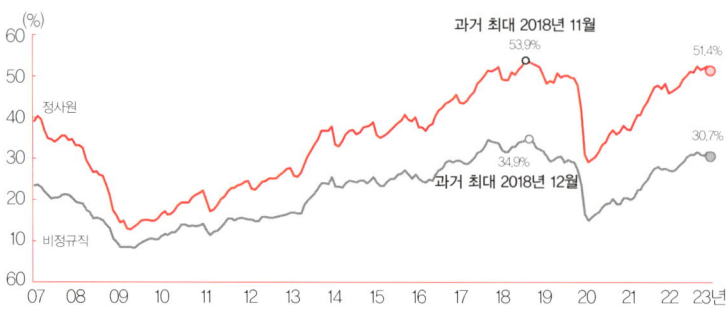

출처: 제국 데이터뱅크 인재부족에 대응하는 기업 동향 조사 (2023년 4월)
URL: https://https://www.tdb-di.com/special-planning-survey/sp20230502.php

　이 상황을 정리하자면, 원격 근무가 가능한 직종에 해당하는 대부분의 기업들은, 채용 및 정착 등의 면에서 불리함을 받아들인 채 근무환경을 사무실로 회귀할 지, 높은 성능의 원격 근무 조직을 만들어 우위를 점유할지 두 가지의 선택지가 존재하는 것은 알고 있습니다. 만약 사무실로 회귀한다 해도, 원격 근무 완전 배제는 현실적으로도 불가능하기 때문에 부분적으로 허용하는 형태가 될 것입니다. 원격 근무를 기피하지 않는 이상 **'퍼포먼스가 높은 원격 근무 조직을 어떻게 만들 것인가?'**라는 주제는 많은 기업들도 경영 과제로 삼고 있습니다. 현재 일반적인 기업에서 효율적인 원격 근무 조직을 실현시키고 있다 말하기에는 어렵지만, 그 결과로써 업무 환경을 사무실로 회귀하자고 생각하기 시작하는 기업도 늘어나고 있는 걸 보면, 아직은 시행착오의 단계가 아닌가 싶습니다.

　이러한 관점에서, 효율적인 원격 근무 조직을 실현시키는 방법만 알고 있다면, 소극적인 사무실 회귀가 아닌, 조직에 있어 가장 효율적으로 일할 수 있는 장소를 설계하는 것도 가능해집니다. 빠르게 최첨단 원격 근무 조직 구축 방법을 이해하게 되면 다른 회사들보다 성장 속도가 향상될 것이며, 인재 채용 면에서도 큰 경쟁 우위를 점할 수 있습니다.

이것을 전제로 제1부에서는 'GitLab에 대한 해석과 원격 근무 조직을 통해 얻을 수 있는 메리트'에 관하여 설명할 예정입니다. 어떤 설계에서도 목표 설정이 중요하듯, 최첨단 원격 근무 조직을 구성할 수 있는 상태'라는 구체적인 이미지가 그려져 있는 게 아니라면, 이상과 현실의 차이를 알지 못하고 어디서부터 손을 대야 할지 모르게 됩니다. 또한 여러분이 경영자로써 큰 결정을 내릴 수 있는 재량권이 있는 사람이라면 필요하지 않을 수 있지만, 조직을 크게 변화시킬 수 있는 리스크가 있는 행동에 대해서 조직이 얻을 수 있는 메리트를 충분히 설명하지 못한다면, 의사 결정자나 주변 사람의 동의를 얻기 힘들 것입니다. 이러한 과제를 해결하기 위해 제1장에서는 GitLab에서 근무하는 각 67개의 국가에 퍼져 있는 직원들이 어떻게 협력하여 시가총액 9조원을 넘게 되었는지, 이런 탁월한 실적이 하버드 비즈니스 스쿨에서도 논의되는 케이스로 선택되었는지까지, 그 과정들을 따라갈 예정입니다. 이에 따라 GitLab이 어떤 회사이며, 현재와 같은 기업 가치를 어떻게 확립하게 되었는지를 이해하는 데 도움이 될 것입니다.

제2장에서는 최첨단 원격 근무 조직을 실현함으로써 얻을 수 있는 메리트를 구체적으로 분석합니다. GitLab은 전세계의 우수한 인재를 효과적으로 채용하고 육성하며 정착시켜 퍼포먼스를 이끌어내고 있습니다. GitLab의 방법을 활용하면, 여러분의 조직에서도 높은 참여도와 성과 중심의 문화를 형성하고, 인간 관계에서 발생하는 다양한 과제를 해결할 수 있습니다. 많은 기업들은 사무실 근무가 불가능해지면서 원격 근무를 어디까지나 보조 요소로 받아들이는 경향이 있습니다. 그러나 GitLab에서는 원격 근무를 단순히 사무실 근무의 대체제로 생각하지 않고 원격 근무야 말로 퍼포먼스를 극대화하는 조직의 기반이 된다고 보고 있습니다. 사무실 근무 전제가 아닌 **원격 근무를 전제로 사고하는 발상의 전환**이야 말로 최첨단 원격 근무 조직을 구축하는데 있어 반드시 거쳐야

할 과정입니다. 앞으로 이어질 설명을 통해 최첨단의 원격 근무 조직이 어떤 형태를 갖추고 있으며, 이를 통해 어떤 메리트를 얻을 수 있는지를 보다 명확하게 살펴보겠습니다.

제1 장

최첨단 원격 근무 조직
'GitLab'

GitLab은 세계 67개국 이상에 걸쳐 2000명 이상의 직원들이 소속되어 있는 올 리모트(All-remote) 기업입니다. "올 리모트"란 말 그대로 '모든 것'이 원격 근무를 전제로 운영되는 조직입니다. GitLab은 사무실을 두지 않으며, 전세계에 직원이 분포해 있어 고정된 근무 시간이나 코어 타임 같은 개념을 가지고 있지 않습니다. 비동기(시간을 맞추지 않는) 커뮤니케이션을 전제로 운영되기 때문에, 전세계 어디서든 장소와 시간에 구애받지 않고 협업할 수 있습니다.

GitLab은 이러한 올 리모트 방식을 채택하고 7년 후, 2021년 NASDAQ에 상장하였으며, 시가총액 64억 달러를 기록하며 유니콘 기업으로 성장했습니다.

이렇게 글로만 보면 평범해 보일 수 있지만, 여러분들의 조직과 비교해 보면서 GitLab 같은 조직이 실제로 구현될 수 있을지 상상해 보세요. 67개국 곳곳에 흩어진 다양한 국적을 가진 2000명 이상의 직원이 단 하나의 서비스를 위해 협력하며 성장해 가는 모습은, 현실에서 매우 놀라운 일입니다. 가치관도 상식도 서로 다른 사람들이 어떻게 협업하고, 어떤 의사 결정 프로세스를 거쳐 의사 결정을 내리는지, 직원들의 동기를 어떻게 이끌어내 높은 퍼포먼스로 연결시키는지 생각해 보면 흥미롭지 않나요?

이번 장에서는, 이러한 독창적인 조직인 GitLab이 어떤 과정을 거쳐 성장했는지를 살펴보고, 원격 근무 조직의 핵심 철학을 분석해 보겠습니다.

위대한 원격 근무 조직은
우크라이나의 수도 시설도 없었던 집에서 탄생하였다

'GitLab'은 'DevOps' 플랫폼으로 불리며, 효율적인 소프트웨어의 개발을 지원하는 제품입니다. 개발자와 운영자가 협업하여 유저에게 신속하고 지속적으로 제품 및 서비스를 제공하는 것을 목표로 하고 있습니다.

2011년, 우크라이나의 수도도 없던 집에 살고 있던 공동 창업자 드미트리 자포로체츠(Dmitriy Zaporozhets)는 더 나은 협업을 위한 프로젝트로 GitLab을 시작하였습니다. "매일 우물에서 물을 길어 오는 것보다, 소프트웨어 개발자들이 협업할 수 있는 도구가 없다는 것이 더 문제라고 느꼈다." 이러한 동기에서 시작된 오픈 소스 소프트웨어(OSS)로 전세계 모든 개발자들의 기여를 받으며 성장했습니다.

이후, 네덜란드 출신 공동창업자이자 CEO인 시드 시브란디(Sid Sijbrandij)가 이 비전에 공감하여 2014년, GitLab을 법인화하였습니다. 다음 해에는 시드 액셀러레이터(Seed Accelerator: 스타트업의 성장을 지원하는 조직)으로써 저명한 와이 콤비네이터(Y combinator)에 참가하기 위해 실리콘밸리에서 직원을 모집하였으나 출근보다 개발에 집중하려 했고, 결국 3일째 되는 날 아무도 사무실에 출근하지 않으면서 원격 근무 조직으로의 전환을 검토하기 시작했습니다.

2015년 9명이였던 직원들은 올 리모트 환경에서 퍼포먼스를 극대화하는 방법을 찾아가며 2000명 규모로 성장했습니다. 사무실을 두지 않고도 4억 2600만 달러를 조달하며, 2021년 8월 기준 100만명 이상의 유료 사용자와 3000만명 이상의 등록 유저를 보유한 기업으로 성장했습니다.

'협업을 위한 원격 근무'라는 발상의 전환

원격 근무라는 말을 들으면 '분업'과 '고독'이라는 이미지를 가지는 분도 있을 겁니다. 사무실에서 얼굴을 마주하지도 않은 채 더욱이 비동기 소통을 전제로 삼는다면 감정이 없는 로봇과 같이 되어 버릴지도 모른다고 생각하는 사람도 많습니다. 2020년에 퍼솔종합연구소(パーソル総合研究所)가 진행한 '원격 근무에 대한 불안감과 고독감에 대한 정량조사'에서 약 3명 중 1명이 '나는 고립되어 있다'고 느꼈다 합니다.

그러나 GitLab의 역사를 살펴보면, 그들이 생각한 원격 근무는 정반대의 발상에서 시작되었다는 것을 알 수 있습니다. GitLab은 비동기 커뮤니케이션만을 전제로 삼고 동기적인 커뮤니케이션을 완전히 배제하는 기업이 아닙니다. GitLab은 동기적 커뮤니케이션이 협업에 있어 필수불가결함을 이해하고 있으며, 오히려 기존의 사무실 기반 기업들보다 동기적 커뮤니케이션을 더욱 중시하는 강한 신념을 가지고 있습니다.

GitLab의 사내 문화는 'GitLab Value', '동료의식(신뢰와 우정)', '업무 스타일'의 3가지 요소로 구성되어 있으며, 동료의식을 양성하기 위해 인포멀 커뮤니케이션(업무 외 일상적인 대화, 잡담, 가벼운 대화)이 의도적으로 설계되어 있습니다.

커피챗(Coffee Chat)이라 불리는 동료 간 잡담 시간을 매주 몇 시간 진행하는 것을 권장하며, 연 1회 정도 전세계에 있는 GitLab의 직원들이 1곳에 모이는 'GitLab Contributes'라 불리는 전사 미팅을 개최하는 등, 여러 방식의 인포멀 커뮤니케이션을 실시하고 있습니다.

■ GitLab의 사내 문화를 구성하는 요소

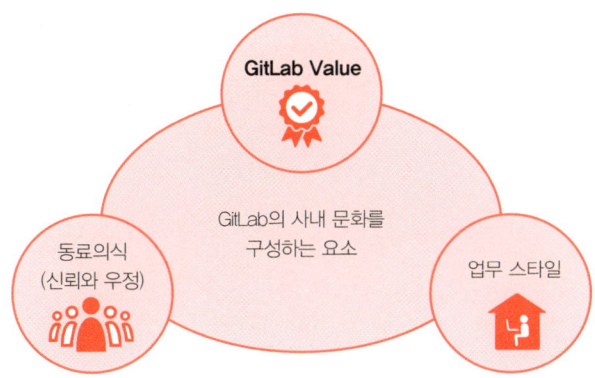

　일본에서도 점심 교류회나 회사 직원들을 모아 운동회 등을 하는 기업들도 있겠지만, 그것이 효과가 없고 지속되지 않는 이유는 '일단 해보자'는 것 자체가 목적이 되어버렸기 때문이 아닐까요? 달성하고자 하는 목표나 과정이 불분명하고, 뚜렷한 근거 없이 진행하다 보니, 결국 명확한 의미를 찾지 못하고 흐지부지 끝나는 경우가 많습니다. 인간적인 교류가 퍼포먼스와 협업에 필수적인 요소라는 것을 인식하고, 효과를 돌아보면서 직원들의 시각에서 지속적인 개선이 이루어지지 않는다면, 이러한 활동이 꾸준히 유지되기는 어려울 것입니다.

　GitLab은 **효과적인 협업을 실현하기 위해 필요한 요소를 명확히 문서화하고, 동기적/비동기적 커뮤니케이션의 각 특성을 이해한 후, 협업을 위한 최적의 방법을 모색**하고 있습니다.

■ GitLab Contributes의 모습 (2019년)

출처: Previous GitLab Contributes (Formerly Summits)
URL: https://about.gitlab.com/company/culture/contribute/previous/

　다음 페이지의 그림은, GitLab에서 활용되는 커뮤니케이션 방식과 그 특성을 나타냅니다. GitLab은 기본적으로 전화와 회의같이 휘발성이 높은 정보, 그리고 여러 곳에 중복되는 정보가 혼재된 상태를 바람직하게 여기지 않습니다. GitLab에서는 관계자라면 누구나 접근할 수 있고, 정보 간의 연계성을 시각적으로 파악할 수 있는 중앙 집중형 정보 관리 방식을 채택하고 있습니다. 즉 휘발성이 낮은 정보처로 정보를 집중시키는 구조를 구축하고 있습니다. 이러한 일원화된 휘발성이 낮은 정보처를 SSoT(Single Source of Truth, 신뢰할 수 있는 유일한 정보처)라고 부릅니다. **정확한 최신 정보가 단 하나의 장소에만 존재하도록 하는 것은 GitLab의 문서화를 발전시키는데 있어 매우 중요한 개념입니다.**

　이러한 협업 방식이 자리 잡게 된 배경에는, 우크라이나에서 시작된 GitLab이 오픈 소스 소프트웨어(OSS)로서 다양한 가치관과 서로 다른 시간대에서 근무하는 개발자들이 협력하며 쌓아온 역사가 깊이 연관되어 있습니다. 즉, 원격 근무라는 개념이 등장하기 이전부터 세계 곳곳에서 사람들이 협업할 수 있도록 최적화된 프로세스가 이미 존재했으며, GitLab은 이를 조직에 활용하는 것에 가깝다고 볼 수 있습니다.

GitLab의 이러한 접근 방식은 미래의 더 나은 근무 방법을 실현한 중요한 사례로 평가받으며, 하버드 비즈니스 스쿨의 MBA의 과정에서도 논의되는 등 전 세계적으로 큰 주목을 받고 있습니다.

■ GitLab에서 활용 중인 커뮤니케이션 방식과 특성

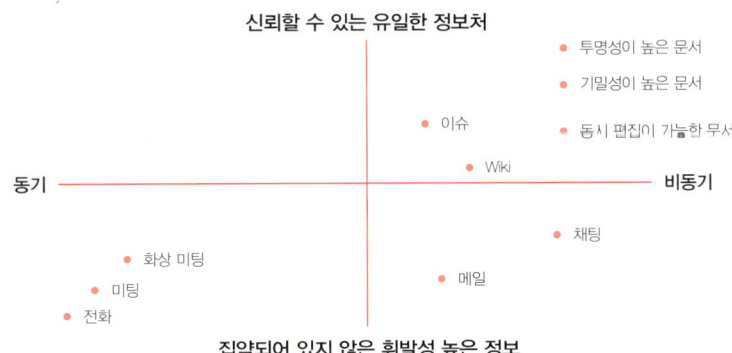

출처: '조직의 자율적 운영을 촉진하는 커뮤니케이션'에서 일부 변형
URL: https://learn.gitlab.com/effective-communication-for-autonomous-organization

원격 근무 조직을 지탱하는
오픈 소스 소프트웨어(OSS)의 개념

GitLab이 올 리모트 환경에서 이처럼 성장할 수 있었던 배경에는, **OSS(오픈 소스 소프트웨어: Open Source Software)의 개념을 조직 전체로 확장하여 적용함으로써 효율적인 협업을 이루어 왔기 때문**입니다. 이는 GitLab Handbook 을 통해 확인할 수 있습니다. 이제부터 원격 근무 조직을 구성하는 방법을 고민하는 기업에 있어서도 이 사고방식이 힌트가 될 것이라 필자는 생각합니다.

OSS는 특정 목적으로 제한하지 않고 소프트웨어와 소스 코드를 누구나 자유

롭게 사용할 수 있는 라이선스를 기반으로 배포되는 소프트웨어입니다. OSS 프로젝트에서는 투명하고 개방적인 프로세스를 따르며, 이해관계에 얽매이지 않은 다양한 사람들이 협력하여 개발을 진행하는 사례도 존재합니다. 이러한 OSS 환경에서는 연령, 성별, 국적과 관계없이 누구나 기여할 수 있으며, 공통된 목표에 도움이 되는 제안이라면 채택되고, 새로운 변경 사항이 부정적인 영향을 미칠 경우 즉시 수정되는 에코시스템이 구축되어 있습니다. 소프트웨어의 품질이 향상될 수 있다면, 경험이 부족한 사람의 제안이라도 수용되며, 반대로 유명한 사람의 제안이라도 타당성이 부족하다면 채택되지 않습니다.

GitLab은 이러한 사고방식을 조직 운영에 적용함으로써 올 리모트 조직의 지속 가능성을 유지하고, 제품 및 사업의 성장을 실현해 왔습니다.

조직의 규칙은 'GitLab Handbook'이라 하는 유일한 정보처에 문서화되어 있으며, 모든 판단 기준과 프로세스는 이 가이드북에 집약되어 있습니다. 조직 내 권력을 가진 개인의 주관이나 자만심이 우선시되지 않으며, 조직 및 제품 그리고 서비스에 가치를 더할 수 있는 제안이라면 국적, 연령, 경력과 관계없이 누구의 의견이든 채택합니다. 또한, 문제가 발생하면 공정한 프로세스를 통해 수정됩니다.

GitLab은 이러한 조직 운영을 실현하기 위해, 조직의 의사 결정 프로세스에서 해석의 여지를 최대한 줄여 마치 프로그래밍처럼 철저하게 문서화하는 방식을 채택하고 있습니다. 더불어 성공과 실패를 주관적으로 판단하지 않고, 유저의 이용 데이터와 같은 정량적인 지표를 활용하여 객관적으로 판단하고 있습니다.

이러한 GitLab의 조직 의사 결정 방식은 항상 **"유저와 팀에게 있어 이 결정이 정말로 좋은 것인가?"라는 객관적인 관점을 기준으로 개선**해 왔습니다. OSS처럼 공정하고 투명한 프로세스를 통해 유저 중심의 접근 방식을 유지해 왔기 때문에, 다양한 가치관을 가진 직원들이 각기 다른 시간대를 초월하여 협업할 수 있었고, 결과적으로 유저들에게 지속적인 지지를 받는 서비스를 개발하는 조직으로 성장할 수 있었습니다.

또한, 모든 사항이 언어화되고 논리가 구조적이며 객관적으로 측정되고 있다는 것은 재현성이 있음을 의미하기도 합니다. 객관성을 갖고 구조를 만들어 온 것이기 때문에, 이 프로세스를 누구나 성실하게 따르고 실천한다면 동일한 조직을 구축할 수 있는 가능성을 내포하고 있습니다.

이러한 사고방식은 앞으로 이 책에서 설명할 내용과도 일관되므로 이 개념을 전제로 삼고 이 책을 읽어 나가면, 각 전략과 조치들이 담고 있는 의도를 쉽게 이해할 수 있을 것입니다.

제2 장

원격 근무 조직으로 전환하여 얻을 수 있는 메리트

메리트가 불분명한데도, 막대한 노력을 기울여 달라고 하면 이를 기꺼이 받아들이는 사람은 많지 않을 것입니다. 이번 장에서는 **원격 근무 조직을 실현함으로써 조직이 어떤 메리트를 누릴 수 있는지를 다른 사람에게도 설명할 수 있도록 하기 위해, 구체적인 메리트를 설명하겠습니다.**

이상적인 원격 근무 조직의 구축은 많은 경영자들이 고민하는 다양한 인적 문제의 많은 부분을 해결합니다. 우수한 인재를 채용하고, 높은 직원 참여도를 달성하며, 퍼포먼스를 향상시키는 데 기여할 것입니다. 이런 긍정적인 효과가 정말 가능할까 의심스러울 수도 있지만, 이러한 메리트는 다양한 연구를 통해 뒷받침되고 있으며, 실제로 GitLab이 공개하는 외부 참여 조사 서비스나 리뷰 사이트의 정보 등을 통해서도 객관적으로 검증되고 있습니다.

또한 이상적인 원격 근무 조직은 퍼포먼스 향상과 관련된 연구 데이터를 기반으로 구축되었기 때문에, 의도에 맞게 운영된다면 대부분의 경우 퍼포먼스 향상에 기여합니다. 조직적인 문제를 안고 있는 많은 기업의 사례를 살펴보면, 명확한 근거 없이 즉흥적으로 조직을 구성하거나, 설계한 규칙이 있음에도 제대로 준수되지 않는 경우가 많습니다.

필자가 소속된 기업도 과거에는 수도권 거주자만이 직원으로 구성되어 있었습니다. 그러나 원격 근무 조직으로 전환된 현재, 직원의 약 절반이 지방 또는 해외 거주자들로 구성되어 있습니다. 거주지 제한이 사라지면서 채용할 수 있는 인재 폭이 넓어졌고, 지원자 수도 증가하여 인재의 질적 타협 없이 채용할 수 있게 되었습니다. 또한, 채용 속도도 향상되어 보다 신속하게 우수한 인재를 확보할 수 있게 되었습니다.

또한 비동기적으로 업무를 진행하면서 문서화를 강화한 결과, 조직 운영과 관련된 역할이 명확하게 정의되고, 책임과 권한도 더욱 분명해졌습니다. 아울러 퍼포먼스가 가시화되면서, 누가 어느 정도의 결과물을 냈는지를 객관적인 지표로 측정할 수 있게 되었습니다. 더 나아가 퍼포먼스가 명확히 드러나게 되어 단순히 장시간 근무하는 사람이 높이 평가받지 않고, 짧은 시간 안에서도 확실한 퍼포먼스를 내는 사람이 인정받을 수 있는 환경이 조성되었습니다. 그 결과, 근무 시간과 장소에 구애받지 않는 유연한 업무 방식이 가능해졌습니다. 예를 들어 육아를 병행하면서 제한된 시간 내에 퍼포먼스를 내는 직원이나, 여행 중에도 업무를 수행하는 사례가 현실화되었습니다. 이러한 변화로 인해, 직원들은 거주지나 개인적인 상황으로 퇴직을 고민할 필요가 없어졌으며, 업무의 유연성을 체감하게 되면서 조직에 대한 참여도와 정착률 또한 향상되었습니다.

이러한 채용, 직원 참여도, 퍼포먼스 향상 외에도 원격 근무 조직을 통해 얻을 수 있는 다양한 메리트가 존재하며, 이번 장에서는 이를 더욱 상세하게 살펴보겠습니다.

94%가 자부심을 느낀다 - 놀라운 참여도

애사심이 퍼포먼스 향상으로 이어진다는, 일본에서는 오랫동안 경영자들이 믿어온 사고방식이 이제는 점차 글로벌 표준이 되어가고 있습니다. 이익과 효율을 중시해 온 미국 기업조차도 애사심과 직원 참여도의 중요성을 깨닫고, 이를 향상시키기 위한 노력을 기울이고 있는 모습은 무척 흥미롭습니다. 그러나, 일본의 애사심은 감정적인 요소에 근거한 경우가 많아, 타국처럼 직원들이 회사에 애정을 가지게 되고, 나아가 퍼포먼스 향상에 기여하도록 만들기 위해 무엇을 해야 하는가? 라는 질문에는 구체적인 연구가 충분히 이루어지지 않은 듯한 인상을 줍니다.

직원 참여도 통계 사이트 등을 조사해 보면, GitLab을 비롯한 최첨단 원격 근무 조직에서는 자신이 속한 회사에 깊은 애정을 가진 직원들에 의해 높은 참여도가 실현되고 있으며, 이는 우수한 직원들의 정착과 퍼포먼스를 향상으로 이어집니다. 직원 참여도(Engagement)란 직원들이 조직에 애정과 몰입감을 느끼고, 조직의 과제에 적극적으로 기여하는 관계를 의미합니다. 연구에 따르면 직원 참여도가 향상되면 행동, 감정, 인지 그리고 자율적인 행동에서의 주체성이 긍정적인 영향을 받는 것으로 나타났습니다. 직관적으로 생각해 봐도, 자신이 애정을 가지는 회사라면 굳이 지시 받지 않더라도 자발적으로 기여를 하고싶다는 마음은 쉽게 이해할 수 있습니다. 직원 참여도의 중요성을 이해하면서도 '직접 얼굴을 마주하며 대면하지 않으면 애사심이 생기지 않는 것이 아닐까?'라는 우려를 가진 경영자나 인사 담당자가 있을 수 있습니다. 그러나, 이에 대한 답은 'No'입니다. GitLab을 비롯해 **원격 근무 환경에서도 높은 직원 참여도를 실현하고 있는 기업은 이미 많이 존재합니다.**

일본의 기업 리뷰 및 데이터 비교 사이트인 'Comparably'에 따르면 GitLab의 평판은 전체 기업 중 상위 5% 이내에 위치하고 있습니다. (2023년 7월 기준)

또한, GitLab은 반기마다 Culture Amp라는 외부 서비스를 활용하여 사내에서 익명으로 직원 참여도 조사를 실시하고 있습니다. 이 조사는 직원 참여도가 높은 혁신적인 테크 기업(직원수 1,000명 이상) 150곳을 벤치마킹하며, 2023년도 2분기 조사 결과, GitLab의 참여도 점수는 벤치마킹한 기업들과 비교하여 8% 더 높은 수치를 기록했습니다. (조사 응답률 82%)

이러한 조사 결과가 **만일 GitLab에 좋지 않은 결과가 나왔다고 해도 모두가 볼 수 있는 곳에 공개하게 되어 있으며, 과제로 정해진 항목은 회사에서 공식적으로 개선하도록 약속되어 있습니다.** 이 내용은 제3부에서 소개할 투명성과 GitLab의 가치(Value)를 재현하는 내용도 내포하고 있습니다.

최고의 인재를 빠르게 채용할 수 있다

많은 기업들이 채용의 중요성을 강조하는 이유는, 다양한 지식과 기술의 보편화가 진행됨에 따라 결국 '사람' 자체가 사업의 성패를 좌우하는 핵심 요소가 되었기 때문입니다. Google의 수석 부사장 '앨런 유스터스(Robert Alan Eustace)가 '일류 엔지니어는 보편적인 엔지니어의 3000배 이상의 가치가 있다.'라고 주장한 것으로 유명하며, 빌 게이츠 또한 비슷한 주장을 하였습니다. 초일류 AI 연구진들이 모여 있는 OpenAI가 발표한 'ChatGPT'가 세상을 격변시킨 것도 기억에 남는 새로운 사례입니다.

또한, 인재의 질 뿐만 아니라, 언제까지 '인재를 채용할 수 있을까?'하는 채용 속도도 중요합니다. 중대한 역할을 담당하는 포지션이 1달 후에 채용이 되는지, 1년 후에 채용이 되는지에 따라 경쟁력에서 우위를 점하거나 사업 진척도가 좌우됩니다. 정체되어 있던 프로젝트가 키 맨(key man)이 입사한 것만으로도 진척되는 경우가 종종 있습니다. 효율적인 원격 근무 조직은 접촉할 수 있는 채용 후보자 수가 많으며, 또한 우수한 인재들에게 매력적인 환경을 제공하는 것으로, 경영 과제를 해결할 수 있는 우수한 인재를 빠르게 채용할 수 있게 되어 조직의 경쟁력이 향상으로 이어집니다.

채용 타깃이 늘게 되면 글로벌 인재를 활용할 수 있는 점에서 이상적이지만, 일본과 같은 한 국가로 한정한다 해도 큰 임팩트를 숨기고 있습니다. 예를 들어 도쿄에 사무실을 둔 기업이 있다 가정해 봅시다. 일도삼현[1]의 노동 인구는 대략 2,200만명이며, 일본에는 약 7,000만 명 가량 존재합니다. (2021년도 총무성 통계 참조)

---

[1] 일도삼현(一都三県): 도쿄도(東京都), 사이타마현(埼玉県), 치바현(千葉県), 가나가와현(神奈川県)을 묶어 수도권을 지칭.

단순 통계로 인재풀이 3배 이상 더 넓습니다. 만약 지방에 사무실을 두고 있는 기업이라면, 접근 가능한 인재풀은 더욱 넓어집니다.

또한 채용 경쟁률이 높은 우수한 소프트웨어 엔지니어들은 원격 환경을 선호하는 경우가 많으며, 지금도 원격 환경에서 근무 중으로 예측되기 때문에 거주지를 한정하지 않는 근무 방식의 중요성도 점점 높아지고 있습니다. 이러한 인재에게 유연하고 효율적으로 업무를 진행할 수 있는 환경이 제공된다면, 지인 추천 채용이 늘고, 기업의 리뷰 사이트 등에서의 평점도 향상되는 등, 채용의 영향력을 올리는데 기여할 것입니다.

한편 완전한 원격 환경이 아닌, 일부 직원들만 출근하는 것을 추구하는 기업과 경영자들도 존재합니다. 출근과 원격 근무가 공존하는 하이브리드형 조직을 GitLab은 추천하지 않지만, 업종 및 같은 시간대에 업무를 집중해야 할 필요가 있는 기업에 타협안이 될 것입니다. 이러한 조직에도 문서화 문화와 티켓[2] 기반 정보 관리 방식을 도입하면, 비동기를 전재로 한 커뮤니케이션 등 소프트웨어적인 요소를 원격 근무 조직의 기준에 맞춰 정비할 수 있어, 큰 의미가 있습니다. 이에 따라 하이브리드 원격 근무 형태에서도 효율적이고 부드럽게 협업이 가능한 직장 환경을 만들고, 이러한 환경을 추구하는 인재들을 채용할 가능성도 높아집니다.

이러한 원격 근무 조직의 노하우의 도입 만으로 채용할 수 있는 인재풀이 넓어져 채용할 수 있는 인재의 질이 향상되며, 동시에 채용 될 때까지 소요 기간을 단축할 수 있습니다. 우수한 인재를 빠르게 채용 가능하게 되면 기업의 경쟁력도 증가하기 때문에, 경영에 있어서도 긍정적인 영향을 줄 수 있을 것입니다.

---

[2] 프로젝트 업무 관리방법 중 하나. 프로젝트의 업무에 티켓을 발행하여 업무를 직원들에게 분배하여 관리하는 방법. 주로 프로그램 개발 현장에서 많이 이용됨.

다양한 멤버들의 퍼포먼스를 극대화할 수 있다

기존의 기업에서는 높은 퍼포먼스를 내는 특성을 분석하고, 이러한 경향을 가진 인재를 엄선하여 채용하여 퍼포먼스를 발휘해 왔습니다. 그러나, 이 세상의 가치관이 다양화되었으며, 근무 시간 및 장소, 국적 등 상황이 전혀 다른 인재를 활용하지 않으면 안되게 된 지금, **다양한 인재의 능력을 최대로 끌어내서 각 직원의 퍼포먼스를 발휘시키는 일**은 중요한 경영 주제입니다.

최첨단의 원격 근무 조직에서는 다양성과 포용성(Diversity&Inclusion)이 철저하며, 각 직원들이 마음껏 활약할 수 있는 환경이 조성되어 있습니다. Diversity는 다양성을 의미하며, 다양한 속성이 지원들이 조직 내에 견집되어 있는 것을 가리킵니다. Inclusion은 포용성을 의미하며, 특정한 사람뿐 아니라 다양한 사람들이 제약받지 않고 활약 가능한 배려와 시스템이 정비된 것을 가리킵니다.

일본 등의 국가에 소재한 기업에서 다양성과 포용성에 대한 관심이 낮은 부분이 있지만, 이것은 사업 성장 및 퍼포먼스에 다양성과 포용성이 어떻게 기여할 수 있을지 잘 다가오지 않는 것이 요인일지도 모릅니다. VUCA(변동성, 불확실성, 복잡성, 애매함을 동반하는 상황)라 불리는 사회환경이나 사람의 가치관이 다양화되는 와중임에도, 인간의 퍼포먼스를 어떻게 이끌어 낼 수 있는가하는 주제에 대해 이해도가 낮고, 낡은 고정관념에 묶여 있을 가능성도 존재합니다.

사실 내각부(內閣府)의 '2019년도 경제·재정 연례 보고서'에 의하면 다양성을 적극적으로 활용할 수 있는 환경의 조성이 기업 실적과 긍정적인 상관관계가 있음이 밝혀졌습니다.

(비고) 1. 동양경제 'CSR조사', 닛케이NEEDS 작성.
2. ***, **, *는 각각 1%, 5%, 10% 수준의 유의미한 차이를 나타냄.
3. 막대 그래프는 연령, 성별, 국적의 다양성의 변화폭을 0.01로 삼았을 때의 관계성을 플롯(Plot)으로 삼음.

출처: 내각부(內閣府)의 2019년도 경제·재정 연례 보고서
URL: https://www5.cao.go.jp/j-j/wp/wp-je19/pdf/p02031.pdf

경영자한테 중요한 것은 **직원들이 경영에 기여하고 있는지**이며, 성별이나 국적과 같은 속성 자체가 아닙니다. 만약 속성을 이유로 퍼포먼스를 발휘할 기회나 지원이 주어지지 않는다면, 이는 경제산업성(經済産業省)이 향후 일본의 인재 활용을 위해 수립한 보고서인 '인재 버전 이토(伊藤) 리포트 2.0'에서 언급된 '인적 자본 경영(인재를 자본으로 인식하고 그 가치를 최대한 이끌어 내어 기업 가치를 향상시키는 경영)'이 제대로 이루어지고 있다고 보기 어렵고, 인재의 가치를 충분히 활용하지 못하는 상태라고 할 수 있습니다.

최첨단 원격 근무 조직에서는 다양한 연구 데이터를 활용하여 연령, 성별, 국적, 가치관 등 여러 요소를 고려하며, 근무자의 퍼포먼스를 어떻게 극대화할 수 있을지에 대해 진지하게 고민하고 있습니다. 앞서 언급한 GitLab에서 실시한 익명의 설문조사에서는 포용성(Inclusion)이 GitLab의 직원 참여도에 매우 큰 영향을 미치는 요소이며, 응답자의 82%가 이를 긍정적인 요인으로 평가했다고 답변하였습니다. 즉, **GitLab에서는 상식과 가치관이 크게 다른 전세계 67개국**

의 직원들이 다양성의 차이로 인한 불이익을 받지 않고, 실제로 퍼포먼스를 발휘할 수 있다 느끼고 있습니다. 게다가 GitLab은 선진적인 시도로서 텍스트 읽기 기능 등을 활용하여 시각 장애가 있는 사람들도 원활하게 업무를 수행할 수 있는 환경을 마련하고 있습니다.

이러한 사례는 글로벌 시장에 진출하지 않는 국내 기업에도 무관한 일이 아닙니다. 예를 들어, 6~70년대 생과 Z세대는 일부 가치관에서 차이를 보이지만, 다양성과 포용성을 강화하면 서로 공존하며 퍼포먼스를 발휘할 수 있을 것입니다. 이 밖에도 출산이나 간병 등의 이유로 인해, 충분한 역량을 갖추고 있음에도, 단시간 또는 특정 시간대에만 근무할 수 있는 사람들도 활약할 수 있게 됩니다. 이를 통해 여성 관리직 확대나 외국인 인력의 활용 등 그동안 후순위로 밀려왔던 주제에도 본격적으로 착수할 수 있을 것입니다.

또한 다양성과 포용성은 특정 문화에 집착하지 않는다는 의미이기도 합니다. 제5장에서 자세히 다루겠지만, '문화 적합성'을 기준으로 채용하는 기업은 이미 글로벌 트렌드에서 뒤처지고 있습니다. '우리답지 않다'는 이유로 채용을 반려하거나 낮은 평가를 내리는 일은, 조직을 개선할 기회를 놓치는 것이며, 결국 장기적으로는 퍼포먼스 저하로 이어질 것입니다. 새로운 가치관과 지식을 받아들이고, '우리다움을 좀 더 좋은 방향으로 발전시킬 수 없을까?'라는 관점을 가지고 탐색하는 것으로써, 더욱 건강한 조직 문화를 형성해 나갈 수 있습니다.

이러한 선진적인 원격 근무 조직에서는 **국적, 성별, 가치관, 그리고 다양한 근무 방식을 가진 인재들의 퍼포먼스를 극대화하는 것**을 목표로 하고 있습니다. 이는 사업의 성장을 촉진할 뿐만 아니라, 직원들이 자신들의 존재 가치를 충분히 실감하며, 더욱 회사를 위해 기여하고 싶다는 동기를 키우는 데에도 기여할 것입니다.

성과를 중시하는 조직 문화가 형성된다

경영자가 조직을 원격 조직으로 전환하는 데 부담을 느끼는 이유 중 하나는, 직원들이 원격 근무 환경에서 태만해지지 않을까하는 우려 때문입니다. 그러나 실제로는 정반대의 결과가 나타납니다. 원격 환경에서는 불필요한 업무에 시간이 낭비되지 않기 때문에, 오히려 퍼포먼스가 향상되는 효과를 가져옵니다.

원격 근무 환경은 사무실에 있어야 할 필요가 없기 때문에 열심히 일하고 있는 척을 해도, '열심히 일하고 있으니까'라는 평가를 내려주는 사람이 존재하지 않습니다. 따라서 주변 동료들에게 긍정적인 평가를 받기 위해서는, 어떤 형태로든 성과물을 남기거나, 팀에 실질적인 기여를 해야 하며, 눈에 보이는 성과를 창출해야 합니다. 이러한 눈에 보이는 성과를 공정하게 평가하기 위해서는, **퍼포먼스를 측정**하는 과정이 필수적입니다. 퍼포먼스가 가시화됨에 따라, '아무런 성과를 남기지 못했다.'라는 상황을 피하기 위해 직원들은 성과 중심의 행동을 하게 됩니다.

단, 퍼포먼스를 추구하기만 할 뿐인 성과주의 하에서는 조직의 사기가 저하되고, 살벌한 환경이 조성됩니다. 이러한 상황을 피하기 위해, 매니저는 프로 스포츠팀의 코치처럼 친근한 태도와 유머를 섞어가며 높은 목표를 향하도록 이끌고, 팀원들 간에 존중을 바탕으로 긍정적인 분위기 속에서 성과를 추구할 수 있도록 유지해야 합니다. 우선도가 낮은 업무는 아웃소싱할 수 있게 하며, 높은 동기부여를 유지한 채 업무에 몰입할 수 있게 해 나가면, 건전함과 퍼포먼스를 양립할 수 있게 됩니다.

또한, 원격 근무 중에는 누가 어떤 역할을 맡고 있으며, 어떤 프로젝트를 담당하고 있는지 명확하기 때문에, 조직이 수행하는 사업 활동이 더욱 가시화됩니다. 사업 활동이 가시화되면 업무 프로세스의 전체적인 구조를 보다 명확하게 이해할 수 있게 됩니다. 이로 인해 피터 M 센게(Peter Michael Senge)가 '학습하는 조직(에이지 21)'에서 언급한 "시스템적 사고 (조직을 하나의 시스템으로 바라보며, 병목 현상(bottle neck)[3]과 레버리지 포인트(Leverage Point)[4]를 발견하는 사고방식)"를 적용하기 쉬워집니다. 이러한 사고방식은 경영 관점에서 조직을 지속적으로 개선하는 데에도 효과적입니다.

역할에 따른 성과를 중시하면, 근무 시간이 단축되거나, 업무 방식에 유연성을 부여하는 데도 긍정적인 영향을 미칩니다. 퍼포먼스가 명확하게 측정될 수 있다면, 업무 시간의 길이나 정해진 근무 시간에 얽매일 필요가 없어집니다. 이러한 제도는 육아나 간병 등 가사로 인해 근무시간이 제한된 직원이나, 대학원 등에서 학업을 병행기 위해 학습 시간을 확보하고 싶은 직원이 경력을 포기하지 않고도 퍼포먼스를 발휘할 수 있는 기회로 이어집니다. 필자의 회사에서도 풀 플렉스 타임 (Full FlexTime)[5] 도입과 최저 노동 시간 철폐를 실현함으로써, 육아를 하는 직원이나 학업과 일을 병행하는 우수한 인재들이 활약하는 환경을 조성하고 있습니다.

이렇듯 퍼포먼스를 가시화함으로써 경영적 관점에서 중요한 포인트에 직원들의 리소스를 집중적으로 투입할 수 있으며, 이를 통해 더욱 효율적인 성과를 창출할 수 있습니다.

---

3   업무 흐름에서 가장 속도가 느리거나 문제가되는 지점. 즉 전체 프로세스를 방해하는 요소
4   작은 변화를 줘도 큰 효과를 낼 수 있는 지점. 즉 적은 노력으로도 최대의 퍼포먼스를 낼 수 있는 핵심 요소
5   정해진 출퇴근 시간 없이, 직원이 자유롭게 근무 시간을 조정할 수 있는 제도

비용이 절감되며, 본질적인 업무에 집중할 수 있다

불필요한 비용을 절감시키고 싶지 않은 경영자는 없을 것입니다. 원격 근무 환경으로 전환하면, **그동안 보이지 않게 지속적으로 지출되던 불필요한 비용을 제로 베이스에서 재검토할 수 있게 되어 여러 일을 효율적이고 비용 대비 퍼포먼스가 좋게 추진할 수 있게 됩니다.**

우선, 당연한 이야기지만 사무실의 임대료를 절감할 수 있습니다. 매달 수천만 원에서 대기업의 경우 수천억 원에 이르는 고정 비용을 절감할 수 있습니다. 이것만으로도 큰 효과지만 더 중요한 비용은 눈에 잘 보이지 않는 '시간의 사용법'이라는 비용입니다.

예를 들어, 일본 기업은 의사 결정 속도가 느리다고 평가되고 있습니다. 타국 기업들이 빠르게 새로운 서비스를 만들어 내는 가운데, '우리도 새로운 시도를 해야 할까?'하는 주제를 두고 2주 뒤 회의에서 결정을 내리려는 사례는 흔히 볼 수 있는 일입니다. 회의를 열어도, 아이디어를 얻기 위한 또 다른 회의를 2주 뒤에 다시 열기로 결정될 뿐이라는, 웃기지도 않는 상황이 만성화되어 있는 경우도 드물지 않습니다. 이런 상황에서는 인건비가 비효율적으로 지출될 뿐 아니라, 결국 서비스 출시가 1년 후로 미뤄지는 등, 사업 경쟁 속도에도 부정적인 영향을 미치게 됩니다.

이러한 상황을 피하기 위해서라도 GitLab이 실천하고 있는 비동기적 업무 스타일을 도입하여 불필요한 회의를 줄이고, 회의 일정이 잡히기를 기다릴 필요 없이 즉시 의사 결정을 내릴 수 있도록 해야 합니다. 원래는 신속하게 결정해야 할 주제임에도 몇 주 동안이나 기다린 끝에, 단 몇 초만에 승인되어 버려 '이 몇 주간은 무엇을 위한 시간이었는가'라는 허탈한 시간 낭비를 피할 수 있게 됩니다. 또한 의사 결정의 속도가 빨라질 뿐 아니라, 회의가 줄어듦으로써 가치 창출에 집중할 수 있는 시간을 확보할 수 있다는 장점도 있습니다.

한번 자신의 일정을 확인해 보세요. 만약 소프트웨어 개발, 디자인, 경영과 같이 창의적인 업무를 담당하는 사람의 일정이 회의로 가득 차 있다면, 주의가 필요한 상황입니다. 정신을 차려보니 창의적인 업무에 할애할 시간이 일주일에 몇 시간밖에 남지 않을 수도 있습니다. 원격 근무 조직에서는 불필요한 시간을 효율적으로 단축시킴으로써, 신속한 의사 결정과 유연한 업무 운영을 가능하게 합니다.

이 외에도, 원격 근무 조직에서 본질적인 업무에 집중할 수 있는 환경을 구축할 수 있습니다. 대니얼 카너먼(Daniel Kahneman)의 저서 '생각에 관한 생각'[6]에서 설명했듯이 인간에게는 충동적이고 직관적인 '빠른 사고'와 의식적이며 깊이 있는 '느린 사고'가 존재합니다. 경영의 과제를 깊이 들여다보거나 복잡성이 높은 설계를 하는 등, 논리적인 사고를 하기 위해 의도적으로 '느린 사고'를 할 필요가 있습니다. 그러나, 집중하고 있던 작업이 방해 받으면 다시 깊이 몰입하는 데 23분 15초가 걸린다는 연구가 있듯이, 누군가 말을 걸거나, 주변에서 집중을 흐트러뜨리는 요소가 있거나, 빈번하게 추가 업무 요청이 들어오는 환경에서는 본질적인 업무에 몰두하기 어렵습니다. 그러나, 회의를 비동기적으로 전향하고 채팅 툴의 알람을 차단할 수 있는 원격 근무 조직이라면, 이렇게 집중할 시간을 확보하여 본질적인 업무에 몰두하기가 훨씬 수월하게 됩니다.

이뿐 아니라, 잘 구축된 원격 근무 조직은 이직률이 낮아 인재 채용 비용을 절감할 수 있습니다. 또한, 퇴직자가 발생하면 퇴직 절차를 처리하는 과정에서 관계자들은 정신적인 부담을 지게 되고, 이에 따른 업무 시간도 소모됩니다. 퇴

---

6   생각에 관한 생각: 원제목은 'Thinking, Fast and Slow'이며, 일본에서는 'ファスト＆スロー'라는 제목으로 早川書房(하야카와 쇼보)에서 출간됨.

직이 계속되는 직장은 동기부여가 저하되며, 추가적인 퇴직을 초래하는 악순환이 발생할 수 있습니다. **이렇듯 보이지 않는 비용을 줄여, 업무 추진에 더욱 집중하게 됩니다.**

마지막으로 사무실 임대료 뿐 아니라 교통비, 출퇴근 시간, 직원 수 증가로 인한 사무실 이전 등, 사업과 직접적인 관련이 없는 비용도 절감할 수 있습니다. 절감한 예산은 직원의 퍼포먼스 향상을 위한 투자에 활용할 수 있으며, 지방이나 해외 등 인건비가 비교적 저렴한 지역의 노동력을 효과적으로 활용할 가능성도 열려 있습니다.

여기서 설명한 것처럼, 최첨단의 원격 근무 조직에서는 사무실 근무에서부터 이어져 온 다양한 관습과 행동을 한번 초기화하여 본질적인 업무에 집중할 수 있습니다. 이를 통해 사업 성장에 기여하고 있지 않은 비용을 절감하여, 보다 효율적인 조직 운영이 가능합니다.

효율적인 비동기 업무는
사무실 중심의 조직도 개선할 수 있다

원격 근무 조직을 만들고 싶어도, 경영자의 의향이나 여러 사정으로 인해 사무실 근무를 유지해야 하는 경우도 있을 것입니다. 하지만 이러한 경우에도 GitLab의 비동기적 업무 스타일을 도입하면 보다 효율적으로 업무를 진행할 수 있습니다.

GitLab에서는 전세계 다양한 시간대에서 근무하는 직원들이 있기 때문에, 대부분의 업무에서 실시간 응답이나 **즉각적인 반응을 기대하지 않는 것을 원칙으로 삼고 있습니다.** 그러나, 사실 사무실에서 근무하더라도 비동기적으로 근무를 하는 경우는 상당히 많습니다. 다시 생각해 보면, 사무실에서 얼굴을 마주하는 직원들이 동시에 착수해야 하는 업무는 거의 없습니다. 상담을 하거나, 기획을 구상할 때, 혹은 프로그래밍을 할 때 등, 대부분의 경우에 혼자서 업무를 수행하고 있을 것입니다. 이렇게 작업의 방향성이 정해지면, 승인이나 리뷰를 요청해야 하는 시점이 올 때까지, 같은 공간에 있더라도 각자 비동기적으로 업무를 수행하고 있습니다.

즉, GitLab이 효율성을 극대화하기 위해 추구해 온 **비동기적 업무 스타일은 사무실 근무에서도 충분히 활용할 수 있음**을 알 수 있습니다. 예를 들어, 동일한 질문을 여러 번 반복하는 것보다 검색을 통해 답을 찾는 것이 더 효율적이며, 회의에서 어떤 내용이 논의되었는지 확인하기 위해 직접 물어보기보다 회의록 확인이 더욱 효과적입니다. 많은 사람들이 한 곳에 모여 심각한 표정으로 고민하는 것보다, 결정해야 할 사람들이 빠르게 의사 결정을 내리고, 이 외의 사람들은 호출되기 전까지 각자 자신의 업무를 진행하는 것이 더욱 의미 있는 시간이 됩니다. 짝 프로그래밍(Pair Programming)이나 친목을 다지기 위한 커뮤니케이션처럼 동기적으로 진행하는 것이 더 효과적인 부분도 존재합니다. 그러나 동기적, 비동기적 업무 방식을 적절히 구분하여 적용한다면 실적이 향상될뿐만 아니라, 직원들도 더욱 충실하고 생산적인 시간을 보낼 수 있습니다.

이렇듯 사무실에서 근무를 하더라도, 비동기적 업무 스타일을 이해하게 된다면 큰 장점이 됩니다. 따라서 GitLab이 추구해 온 세련된 비동기적 업무 스타일을 배우면, 사무실에서 근무를 하더라도 보다 효율적으로 업무 진행이 가능합니다.

제2부

최첨단 원격 근무 조직으로 전환하기 위한 프로세스

제1부에서는 최첨단의 원격 근무 조직인 GitLab을 깊이 이해하고, 원격 근무 조직으로 전환했을 때 얻을 수 있는 메리트에 대한 이해도를 높였습니다.

그러나 원격 근무 조직을 구현하기 위한 동기부여가 있더라도, 구현할 이미지가 없다면 실제 행동으로 이어지지 않게 됩니다. 이것은 '목표 의도(이루고 싶은 특정한 목표)'와 '실행 의도(특정 상황에서, 어떻게 행동을 취해야 하는지에 대한 구체적인 계획)'가 명확하지 않으면 행동으로 이어지기 어렵다고 피터 골위처(Peter Gollwitzer)가 말한 것처럼, 실행 의도에 해당하는 '무엇을 해야 할지'에 대한 구체적인 지식이 부족하기 때문입니다.

그래서 제2부에서는 **'어떻게 해야 원격 근무 조직을 실현할 수 있을까'라는 실행 의도를 구체적으로 그릴 수 있도록 돕는 것**을 목표로 합니다. 이를 위해 **원격 근무 조직으로 전환하는 구체적인 프로세스와 전환 과정에서 예상되는 다양한 문제들을 설명하며, 궁극적으로 여러분들이 실제로 행동으로 옮길 수 있도록 지원하는 것**을 목표로 합니다.

우선 제3장에서는 원격 근무 조직을 구축하는 프로세스와 **GitLab이 추천하는 구체적인 실행 계획(Action plan)**을 설명합니다. 실제로 효과적으로 작동하는 원격 근무 조직을 실현하려면 시행착오를 거치며 점진적으로 정착시키는 과정이 필요하므로 시간이 걸릴 수 있습니다. 그렇기 때문에, 제3장에서 소개할 실행 계획(Action plan)을 실천하면, 최첨단 원격 근무 조직을 구축하는데 필요한 기본적인 틀을 마련할 수 있을 것입니다.

계속해서 제4장에서는 **원격 근무 조직으로 전환할 때 발생할 수 있는 문제와 해결 방법에 대해 설명**하겠습니다. 사무실 근무 중심의 조직이 원격 근무 조직으로 전환할 때, 반드시 몇 가지 문제가 발생합니다. 만약 최첨단 원격 근무 조직 문화를 도입했음에도 불구하고 아무런 문제가 발생하지 않았다면, 이는 조직이 근본적인 변화를 이루지 못했고 표면적인 변화에 그쳤을 가능성이 큽니다. 근본적인 조직 체제를 변경하는 경우, 기존의 사무실 근무에 익숙한 직원들은 분명 당혹감을 느끼며, 이제까지 진행해 온 근무 방식이 불가능해 짐에 따라 좌절(frustration)을 느끼게 될 것입니다. 그러나, 이러한 반응은 전환하는 과정에서 당연히 발생하는 반응이며, 이는 손쉽게 대응할 수 있습니다. 어떤 문제가 발생할지 미리 예측하고 대비해 둔다면, 이러한 영향을 최소화하여 직원이 안심할 수 있도록 할 수 있습니다. 이를 위해, 발생할 수 있는 문제와 그 해결 방법에 대해 설명하겠습니다.

제3 장

원격 조직을
구축하기 위한 프로세스

이번 장에서는, 원격 근무 조직을 구축하기 위한 전환 과정과 핵심 포인트를 소개하겠습니다. 아래의 8가지 과정을 실현하면 최첨단의 원격 조직을 구축하기 위한 기초를 다질 수 있습니다.

① 원격 조직의 인식을 새롭게 정립하고 명시한다
② 원격 근무의 책임자를 임명한다
③ 핸드북(Handbook)을 제정한다
④ 커뮤니케이션 가이드라인을 명시한다
⑤ 도구(tool)의 종류를 최소화한다
⑥ 경영진들이 원격 근무를 기본 원칙으로 삼는다
⑦ 원격 근무 환경을 정비한다
⑧ 인포멀한 커뮤니케이션을 설계한다

이러한 실행 계획은 하나만 선택해서 적용하는 것이 아니라, **반드시 '전부' 실행할 것을 원칙으로 합니다.**

예를 들어, 인포멀한 커뮤니케이션 설계는 효과가 명확히 보이지 않을 수도 있습니다. 하지만 여기서 제시된 프로세스들은 원격 근무 조직이 제대로 운영되도록 만드는 데 필수적인 요소이며, GitLab에서도 "운영에 반드시 필요한 핵심 항목"이라고 설명하고 있습니다.

필자가 원격 조직으로 전환하는 과정에서도 여러 문제가 발생했으며, 이후에도 지속적으로 대책이 필요한 중요한 요소들이었습니다. 우선 기존의 노하우에 따라 그대로 실행한 후, 각자의 회사 상황에 맞게 수정해 나가는 것이 좋습니다.

이번 장에서 이러한 8가지의 실행 계획에 더해, GitLab이 공개한 **'더 나은 원격 근무 조직을 위한 12단계'**라는 체크리스트도 소개하겠습니다. 이 체크리스

트를 활용하면, 원격 근무 조직으로의 전환이 순조롭게 진행되고 있는지 확인할
수 있습니다.

원격 조직의 인식을 새롭게 정립하고 명시한다

우선 첫 번째 항목인 '원격 조직의 인식을 새롭게 정립하고 명확히 설정한다'
부터 살펴보도록 하겠습니다. 최첨단 원격 근무 조직을 구축하려면 조직에 속한
모든 구성원이 기존의 인식을 바꾸고, 원격 근무를 기반으로 조직을 다시 설계
해야 합니다. 대부분의 기업에서는 원격 근무를 사무실 근무의 대체제나 보조적
인 요소로 도입하고 있습니다. 이러한 인식이야 말로 효율적인 원격 근무 조직
을 실현하지 못하는 가장 큰 원인이 됩니다. 따라서, 기존의 인식을 근본부터 다
시 정립하고, **원격 근무 조직에 대한 입장을 모든 구성원들이 공유할 수 있도록
공개된 장소에 명시**해야 합니다.

사무실 근무를 보완하는 요소로 원격 근무를 채택한다면, 경영자가 아무리
원격 근무를 추진하고 싶어도 결국 '사무실 근무가 여전히 주류'고 '원격 근무
자가 비주류파이다'라는 흐름이 자연스럽게 자리잡게 될 것입니다. 악의 없이
무의식적으로 원격 근무자는 지속적으로 소외당하며, 사무실 근무자는 이러한
불균형을 쉽게 인식하지 못한 채 양측의 갈등은 점점 더 깊어지게 됩니다. 이는
누구의 잘못도 아니며, 무의식적으로 진행되는 인간의 본성상 피하기 어려운 현
상입니다. 원격 근무자의 퍼포먼스가 저하되는 요인은 제4장에서 자세히 설명
하겠지만, 사무실 근무가 주류를 이루고 원격 근무가 비주류로 여겨지는 형태가
지속되면, 사무실에 출근하는 직원들의 퍼포먼스에는 변화가 없을 것이고, 원격
근무자의 퍼포먼스는 계속해서 저하되어 갑니다.

■ 원격 근무를 부수적 요소로 여길 때 발생하는 퍼포먼스 저하 사이클

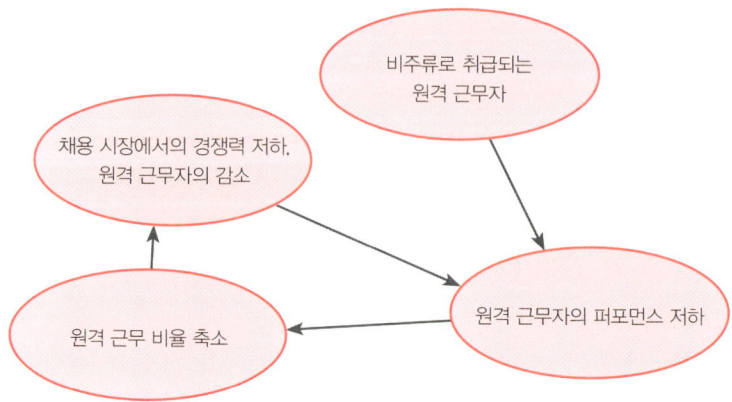

이에 따라, 경영자나 사업 책임자 등 조직의 의사 결정권자는 원격 근무자들의 퍼포먼스가 기대에 미치지 못한다고 느끼게 되고, 원격 근무에 회의적인 시각을 가지게 됩니다. 그 결과, 원격 근무의 비율이 점차 축소되고, 나아가 출근을 강제하는 방향으로 이어질 가능성이 높아집니다. 원격 근무자들도 이러한 분위기를 감지하면서 점점 위축되고, 결국 피로감을 느끼며 퇴직을 선택하는 경우가 증가하게 됩니다. 채용 시장에서 원격 근무를 희망하는 사람들은 이직처를 고를 때 이러한 근무 환경에 민감하게 반응하기 때문에, 채용에도 큰 영향을 미치게 될 것입니다.

국제적 기준에 부합하는 원격 조직을 구축하려면 발상의 전환이 필요합니다. 원격 근무를 비주류가 아닌 주류로 인식하고, '어떻게 하면 원격 근무자의 퍼포먼스를 극대화할 수 있을까?'라는 관점에서 사고를 시작해야 합니다. 물리적인 사무실은 비일상적인 경험을 제공하거나, 동기적인 미팅이나 합숙 등의 목적으로 사용합니다. 또는 어린 자녀들이 있어 집에서는 집중을 하기 어려운 상황 등, 원격 근무를 통해 퍼포먼스를 내기 어려운 사정을 가진 사람들을 지원하는 목적으로 물리적인 사무실을 활용해야 합니다.

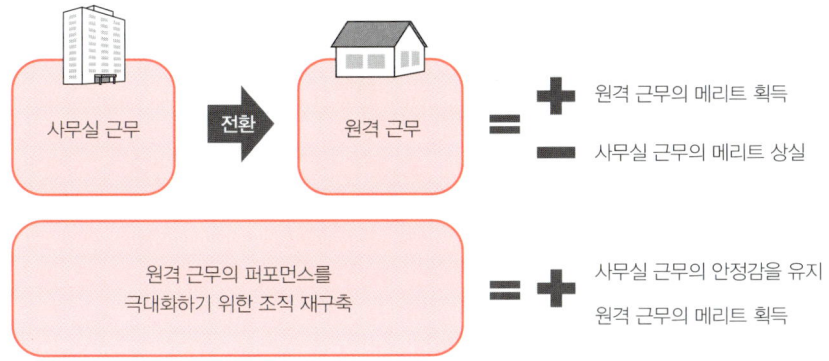

■ 원격 근무를 하는 것을 전제로 조직 구성 재구축

| 사무실 근무 | 전환 → | 원격 근무 | = | + 원격 근무의 메리트 획득
－ 사무실 근무의 메리트 상실 |

원격 근무의 퍼포먼스를 극대화하기 위한 조직 재구축 = + 사무실 근무의 안정감을 유지 / 원격 근무의 메리트 획득

　사무실 근무의 보조 요소로써 원격 근무를 바라보는 것을 멈추고, **'원격 근무에 적합한 비동기적 업무 퍼포먼스를 극대화한다'**는 전제를 세운 후 조직을 재구축한다면, 원격 근무자의 퍼포먼스 저하를 막고, 원격 근무의 메리트도 충분히 활용할 수 있을 것입니다. 이러한 사고방식의 전환을 조직 공통 인식으로 정립하고, 전 직원이 모이는 정기 회의 등에서 경영진들이 공식 메시지로 전달해야 합니다. 또한, 이를 인사 관련 자료에 기재하고, 핸드북이나 사내 게시판 등 모든 직원이 볼 수 있는 형태로 지속적으로 명시해야 합니다.

　원격 근무자의 퍼포먼스를 극대화시키는 방법에 대한 다양한 노하우가 'GitLab Handbook'에 담겨 있습니다. GitLab은 창립 초기부터 사무실을 가지고 있지 않았고, 전세계에 흩어진 원격 근무자들의 퍼포먼스를 극대화하며, 서비스를 성장시키는 데 집중해 왔습니다. 그렇기 때문에, 이 분야에서는 세계 최고 수준에 도달했다 해도 과언이 아닙니다. 'GitLab Handbook'의 상세한 설명과 퍼포먼스를 극대화하는 방법에 대해서는 제3부와 4부에서 자세히 다룰 예정입니다. 이를 활용하여 국제적 기준에 맞는 원격 근무 조직을 실현해 봅시다.

원격 근무의 책임자를 임명한다

원격 근무에 대한 회사의 인식을 통일시켰다면, 다음 단계에서는 최첨단 원격 조직을 실현시키기 위해 원격 근무 책임자를 선임해야 합니다.

GitLab에는 Apple사를 참고해서 만든 DRI(Directly Responsible Individuals)[1]라는 개념이 있습니다. DRI란 '최종적으로 누가 책임자인가?'를 명확히 하는 것이며, 동시에 '의사 결정권'도 함께 부여합니다. 효과적인 원격 근무 조직을 실현하려면, 원격 근무 책임자를 DRI로 임명하고, 충분한 책임과 권한을 부여해야 합니다.

기존의 조직을 원격 근무 조직으로 재편하는 과정에서, 점진적으로 합의를 이루며 조직을 전환하는 것은 매우 어려운 일입니다. GitLab과 같은 올 리모트 근무 조직에서 근무를 시작한 경우라면 모를까, 사무실 근무와 원격 근무가 혼합된 하이브리드 근무 방식을 도입하려 하면 조직 내 혼란을 피하기 어렵습니다. 사무실 근무와 원격 근무 두 가지 업무 방식이 공존하면, 정보 격차로 인한 트러블이나 원격 근무자의 고립 등 다양한 문제와 불만이 반드시 발생합니다. (발생할 수 있는 트러블은 제4장에서 설명하겠습니다)

이러한 문제를 임시방편으로 해결한다고 해도, 서로 다른 두 가지 근무 방식이 통합되지 못하여 결국 원격 근무를 포기하거나 조직에 균열이 발생하는 원인이 될 수 있습니다. 원격 조직의 필수 요소를 이해하는 전문가가 전체를 설계를 담당하고, 발생할 수 있는 문제를 사전에 조직 전체에 공유하며, 실제로 발생한 문제나 불만에 대해 끈기 있게 설명하고 개선을 추진하지 않으면 최첨단 원격 근무 조직을 실현하기 어려울 것입니다.

---

1   DRI(Directly Responsible Individuals): 특정 업무에 대한 의사 결정, 실행, 책임을 한 개인에게 맡기는 구조

'동의하지 않는다, 하지만 기여한다(Disagree and commit)'라는 말이 있습니다. 책임자의 방침에 대해 다른 구성원이 우려하거나 반대 의견이 있다면, 이를 명확하게 표현할 필요가 있습니다. 이러한 의견에 대해 책임자 또한 동일하게 설명할 책임(accountability)을 다해야 합니다. 양측이 충분히 의견을 제시한 후 책임자가 결정을 내렸다면, 나머지 구성원들은 찬반을 떠나 그 결정을 존중하고, 이에 따라 전력을 다해 지원해야 합니다. 이러한 구성원의 기여(Commit)에 대해, 책임자는 결과로 응답해야 하합니다. 이러한 사고방식은 맥킨시 & 컴퍼니 (McKinsey & Company)의 '반론할 의무'라는 개념과도 일맥상통합니다.

'최첨단의 원격 근무 조직을 실현한다'는 큰 변혁을 효율적이고 철저하게 추진하기 위해서는, 결과에 대한 건전한 책임감이 필수적입니다. 책임자를 명확히 하고, 이를 실현할 수 있도록 충분한 권한을 부여해야 합니다. 주변에서는 책임자의 결정을 존중하고, 적극적으로 지원할 필요가 있습니다.

이상적으로는, **원격 근무 책임자는 원격 조직을 구축할 지식과 경험을 겸비한 경험자를 임명**해야 합니다. 만약 이것이 어렵다면 전문적인 노하우를 가진 컨설턴트에 의뢰하는 것도 하나의 방법이 될 수 있습니다.

그러나 국내는 원격 근무의 역사가 짧기 때문에, 이러한 인재나 컨설턴트는 거의 존재하지 않는 수준이라 해도 과언이 아닙니다. 따라서 신뢰할 수 있는 즉시 전력으로 투입할 수 인재나 컨설턴트를 원격 근무 책임자로 세우는 것은 현실적으로 어려운 일입니다.

1. 명확하고 정밀한 커뮤니케이션 능력(특히 문서화 및 문서 작성 능력)
2. 깊은 공감 능력과 경영자 시점, 주인 의식
3. 서번트 리더십을 바탕으로 조직원의 의견을 경청하고 문제를 해결하는 서번트 리더십 역량
4. 팀을 높은 퍼포먼스와 중요한 목표로 이끌 수 있는 스토리텔링 능력
5. 조직의 능력을 이해하고, 팀을 긍정적인 방향으로 조정하는 능력
6. 조직, 문화, 전략을 발전시키기 위해 외부 정보를 지속적으로 탐색하고 조직에 적용하는 학습 및 실행 능력
7. 부서 간 협력관계를 구축하고 조율하는 능력
8. 투명성을 유지하며, 지체 없이 업무를 추진하는 능력
9. 글로벌하고 객관적인 관점에서 경영진의 의사 결정을 지원하는 조언 능력
10. 자기개발 및 자율 행동에 대한 깊은 이해
11. 문서화 및 지식의 구조화 · 체계화에 대한 깊은 이해
12. 비동기적 업무에 능숙하며, 타인을 지도할 수 있는 능력

위의 리스트는 GitLab에서 공개한 '원격 근무 책임자가 되기 위해 필요한 스킬과 재능'의 내용입니다. 해당 리스트에 열거하고 있는 12가지 역량을 갖춘 인재가 원격 근무 책임자로 적합합니다. 원격 근무 책임자로 성장할 수 있는 잠재력을 가진 조직원에게 이 책과 'GitLab Handbook' 및 공개되어 있는 정보를 기반으로 충분한 지원을 제공한 뒤 도전하도록 제안하는 것이 현실적인 선택이 될 것입니다.

핸드북(Handbook)을 제정한다

원격 근무 책임자를 임명했다면, 다음 단계는 핸드북을 제정하는 일입니다. 이 책에서 여러 차례 언급된 'GitLab Handbook'은, GitLab이 세계 최첨단의 원격 근무 조직으로 자리잡을 수 있게 만들어 준, 가장 중요한 조직의 기반이 되는 요소입니다.

'GitLab Handbook'은 GitLab의 역사, 가치(Value), 문화, 커뮤니케이션, 평가, 관리, 보상 등 조직에 관련된 모든 내용이 약 3,000페이지에 걸쳐 정리되어 있으며, 대부분의 내용이 인터넷 상에 공개되어 있습니다. GitLab의 직원들은 이 핸드북을 참고하여 업무를 수행하며, 모든 직원이 핸드북을 지속적으로 개선해 나감으로써 GitLab의 원격 근무 조직이 유지되고 발전해 왔습니다.

핸드북은 국가로 비유하자면 헌법과 같은 절대적인 규정입니다. 여기에 명시된 내용이 공식적인 규칙이며, 여기에 기재되지 않은 사항이 근거 없이 결정되거나 제한되지 않음이 보장되어야 합니다. 정보는 한 곳에 집약되어야 하며, 암묵적 규칙이나 예외는 인정하지 않습니다. 이러한 사고방식은 'SSoT: Single Source of Truth(신뢰 가능한 유일한 정보처)'라고 불립니다. GitLab은 SSoT를 실현하기 위해 'Handbook First'라는 키워드를 내걸고, **모든 정보를 핸드북에 집약하고 있습니다.**

이러한 유일한 정보처인 핸드북을 확인해 보면, 조직에 관련된 모든 내용이 기재되어 있으며, 숨겨져 있는 룰이 존재하지 않습니다. 또한 누구나 읽고 이해할 수 있도록 가능한 해석의 여지를 최소화하여 철저히 문서화되어 있습니다. 이에 따라 핸드북을 읽기만 하면, 어떠한 주제라 하더라도 다양한 문화와 가치관을 가진 사람들도 유사한 해석에 도달할 수 있게 됩니다. SSoT로서 핸드북이 존재하는 것 만으로도 모든 직원들이 안심하고 퍼포먼스를 발휘할 수 있는 포괄적인 인프라 역할을 합니다.

사무실 근무에서 원격 근무로 전환되면서 업무가 더 어려워졌다고 느끼는 사람들은, 모르는 것이 생겼을 때마다 바로 질문하기 어려워졌다거나, 표정이나 태도를 통해 분위기를 전달하기 힘들어진 점, 그리고 애매한 지시를 내리기 어려워진 점에서 불편함을 느끼는 경우가 많을 것입니다. 이러한 사무실 근무 방식은 굳이 타인을 배려해 명확하게 표현하지 않아도 되는 점에서 더 쉬웠다고 느껴졌을 수 있습니다. 그러나, 같은 내용을 여러 번 물어보는 것보다, 해답이 핸드북에 기재되어 있으면 손쉽게 답을 얻을 수 있기 때문에 원격 근무가 효율적입니다. 게다가 핸드북은 대부분의 직원들이 활용할 수 있으며, 아무리 직원이 늘어나더라도 대응 가능한 확장성을 가지고 있습니다. 기준이 명확하게 문서화되면, 특정 개인에게 의존하는 업무 방식이나 애매한 지시를 배제할 수 있으며, 다른 사람의 판단을 기다리지 않아도 프로젝트를 진행할 수 있습니다. 또한 확인을 위해 상사의 기분이 좋을 때를 노려 상담을 하러 가는 등, 눈치를 볼 필요도 없어집니다.

모든 것을 문서화하는 일은, 직관적으로는 번거롭고 속도가 느려질 것처럼 느껴질 수도 있습니다. 예를 들어, 대면하여 질문하면 5분만에 답을 얻을 수 있지만, 질문한 사람과 답을 하는 사람 합하면 총 10분의 시간이 소요됩니다. 만약 이 상황이 한 달에 한 번씩 발생한다면, 1년에 12번이 되고, 같은 질문을 100명이 한다면 어떻게 될까요? 결과적으로 연간 총 200시간이라는 막대한 시간이 질문에 소비됩니다. 하지만 자주 묻는 질문을 단 10분만 투자하여 문서화한다면, 이 작업 하나만으로 연간 200시간이라는 시간 중 대부분을 절감할 수 있게 됩니다. '누구에게 질문해야 할지 몰라서, 아는 것 같아 보이는 사람을 찾아다닌다.', '질문하려던 상대가 자리에 없어 작업이 멈춘다.', '답변을 받아 시도해 봤지만, 잘되지 않아 다시 질문한다.'같은 케이스까지 포함하면, 불필요한 비용은 더욱 증가하게 됩니다. 질문 받는 입장에서 소모되는 비용은 이뿐만이 아닙니다. 앞서 언급했듯이, 집중해서 작업하던 사람에게 말을 걸어 중간에 집중이 끊어지면 다시 집중할 때까지 23분 15초가 걸리게 됩니다. 이처럼 단 10분만 투자해 문서화하면 피할 수 있는 보이지 않는 비용이, 사무실 근무 환경에서는 계속해서 누적되어 왔습니다.

게다가 Handbook First는 단순히 시간 효율이 좋을 뿐만 아니라, **심리적 안전성을 높이고 직원들의 자율적인 행동을 촉진하는 효과**도 있습니다. 예를 들어, 부하에게 충분한 배경 정보나 의도를 설명하지 않은 채, 독단적이고 편향된 의사 결정을 내리는 상사와 함께 일을 해야 한다면, 직원들은 이러한 사람들에게 제안하는 일 자체를 두려워 할 수 있습니다. 정답이 무엇인지는 상사의 기분에 따라 달라지며, 잘못된 말을 하면 비난이나 공격을 받을 가능성도 있다는 두려움 때문에 직원들은 쉽게 의견을 내지 못하게 됩니다. 이러한 상황에서는 새로운 도전에 나서거나, 권력자에게 무언가를 제안하는 것 자체가 어려워 집니다. 그러나 핸드북에 명확한 기준이 명시되어 있어, 그 기준을 충족한다면 누구에게도 비난받을 걱정이 없어집니다. 명확한 기준을 지키는 것만으로도 심리적 안전성의 핵심 요건인 '무지하게 보이지 않고, 무능하다는 평가를 받지 않으며, 방해꾼이나 부정적인 존재로 취급되지 않음'이 보장된다면, 직원들은 안심하고 새로운 도전에 나설 수 있을 것입니다.

이러한 Handbook First 방식에는 큰 메리트가 있지만, 한편으로는 정확한 문서화를 위해 일정 수준의 훈련이 필요합니다.

■ Suddenly Remote Handbook

Suddenly Remote Handbook screenshot showing navigation sidebar (Company, Culture, Handbook, Style Guide, Values, Departments: Engineering, Marketing, Sales, People Ops, Information Technology, Finance, Legal, Docs, Shortcodes: Buttons, Columns, Expand, Hints, Mermaid, Tabs, Brownfield.dev) and content sections

Suddenly Remote Handbook

Suddenly Remote

Suddenly changing how an entire organization works is very disruptive and suddenly being unable to share space is a novel problem. Most disaster recovery plans and business continuity plans lack aspects of continuing to work when you can't be co-located with co-workers.

See https://allremote.info for more information.

Handbook Template

A suggestion for many companies finding themselves in this remote position is to create a handbook. The way a handbook centralizes knowledge of how an organization operates (or should operate) is very helpful. None of the existing templates seemed like a proper starting point, so I created this one.

See the Handbook Page for more information.

The Importance of Handbook

The ultimate goal is that non-technical resources could use this template to create a starting point for an organization unit or company to use for a handbook.

Wiki Handbooks Don't Scale

At GitLab, like many others, the handbook started as an informal collection of documents and wikis. The way Wikis work doesn't lend themselves to handbooks for several reasons, which we have outlined on the Handbook Usage page.

Getting Started

This handbook template can be leveraged by anyone in the world by following these steps. Expect a video walk-through soon.

1. Create a GitLab.com account
2. Create a Group for your company or organization

Suddenly Remote Handbook
The Importance of Handbook
Wiki Handbooks Don't Scale
Getting Started
Provide Feedback

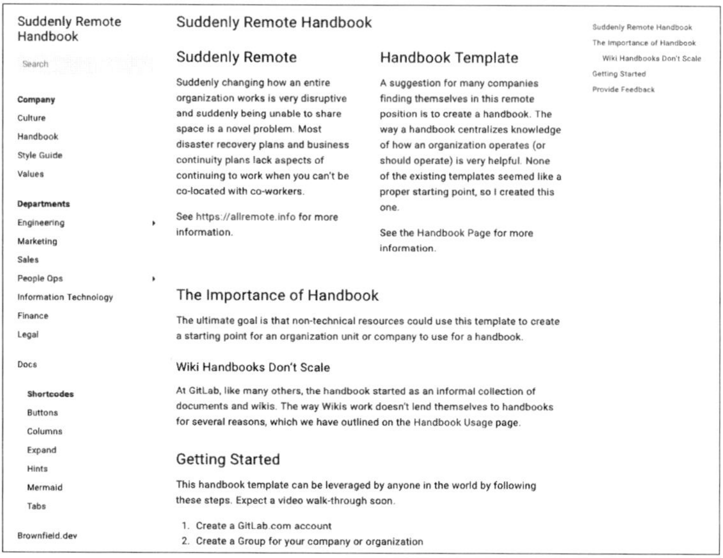

URL: https://handbook.brownfield.dev/

불필요한 추측을 유발하지 않으면서도 누구라도 이해할 수 있는 명확한 문장으로 작성하려면 어느 정도 경험이 필요합니다. 따라서, 가이드라인을 정비하고, GitLab이 추천하는 것처럼 문서 작성 전문가를 영입하는 것도 좋은 방법이 될 수 있습니다. 직원들을 위해 문서화 훈련을 준비하는 것도 좋은 방법입니다.

또한, 아무리 핸드북을 작성했다 하더라도, 제대로 활용되지 않으면 의미가 없습니다. 핸드북은 **언제라도, 누가 봐도 참조할 수 있도록 접근하기 쉬운 곳에 위치해야 합니다.** 핸드북을 보관하거나 공유할 장소로는 GitLab도 좋지만, Notion 같은 업무 툴도 추천됩니다. 또한 Suddenly Remote Handbook이라는 핸드북 작성을 위한 템플릿이 제공되고 있으므로, 이것을 활용하면 보다 수월하게 시작할 수 있을 것입니다. 또한 핸드북을 Wiki에 작성하는 것은 향후 구조적인 변경이 어려울 수 있으므로 추천하지 않습니다.

GitLab에서는 핸드북 업데이트에 대해 모든 직원이 제안할 수 있지만, 핸드북에 최종 반영은 권한을 가진 승인자(DRI)가 수행합니다. DRI는 핸드북에 반영될 기준을 충족하는지 리뷰한 후, 필요에 따라 제안자에게 수정 요청을 할 수도 있습니다. 이렇듯 핸드북에 기재되어야만 공식적인 규칙이 되므로, 모든 직원이 핸드북을 수정할 수 있는 상태야 말로, 조직의 투명성을 유지하는 데 필수적인 조건이 됩니다. 따라서 모든 직원이 일상적으로 제안하며, 공정한 규칙을 만드는 과정에서 직접 참여하고 있음을 실감할 수 있는 환경을 유지해야 합니다. DRI는 기준을 지나치게 높이지 않도록 조정하며, 직원들이 적극적으로 제안할 수 있도록 피드백을 하는 것이 바람직합니다. 또한, 신입 사원의 온보딩(신입 연수)과정에 핸드북 제안 프로세스를 포함하여, 입사 조기 직원들도 회사에 기여할 수 있는 경험을 제공함으로써 자연스럽게 적응해 나갈 수 있도록 돕는 것도 중요합니다.

커뮤니케이션 가이드라인을 명시한다

우리의 업무는 대부분 혼자만으로 완성되지 않습니다. 업무를 분담하거나, 팀원들과 협업하면서 진행되는 경우가 많습니다. 이 과정에서 반드시 커뮤니케이션이 발생하며, 이에 관한 **가이드라인을 마련하는 것이 중요**합니다.

커뮤니케이션 가이드라인이 없다면, 무의식적으로 상대에게 상처를 주거나, 공격적인 태도를 보이는 상황이 발생할 수 있으며, 이러한 행동을 방치하게 될 위험도 있습니다. 원치 않는 커뮤니케이션 방식을 명시하는 것이, 이러한 문제를 예방하는데 필수적입니다. 또한 단순히 제한하는 역할뿐 아니라, 상대에게 개선을 요구하는 피드백을 해야 하는 상황에서도 커뮤니케이션 가이드라인이 중요한 역할을 합니다. 이러한 피드백은 부담이 크고 피하고 싶은 경우가 많지만, 가이드라인이 있으면 보다 원활하고 적절한 방식으로 진행할 수 있습니다. 망설여지는 행동을 적극적으로 유도하고, 일상적으로 실행될 수 있도록 하기 위해 바람직한 행동 역시 명확하게 문서화해야 합니다. 원격 근무 조직에서는 얼굴을 직접 마주하지 않고 커뮤니케이션을 하는 경우도 있기 때문에, 익숙하지 않은 동안 오해를 초래하거나, 적절한 의도가 전해지지 않는 경우도 종종 있습니다. 원활한 커뮤니케이션을 유지하기 위해 커뮤니케이션의 요령을 담은 가이드라인이나 규칙을 핸드북에 기록하는 것도 중요합니다.

예를 들어 텍스트를 통한 커뮤니케이션은 상대의 표정이나 목소리를 알 수 없기 때문에 필요 이상으로 상대의 의도를 추측하며 불안감을 느끼거나, 불필요한 걱정으로 스트레스를 받는 경우들도 있습니다. 이 외에도, GitLab은 비동기적 커뮤니케이션을 권장하지만, 상황에 따라 동기적 커뮤니케이션이 더 적절한 경우도 존재합니다. 따라서 이러한 커뮤니케이션의 핵심 사항을 정리한 가이드라인을 문서화하여 핸드북에 남겨두어야 합니다. 이에 따라 다양한 가치관과 성격을 가진 직원들이 커뮤니케이션을 통해 불필요한 걱정이나 부담을 지지 않고 효율적으로 협업하게 됩니다.

참고로, GitLab이 공개한 9가지 커뮤니케이션 가이드라인은 다음과 같습니다.

① 상대방의 긍정적인 의도를 가정할 것
② 상대방을 배려할 것
③ 포용적인 표현을 사용할 것
④ 발언에 책임질 것
⑤ GitLab Value의 모범이 될 것
⑥ 피드백(Feedback)은 필수적이다
⑦ 1:1 미팅을 소홀히 하지 말 것
⑧ 괴롭힘 방지 정책, 행동 규범, 윤리 규정을 준수할 것
⑨ 자신이 통제할 수 있는 것에 집중할 것

조금 해설을 덧붙이자면, '① 상대방의 긍정적인 의도를 가정할 것'이라는 가이드라인은 커뮤니케이션하는 상대가 '무언가를 더 나은 방향으로 개선하기 위해 적절히 노력하고 있다.'고 먼저 가정하자는 것을 의미합니다. 인간은 본능적으로 다른 사람의 행동이 자신에게 불리한 결과를 초래하면, '상대가 성실하지 않다.', '의욕이 없다.', '능력이 없어서 문제가 발생했다.'고 생각하게 쉽습니다. 즉 '상대방의 긍정적인 의도를 가정할 것'이란 이러한 사고방식을 잠시 멈추고 상대가 당신이나 상황을 더 나은 방향으로 개선하려고 노력하고 있다고 생각하는 것입니다. 이러한 관점을 가지고 커뮤니케이션해 보세요. 예상보다 더 많은 새로운 발견을 하게 될 것이며, 상대방의 문제를 긍정적으로 해결하려는 태도에 놀라게 될 것입니다.

'② 상대방을 배려할 것'이란 예를 들어, 당신이 대면하며 직접적으로 말할 수 없는 말은 텍스트로도 전송하지 말라는 것입니다. 비동기적으로 채팅이나 메일을 주고받다 보면 실감하기 어려울 수도 있지만, 결국 사람과 사람 사이의 대화임을 잊지 말아야 합니다. 눈 앞에 상대가 있다 가정하고, 이 말을 들었을 때 어떤 표정을 지을지 떠올리며 텍스트 메시지를 보내는 태도가 중요합니다.

'④ 발언에 책임질 것' 또한 유사한 의미를 갖고 있습니다. 당신의 메시지가 당신이 의도하지 않은 방식으로 누군가에게 상처를 주었다면, 그에 대한 책임은 당신에게 있습니다. '그럴 의도는 아니었다'고 변명하기 보다, 솔직하게 책임을 인정하고 사과하며, 상대에게 상처를 주지 않도록 자신의 책임을 자각하며 커뮤니케이션을 해야 합니다.

이렇게 설명하고 있는 가이드라인은 특별한 내용이 아닙니다. 자신을 중요하게 여기듯이, 상대방도 존중하고 겸허히 자신을 돌아보는 것은 당연한 일입니다. 즉, 이렇게 경의를 담은 커뮤니케이션이 다양한 가치관을 가진 사람들과 소통하고 이해할 수 있는 기반이 됩니다.

가이드라인 외에도, 동일한 주제로 비동기적 커뮤니케이션이 세 번 이상 발생하면 동기식 미팅을 추천하거나, 회의 전에 의사록을 캘린더에 첨부하여 어젠다(agenda)를 사전에 공유하는 등, 원격 근무에서 효과적인 커뮤니케이션을 위한 규칙이 정해져 있습니다.

이 외에도 정보 공개, 비공개 기준, 미디어의 노출 관련 규칙, 제안 및 우려 사항 제출 방법, 경청하는 방법 등 다양한 참고 정보를 핸드북에 정리해 두고 있습니다. 이처럼 커뮤니케이션 과정에서 발생할 수 있는 다양한 상황에 대비한 가이드라인과 규칙을 마련하면, 보다 안심하고 효율적으로 커뮤니케이션을 취할 수 있게 됩니다.

도구(tool)의 종류를 최소화한다

효율적인 원격 근무를 실현하기 위해서는 **이용하는 도구의 종류를 최소화**하여야 합니다. 세상에는 다양하고 편리한 도구들이 존재하지만, 사용하는 도구가 많아질수록 해당 도구를 도입하지 않은 멤버가 접근하지 못해 협업에 지장을 줄 수 있습니다. 또한, 새로운 도구의 사용법을 익히기 위한 온보딩 과정이 늘어나 부담이 가중될 수도 있습니다. 이것은 비효율성과 커뮤니케이션 단절을 초래할 수 있기 때문에, 부분 최적화가 아니라 전체 최적화를 고려하여 적절한 도구로 통합할 필요가 있습니다. 예를 들어 온라인 회의에서 참가자가 화면을 공유하려 할 때, 온라인 회의 도구에 익숙하지 않아서, 다른 참가자들이 구두로 화면 공유 방법을 안내해 주는 상황을 경험한 적이 있지 않나요? 상황에 따라 온라인 회의 도구를 재시작해야 하기도 하며, 도구의 사용 방법을 익히느라 소중한 회의 시간이 낭비될 수도 있습니다.

도구 선정에 있어 GitLab에서는 우선 Google Docs, 전사 공통의 채팅 툴

(Microsoft Teams 또는 Slack), 그리고 Zoom을 중심으로 시작할 것을 추천드립니다. 사내 시스템 접속에 VPN이 필요하다면, 누구나 쉽게 접근할 수 있도록 매뉴얼을 정비해야 합니다.

또한 원격 근무 조직에서는 채팅 툴과 핸드북을 활용한 비동기적 커뮤니케이션을 기본으로 하지만, 상황에 따라 동기식 미팅을 진행하기도 합니다. 이 때, Zoom은 **녹화를 권장**하며, 회의에 참석하지 못한 직원들도 나중에 확인할 수 있도록 해야 합니다. 캘린더에는 Google Docs로 작성한 회의록을 미리 첨부하고, 어젠다와 논점을 회의 전에 정리하여 모든 참석자가 미리 확인한 상태에서 회의에 참여할 수 있도록 합니다. 회의를 진행하면서 Google Docs에 회의록을 실시간으로 기록하고, 회의에 참석하지 못한 직원들도 언제든지 확인할 수 있도록 합니다.

이렇듯 도구를 한정하면 업무에서의 혼란과 비효율성을 줄일 수 있으며, 학습 비용도 효율적으로 관리할 수 있습니다.

경영진들이 원격 근무를 기본 원칙으로 삼는다

원격 근무 조직을 효과적으로 운영하고, 더 나은 원격 근무 조직을 실현하기 위해 반드시 실천해야 할 것이 있습니다. 그것은 **경영자나 상급 관리직에게 우선 강제로 원격 근무를 도입하는 것**입니다.

사무실에 애착을 가진 경영자는 거부감이 느낄 수도 있습니다. 그러나 원격 근무 조직을 목표로 한다면, 이는 매우 중요하며 피할 수 없는 단계입니다. 경영진의 기본 업무 환경을 원격 근무로 전환하면 몇 가지 큰 변화가 발생하며, 이는 효율적인 원격 근무 조직을 실현하는데 중요한 의미를 갖게 됩니다.

우선, 경영진이 원격 근무를 실천함으로써 직원들에게 '회사가 진정으로 원격 근무 조직을 지향하고 있다.'는 강력한 메시지를 전달할 수 있습니다. 이를 통해 모든 직원이 원격 근무 조직 구축에 대해 진지하게 인식하기 시작합니다. 다음으로, 경영진이 원격 근무 환경에서 의사 결정을 내리는 과정에서 필요한 정보를 수집하며, 도구나 프로세스에 존재하는 문제를 발견할 수 있습니다. 예를 들어 필요한 정보가 구두로 설명하지 않으면 이해하기 어려운 형태이거나, 여러 저장소에 분산되어 있는 경우가 이에 해당합니다. 이 때, 경영진이 필요한 정보를 원활하게 확보할 수 있도록, 적절한 도구를 선정하고 프로세스를 개선하는 작업이 이루어집니다.

그 후, 원격 근무 환경에서 약 한 달 정도 업무를 진행하면, 도구나 프로세스 문제뿐만 아니라, 커뮤니케이션과 관련된 문제도 점차 드러나게 됩니다. 필요한 정보를 모으기 위한 보고라인이나 적절한 피드백 등 사업을 성장시키기 위해 본질적인 요소들을 직접 체감하게 됩니다. 이렇게 발견된 과제를 해결해 나가면서, 필요한 정보가 정리되고, 원격 근무 환경에서 업무를 원활하게 진행할 수 있는 기반이 구축될 것입니다.

반대로 경영진이 계속해서 사무실에 머문다면, 원격 근무 조직이 제대로 운영되지 않을 가능성이 매우 높다고 봐도 무방합니다. 사무실 근무 환경에서는 경영의 의사 결정의 투명성이 낮아지는 경향이 있으며, 사무실에서 얼굴을 자주 마주하는 직원들의 의견이 더욱 중시되는 분위기가 형성됩니다. 이에 따라 의사 결정 프로세스가 사무실 중심으로 이루어지게 되며, 원격 근무에서 발생하는 커뮤니케이션 문제는 개선되지 않은 채 방치될 가능성이 큽니다. Handbook First라는 원격 근무 조직의 기본 원칙이 무시되면, 비효율성은 좀처럼 개선되지 않고, 원격 근무자는 비주류로 취급될 것입니다.

이러한 이유로 세계적인 수준의 원격 근무 조직을 실현하기 위해서는, 경영진 등 회사의 핵심적인 부분부터 원격 근무를 도입해야 합니다. 이렇게 하면, 원격 근무자가 충분히 퍼포먼스를 발휘할 수 있는 환경이 조성될 것입니다.

원격 근무 환경을 정비한다

컴퓨터나 네트워크와 같은 작업 환경은 반드시 최고 수준일 필요는 없지만, 최소한 표준 환경을 충족하지 않으면 원격 근무의 퍼포먼스가 저하될 수 있습니다. GitLab이 설명하고 있는 '마이크'를 예시로 들면, '음성 품질이 높은 경우(낮은 경우와 비교해서), 사람들은 컨텐츠를 더 좋고, 더 중요하다고 판단합니다. 또한 화자를 더 지적이고, 유능하며, 호감이 가는 사람으로 평가합니다. 반대로 음성 처리가 어려운 메시지는 설득력이 낮아집니다.'라는 연구 결과를 인용하여 설명하고 있습니다. 경영진 입장에서도 직원의 퍼포먼스를 저하시킬 수 있는 요인을 제거할 수 있다면, 사무실 장비에 대한 투자는 '검토할 가치가 있는 주제'라고 할 수 있을 것입니다.

구체적으로는 컴퓨터, 네트워크, 카메라, 마이크, 이어폰, 모니터 등 **필요한 장비를 온라인 회의 중 불편함 없이 사용할 수 있도록 표준적인 수준으로 갖추어야 합니다.** 환경에 투자할 여유가 있다면, 인체공학적 설계가 적용된 의자나 책상 등을 갖추는 것도 추천됩니다. 의학적인 근거를 바탕으로 책상의 배치 방법, 조명의 밝기 등, 원격 근무 시 건강 유지를 위한 강의를 진행하는 것도 효과적입니다.

또한, 원격 근무는 방해받지 않는 공간에서 업무에 집중하는 것이 중요합니다. 넓은 공간과 별도의 작업실이 있다면 개인 작업 환경을 갖출 수 있겠지만, 인구가 많은 도시에 거주하거나 가족과 함께 생활하는 경우에는 쉽지 않을 수도 있습니다. 이런 상황을 대비하여, 근처에 있는 공유 사무실을 회사 경비로 이용할 수 있도록 지원해야 합니다. 워케이션(Workation)과 같은 근무 방식을 지원하는 것도 효과적입니다.

또한, 가정에서 업무를 할 경우, 가족의 이해가 필요합니다. 직원이 가족이 가족의 눈에 잘 띄는 곳에서 일을 하면, 가족들은 깊이 생각하지 않고 가볍게 말을 걸 수도 있습니다. 그러나, 집중하고 있는 작업이 중단되면 큰 비용이 발생할 수 있기 때문에, 말을 걸지 않았으면 하는 상황에서는 이를 가족들이 이해할 수 있도록 해야 합니다.

한편, GitLab에서는 **온라인 회의 중 가족이 화면에 비춰지는 것을 긍정적으로 받아들이는 모습도 보이고 있습니다.** 업무 중 자녀들이 화면에 나타나거나, 반려동물이 무릎에 올라와도 괜찮습니다. 이를 계기로 직원들 간의 친밀감이 형성되거나, 자연스럽게 서로를 더 잘 알아가는 계기가 될 수도 있습니다. 이러한 경험을 공유하면, 갑자기 자녀가 울기 시작하는 상황에서도 동료들이 더 이해심을 가지게 될 것입니다. 이렇게 집에서 근무할 때 가족들과 어떻게 관계를 맺어야 하는지 당사자가 직접 설명하기 어려운 경우도 있습니다. 이럴 때 회사의 커뮤니케이션 규칙을 가족에게 보여주는 것도 좋은 아이디어가 될 수 있습니다. 또한, 가사나 육아를 지원하여 업무에 집중할 수 있도록 돕는 복리후생을 마련하는 것도 하나의 방법으로 검토해 볼 만합니다. 이럴 때, 회사의 커뮤니케이션 규칙을 가족에게 보여주는 것도 좋은 아이디어가 될 수 있습니다. 또한, 가사나 육아를 지원하여 업무에 집중할 수 있도록 돕는 복리후생을 마련하는 것도 하나의 방법으로 검토해 볼만합니다.

막대한 비용을 지불해서 최고 수준의 환경을 마련할 필요는 없습니다. 원격 근무에서의 퍼포먼스를 저해하는 요소를 파악하고, 표준적인 환경을 구축함으로써 원격 근무가 효율적으로 운영될 수 있도록 정비해 나갑시다.

인포멀한 커뮤니케이션을 설계한다

여기까지 오면 원격 근무 조직의 기본 틀은 어느 정도 갖춰졌다고 볼 수 있습니다. 그러나, 조직은 단순히 만들었다고 끝나는 것이 아니라, 실제로 운영하면서 원활하게 기능할 수 있도록 지속적으로 관리해야 합니다. 공들여 만든 원격조직의 틀이 제대로 기능하지 못하는 것을 막고, 안정적으로 운영되도록 하기위해 중요한 부분이 바로 **인포멀한 커뮤니케이션**입니다. GitLab을 비롯한 세계최첨단의 원격 근무 조직에서는 인포멀한 커뮤니케이션을 매우 중요한 인사 전략으로 간주하며, 이를 의도적으로 설계하고 있습니다.

인포멀한 커뮤니케이션은 말 그대로 업무와 직접적인 관련이 없는 의사 소통을 의미합니다. 반려동물이나 취미, 휴일을 어떻게 보냈는지 이야기하기도 하고, 생일을 축하하거나, 가볍게 격려의 말을 건네기도 합니다. 농담을 주고 받으며 함께 웃는 것 또한 인포멀한 커뮤니케이션에 포함됩니다. 이처럼 업무 외적인 모든 소통이 인포멀 커뮤니케이션에 해당합니다.

GitLab에서는 1:1로 자유롭게 대화하는 커피챗(Coffee Chat)이나 게임, 헬스케어, 가족 등 다양한 주제로 잡담을 나누는 소셜 콜(Social Call), 다같이 모여 명상을 하는 마인드풀니스 콜(Mindfulness Call), 매년 한 번, 전세계 직원들이 한 곳에 모이는 Contribute, 그리고 Slack 채널에서 음악 활동을 하는 직원들이 모여 함께 음악을 만드는 등, 다양한 인포멀 커뮤니케이션 활동을 운영하고 있습니다. 특이한 제도로는 동료들과 직접 만나 교류할 수 있도록 회사에서 여비를 지급하는 Visiting Grant Program이라 하는 제도 또한 마련되어 있습니다.

여러분 중에는 인포멀 커뮤니케이션이 업무에 정말로 필요한지 회의적으로 생각하는 분들도 있을 것입니다.

업무에 관계없는 잡담이나 이벤트 등은 직원들이 원하지 않거나, 효과적이지 않다고 생각할 수도 있습니다. 그러나 다음 두 가지 중요한 이유로 인해 인포멀 커뮤니케이션은 반드시 필요합니다.

첫 번째 이유는 **인포멀 커뮤니케이션이 직원들의 퍼포먼스 향상에 기여하기 때문**입니다. 좀처럼 퍼포먼스가 오르지 않는 이유가 인포멀 커뮤니케이션 부족에 있을 가능성도 큽니다. 두 번째 이유는 **인포멀 커뮤니케이션이 정신 건강 문제를 예방하는데 중요한 역할을 하기 때문**입니다.

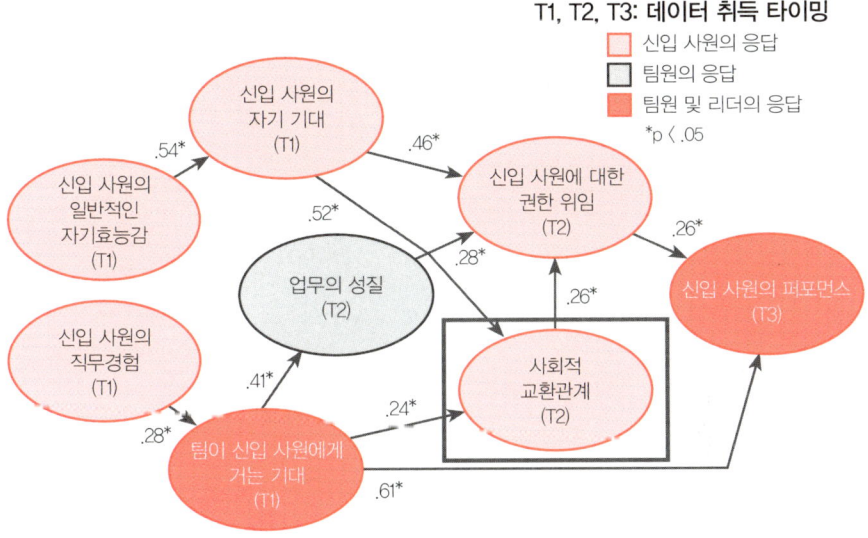

출처: chen 등(2003), 필자가 번역하여 작성

　우선 첫 번째로, '퍼포먼스에 미치는 영향'에 대해 설명하겠습니다. 사원이 조직에 적응해 가는 과정을 설명하는 '조직사회화'라는 개념이 있습니다. 조직사회화에 따르면, 팀원이나 팀 리더들이 퍼포먼스를 발휘하는 신입 사원을 평가할 때 '사회적 교환관계'가 영향을 미친다고 밝혀졌습니다. 사회적 교환관계란, 사람이 조직 내에서 '금전'과 같은 유형의 자원과 '존경', '애정', '인정', '공감', '유쾌' 등 무형의 자원을 교환하는 관계를 의미합니다. 즉, 이 연구에서는 위 도표에서 나타난 것처럼, 팀원 간의 교류를 통해 상호 간의 이해나 친밀감을 쌓는 경험이 퍼포먼스에 영향을 미칠 가능성이 있음을 말하고 있습니다. 인포멀 커뮤니케이션을 통해 팀원 간에 공감과 애정, 즐거움, 존중 받는 감정을 주고받음으로써, 결과적으로 더 높은 퍼포먼스로 이어지게 됩니다.

같은 맥락에서 탈리야 바우어(Talya Bauer) 등의 연구에서도, 다음 페이지에 제시된 그림처럼, '사회적 수용'이 퍼포먼스, 직무 만족도, 조직에 대한 헌신, 소속감을 높여 퇴직 위험을 줄이는 데 기여한다는 점을 시사합니다.

■ 조직 사회화 프로세스 모델(숫자는 표준화 지수)

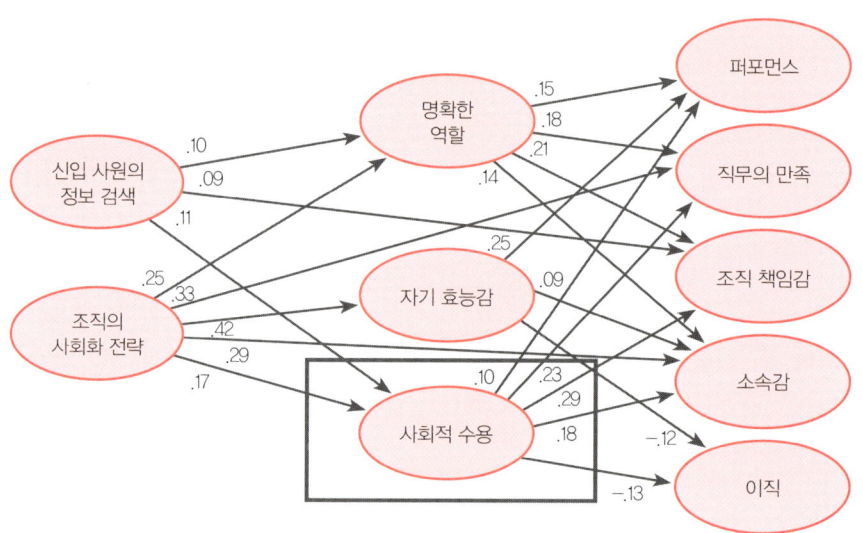

출처: Bauer 등(2007)의 연구를 필자가 번역하여 작성

사회적 수용이란, 특정 커뮤니티에서 자신이 받아들여지고 있다고 느끼는 정도를 의미합니다. 특히 신입 사원이나 팀에 새로 들어온 멤버가 한 명의 인간으로서 이해 받고, 팀의 일원으로 인정받고 있다고 느낄 수 있는지가 중요합니다.

추가적으로 Google이 퍼포먼스가 높은 팀을 분석하는 과정에서 발견한 것으로 유명한 '심리적 안정성'에서도, 자신이 한 명의 인간으로서 존중받고 있다고 느끼는지가 중요한 요인으로 꼽힙니다.

이러한 연구에서도 알 수 있듯이, 인포멀 커뮤니케이션을 통해, 한 명의 인간으로서의 연결성과 조직의 일원으로 받아들여지고 있다는 소속감의 실감은 퍼포먼스를 향상시키는 중요한 요소가 됩니다. 즉, 퍼포먼스는 관계 없다고 생각되는 취미에 대한 주제나 농담 등을 통한 인간적인 교류가, 실제로 퍼포먼스에 있어 중요한 역할을 담당하고 있는 것입니다.

생각해 보면 이는 당연할지도 모릅니다. 사회의 일원으로써 인정받고 있다 느끼고 있는 사람은, 그렇지 않은 사람들보다도 자신감을 갖고 도전하거나, 노력하기 어렵지 않을 거라 생각합니다. 더욱이 이러한 점에서 알 수 있는 것은, 신입 사원이나 현재 퍼포먼스를 올리지 못해 고민하고 있는 사람들처럼, **'내가 이곳에 잘 어울리는지' 망설이고 있는 팀원에게야 말로**, 인포멀 커뮤니케이션을 통해 친밀감을 형성하고, 작은 성취를 쌓아가며 '이곳이 내가 있을 자리다'라는 확신을 가질 수 있도록 해야 한다는 점입니다. 이 부분은 경영자나 이미 자리를 잡은 베테랑들에게는 쉽게 와닿지 않을 수 있으니 주의해야 합니다. 또 하나의 문제는 정신 건강에 대한 부분입니다. 원격 근무 환경에서 정신 건강을 고려할 때 가장 중요한 주제는 **'사회적 고립'**과 **'고독감'**입니다. '사회적 고립'이란 지인 또는 가족들 과의 물리적 교류가 거의 없는 상태를 의미합니다. 반면, '고독감'은 '나는 혼자다'라고 느끼는 감정입니다. 주변에 많은 사람들이 있더라도, 마치 자신만 홀로 남겨진 것 같은 주관적인 감각을 뜻합니다.

물리적인 이유든, 주관적인 이유든 인간은 혼자 있을 때 스트레스를 강하게 느낍니다. 인간은 무리를 이루며 번영해 온 사회적 존재이며, 강도 차이는 있지만 고독한 상태가 되면 본능적으로 사회적인 연결을 원하게 됩니다. MIT의 연구자들이 실행한 쥐를 이용한 연구에 따르면, 뇌의 배측 솔기핵이라는 부분이 고독으로 인한 불안을 유발하며, 타인을 찾는 행동을 촉진한다는 사실이 밝혀졌습니다. 고독은 뇌의 영향을 받아 본능적으로 타인과의 연결을 추구할 뿐 아니라, 실제로 컨디션에도 영향을 미치는 사실이 밝혀졌습니다. 다른 사람들과 만나지 않고 집에서만 생활하는 상태가 지속되면, 점차 무기력해지고, 이는 의욕

저하로 이어질 수 있습니다. 이것은 쇠약(languishing)이라 불리는 증상이며, 퍼포먼스를 내기 어려운 이런 상태가 지속되면 번아웃으로 이어질 가능성이 높아집니다.

이러한 고독과 쇠약은 뇌가 '보상이 충분하지 않다.'는 신호를 보내는 것으로 여겨지고 있습니다. 사회적 인지 기능을 연구하는 교토대학 명예교수 오사카 나오유키(苧阪直行)씨의 '보상을 기대하는 뇌'(신요사)에 따르면, 인간의 뇌는 다른 사람들과 협력하여 문제를 해결하거나, 사랑하는 사람들을 떠올리거나, 긍정적인 평가를 받을 때 심리적으로 좋은 감정을 느끼며, 이를 통해 보상 효과를 얻어 사회적 연결을 강화한다고 합니다. 또한, 예기치 못한 발견이나 자극에도 도파민 뉴런이 반응한다는 사실이 밝혀졌으며, 이러한 우발적인 커뮤니케이션이나 새로운 발견이 기쁨을 유발하고 혁신으로 이어질 수도 있습니다.

이러한 점에서 배울 수 있는 것은, 인포멀 커뮤니케이션은 단순히 양을 늘리는 것도 중요하지만, **자신이 이 커뮤니티의 일원으로서 인정받고, 팀과 함께하고 있다고 느낄 수 있는 '질' 또한 중요하다는 것**입니다.

이러한 팀이나 조직에서 소속되어 있음을 느끼는 것을 **'소속감(Belonging)'**이라고 합니다. 인포멀 커뮤니케이션이 중요하다고 해서, 직원들의 감정을 고려하지 않고 단순히 이벤트를 열어서는 안됩니다. 직원 한 명 한 명에게 공감을 표현하고, 서로 존중과 신뢰를 주고받을 수 있는 관계를 형성할 수 있도록 돕는 것이 소속감을 느끼게 하는 데 중요한 요소입니다.

더 나은 원격 근무를 위한 12가지 실현 방법

GitLab에서는 원격 근무 조직의 실현 정도를 평가하기 위해 '더 나은 원격 근무로 가는 12단계'라는 간단한 테스트를 제공합니다. 이 테스트는 단 10분만에 원격 근무 조직으로서의 성숙도와 과제를 파악할 수 있습니다. 12점을 받는다면 완벽한 원격 조직이며, 11점인 경우 허용 가능한 범위입니다. 하지만 10점 이하라면 Office first 상태일 가능성이 있습니다. 아래에 테스트 항목을 정리해 두었으니, 직접 확인해 보시길 바랍니다.

■ 더 나은 원격 근무를 위한 12 단계

---

1. 경영진은 원칙적으로 원격 근무 환경에서 업무를 수행하는가?

2. 팀원은 근무 시간을 스스로 결정할 수 있는가?

3. 업무 관련 커뮤니케이션은 비동기 방식으로 이루어지는 것을 전제로 하고 있는가?

4. 가치(Value)와 그 활용 방법이 명확히 정의되고, 문서화되어 있는가?

5. 모든 부서에서 사용하는 도구가 통일되어 있는가?

6. 핸드북을 다양한 방면에서 판단 기준으로 활용하고 있는가?

7. 팀원간의 유대감을 형성하는 방법이 정의되어 있는가?

8. 커뮤니케이션 방식이 SSoT(Single Source of Truth)에 문서화되어 있는가?

9. 1인 1대의 PC 및 다양한 업무용 장비들이 제공되고 있는가?

10. 네트워킹 및 교류 기회가 의도적이고 정기적으로 마련되며, 공개적으로 운영되는가?

11. 가치(Value)를 평가하고, 이를 칭찬, 승진의 기준으로 활용하는가?

12. 개인의 작업 환경 개선을 위해 비용을 지원하며, 자택 이외의 장소에서 작업하는 경우에도 보조금을 지급하는가?

출처: 'The GitLab Test — 12 Steps to Better Remote'를 토대로 필자가 번역
URL: https://about.gitlab.com/company/culture/all-remote/the-gitlab-test-remote-work/

제4 장

원격 근무 시 발생하는
문제와 해결책

사무실 근무 환경에서 원격 근무 환경으로 전환할 때, 몇 가지 문제는 반드시 발생한다고 설명했습니다. GitLab처럼 올 리모트로 전환하는 경우, 비교적 혼란이 적을 수 있습니다. 그러나 사무실 근무와 원격 근무를 병합하는 하이브리드 근무 환경을 도입하려는 경우, 더 많은 문제가 발생하게 되어 전환의 난이도가 높아집니다. 이는 인간의 특성상 권력이 사무실에 집중되기 쉽고, 이로 인하여 대립이나 원격 근무에 대한 무지에서 비롯된 다양한 문제가 발생할 가능성이 높기 때문입니다.

그렇다고 해서 많은 기업들이 갑자기 사무실을 완전히 없애기는 현실적으로 어렵기 때문에, 대부분은 하이브리드 원격 근무를 채용하는 비율이 더 높습니다. 서류관리, 인감, 우편물 처리 등 물리적인 제약이 많아 사무실을 완전히 없애기 어려운 경우도 있습니다.

난이도가 높다고 말한 하이브리드 원격 근무라 하더라도, 발생할 문제를 미리 예상하고 대비해 둔다면 원격 근무 환경을 성공적으로 도입할 가능성이 높아집니다.

본 장에서는 원격 근무 환경으로 전환할 때 발생하는 다양한 문제들을 소개하고, 이에 대한 경향과 대책을 설명하겠습니다. 성공의 비결은 무엇보다 철저한 준비에 달려있습니다. 준비가 되어 있다면 걱정할 필요가 없습니다.

원격 근무에서 공통적으로 발생하는 문제

우선 올 리모트, 하이브리드 원격 근무 등 원격 근무의 형태를 따지지 않고, 원격 근무 환경으로 전환할 때 발생할 수 있는 공통 문제에 대해 설명하겠습니다.

◉ 일을 너무 많이 한다

　원격 근무 환경에서는 '직원이 거드름을 피우는 거 아닐까?' 하고 걱정하는 경영자들이 있지만, 실제로는 오히려 노동 시간이 증가하는 경향이 있습니다. 작업이 중단될 일이 거의 없어 계속 일하게 되고, 회의실로 이동하는 시간도 필요 없기 때문에 일정이 빡빡하게 채워지는 경우가 많습니다. 그 결과, 자신도 모르게 과로하게 되어, 번아웃 등의 위험이 높아집니다.

◉ 텍스트 기반의 커뮤니케이션에 대응할 수 없다

　맥락이 부족한 텍스트 기반의 커뮤니케이션은 익숙하지 않은 멤버들에게 처음에는 큰 혼란을 줄 것이라 예상합니다. 텍스트만으로 소통하니 필요 이상으로 차갑게 느껴지거나, 적절하게 의사를 표현하기가 어려운 경우도 발생할 수 있습니다.

◉ 고립감을 느낀다

　원격 근무 환경에서는, 업무 이외의 잡담이 자연스럽게 발생하는 경우가 적어, 잡담 없이 하루가 끝나는 경우도 있습니다. 사람과의 연결이 희박해진다고 느끼면서 점점 고립감을 느끼고, 결국 심리적으로 지쳐갈 수도 있습니다.

◉ 일과 생활의 경계가 흐려져 피로가 누적된다

　아침에 침대에서 일어나 곧바로 책상에 앉고, 식사를 하면서 이메일 체크를 하고, 저녁 식사 후에도 남은 업무를 처리하는 식으로 일을 하다 보면, 일이 머릿속에서 떠나지 않아 피로가 쌓이고 점점 활력을 잃게 됩니다.

◉ 신입 사원이나 부서 이동한 팀원이 팀에 적응을 하지 못한다

　원격 근무 환경에서 신입 사원이나 다른 팀에서 온 팀원이 팀에 자연스럽게 적응하기 어려워 합니다. 기존 팀원의 충분한 지원이 제공되지 않으면, 새로운 팀원은 팀의 일원이라는 실감을 가지지 못하고 보이지 않는 곳에서 어려움을 겪을 수 있습니다.

● 번아웃

피로나 고립감으로 인해 정신적인 활력을 소진하면, 번아웃 상태에 빠질 수 있습니다. 업무를 통해 감정적인 에너지를 전부 소진해 버리면, 창의적인 사고나 배려를 할 여력조차 남지 않을 정도로 극도로 지치게 됩니다. 이러한 상태를 정서적 소모감이라 합니다. 타인을 배려하기가 점점 어려워지고, 다른 사람에게 차갑게 대응하거나 위압적인 태도를 보이게 되는 '탈인격화' 현상이 나타날 수 있습니다. 또한 이전보다 활력이 감소하고, 그러한 자신의 모습에 대해 우울한 감정을 가지기 시작하는 '개인적 달성감 저하' 상태에 빠지게 됩니다. 만약 직원들에게 이러한 변화가 나타나기 시작한다면, 번아웃의 가능성이 높아졌다는 신호일 수 있습니다.

원격 근무의 일반적인 문제와 해결책

이러한 원격 근무 환경에서 발생하는 문제는, 미리 예상하고 대비함으로써 해결책을 마련할 수 있습니다.

특히 고독감 문제는 스트레스로 인해 스스로를 더욱 몰아넣거나, 여유가 없어 주변에 공격적인 태도를 보이거나 과잉 반응하게 되고, 그로 인해 주변의 반응도 냉랭해지면서 더욱 고립감이 깊어지는 악순환에 빠질 가능성이 있습니다.

여기서 GitLab은 체계적인 온보딩 과정과 관계를 구성하는 프로세스를 정비함으로써 고립 문제를 개인의 노력이나 주변의 배려에 의존하는 것이 아니라, 조직이 책임을 가지고 해결할 수 있도록 하고 있습니다. 이뿐만 아니라, 의도적으로 인포멀 커뮤니케이션 활동을 제공하며, 인간관계를 넓히고 혹은 커뮤니티와의 연결을 강화할 수 있도록 하고 있습니다. 신입 사원, 부서 이동, 기존

직원 간의 인간관계 형성에 대해 GitLab이 시행하는 다양한 정책 및 프로그램은 제3부에서 자세히 설명할 예정이므로, 함께 참고하시기 바랍니다.

이러한 고독감 문제에 대한 대책의 공통점은 **개인의 노력에 의존하는 것이 아니라, 조직이 시스템을 구축**하여 제3장에서 설명한 소속감(Belonging)을 느낄 수 있는 환경을 제공하며, 고독감의 부정적인 연쇄를 끊을 수 있도록 설계하는 것입니다.

고독감에 이어 과로 및 번아웃을 방지하기 위한 대책을 살펴보도록 하겠습니다.

GitLab에서는 효율적인 휴식과 휴가 활용을 위한 가이드라인을 마련하고, 인체에 대한 전문적인 케어 노하우를 전 직원에게 제공합니다. 요통이나 시력, 피로감 등을 풀어주기 위해 인체 공학에 기반한 작업 환경 구축 방법이나 외부의 전문가의 도움을 받아 정신 건강 케어 서비스를 직원들뿐만 아니라 가족을 에게까지 제공하는 것입니다. 이 외에도, 당연한 이야기지만 매니저가 적절한 노무 관리를 수행하고, 정기적으로 1:1 미팅을 진행함으로써 직원들의 심신 상태를 일상적으로 관리해야 합니다. 사내 문화로서도 장시간 노동을 자랑하거나 칭찬하지 않으며, 적절히 휴가를 취할 필요가 있음을 조직 전체에 공유하고 있습니다. 또한, 업무를 시작하기 전에 워킹 등의 활동을 통해 업무와 일상의 전환을 돕기를 추천하고 있으며, 원격 근무에 익숙하지 않은 사람들이 계속 집에만 머물거나 일과 생활의 경계가 모호해지는 것을 방지하기 위해, 온 오프 전환 방법 및 운동 가이드를 제공하여 과로나 번아웃을 예방하고 있습니다. 커뮤니케이션의 문제에 대해서 GitLab에서는 로우 커뮤니케이션에 익숙하지 않은 사람들을 위해 트레이닝 가이드를 제공하고 있습니다. 커뮤니케이션 규칙을 정비하여 서로 존중하는 태도로 소통할 수 있는 기반을 마련하거나, **SBI 모델**(Situation-Behavior-Impact model)을 활용해 '언제? 어디서?', '구제적으로 무엇이 있었는가?', '그것이 어떤 영향을 주었는가?'를 사실 기반으로 전달함으로써 오해 없이 커뮤니케이션을 하는 방법을 전 직원에게 교육하는 등, 누구나 적절한 표현으로 의사소통할 수 있도록 준비하고 있습니다. 이 외에도 **크루셜 컨버세이션(Crucial Conversation)**이라는 민감한 주제를 가지고 효과적으로 대화하는 방법에 대한 노하우를 연습하거나, 텍스트 커뮤니케이션을 보다 기분 좋게 주고받기 위한 Tip을 제공하는 등 다양한 지원을 병행하고 있습니다. 또한, 매니저나 팀원의 피드백을 통해 일상적인 영역에서 지속적으로 개선해 나가며, 구성원들이 올바른 커뮤니케이션을 취하는 방법을 자연스럽게 익힐 수 있도록 하고 있습니다.

하이브리드 원격 근무 시 발생하는 문제

하이브리드 원격 근무를 진행하는 경우, 올 리모트 환경과 비교해 다양한 문제가 발생하기 쉬우며, 이에 대응하지 않으면 원격 근무 조직이 파탄나는 경우로도 이어지게 됩니다. 이러한 조직 파탄의 원인이 되는 문제는, 다음과 같은 요소 또한 고려할 수 있습니다.

● 정보에 접근하는 격차 발생
사무실에 출근하는 사람들은 직접적으로 정보를 얻을 수 있지만, 원격 근무자에게는 전달되지 않는 정보가 생기면서 정보 격차가 발생합니다. 사무실에 있는 사람들은 충분한 정보를 바탕으로 업무를 진행할 수 있는 반면, 원격 근무자는 정보 접근에 제한이 있어 업무를 원활하게 진행하기 어렵습니다.

● 경력과 역량 개발 기회의 격차 발생
사무실에서 직접 대화하는 중에 새로운 아이디어가 떠오르거나, 의사 결정자가 다른 사람에게 새로운 역할을 부여하고 싶을 때, 눈에 띄는 사무실 근무자에게 우선적으로 기회가 돌아가는 경향이 있습니다. 반면, 원격 근무자는 그런 결정의 순간에 함께하지 못해, 새로운 경험이나 경력 개발 기회를 얻기 어려운 경우가 많습니다.

◉ 열등감을 느끼게 된다

사무실 근무자가 업무 결정에 더 자주 참여하거나 주도권을 쥐고 있는 경우, 원격 근무자는 자연스럽게 열등감을 느끼게 됩니다. 아무리 성실하게 일을 하고 있어도, 사무실에 있는 사람들에게 제대로 평가를 받고 있는지 신경 쓰이게 됩니다. 이런 걱정이 쌓이면 정신적, 감정적인 피로가 누적되며, 점점 그 조직에서 소속감이나 편안함을 잃게 될 수도 있습니다.

◉ 죄책감을 느끼게 된다

사무실에서 얼굴을 마주하는 것을 중요하게 여기는 사내문화를 가진 조직에서 일하는 경우, 원격 근무자는 종종 죄책감을 느끼게 됩니다. 동료들이 출근에 불만을 토로하거나, 가족 행사에 참석하지 못하는 등 유연성이 부족하다고 하소연하는 이야기를 듣게 되면, 원격 근무자가 마치 특권을 누리고 있는 것처럼 느껴질 수 있고, 그에 대한 미안함이 생기게 됩니다. 원격 근무자들은 그런 불편함에서 벗어난 환경에 있다는 자각이 있기 때문에, 동시에 동료의 고충에 공감하지 않을 수도 없고, 그렇다고 거리감을 느끼지 않을 수도 없어 관계가 어색해지거나 마음의 짐을 느끼게 되는 경우도 생기게 됩니다.

◉ 곤란한 상황에 처할 위험이 있다

사무실 근무가 중심이 되는 조직에서는, 원격 근무자에게 '어떻게 그런 좋은 조건으로 일하게 되었나?'같은 식의 질문을 받아 당황하거나 불편한 기분이 들 수 있습니다. 또한 원격 근무를 확대하려는 사람이 조직 내에서는 눈치 없이 혼자 튀는 사람, 혹은 특권을 독차지하는 사람처럼 비춰질 수도 있습니다. 이런 사람은, 상황에 따라 비난이나 공격의 대상이 되어버릴 수도 있습니다.

⊙ 퍼포먼스에 대한 압박이 커진다

원격 근무자는 업무 태도나 노력의 모습이 눈에 띄지 않고, 출퇴근의 부담도 없다는 이유로, 기대 이상의 퍼포먼스를 눈에 보이는 형태로 보여줘야 한다는 압박감을 느끼게 됩니다.

⊙ 사무실을 중심으로 한 사내 문화가 형성되기 쉽다

사무실에서 발생하는 이벤트나 체험을 중심으로 하는 사내 문화를 조성하는 회사의 경우, 원격 근무자가 그 문화를 체감하기는 어렵습니다. 이러한 사내 문화를 회사의 매력으로써 외부에 어필하고 있는 경우라면, 원격 근무자가 조직의 일원이라는 소속감을 느끼기 어려울 수도 있습니다.

⊙ 사무실 내의 혜택을 활용할 수 없다

사무실에 병설된 탁아소나 식당, 운동 시설 등이 있는 경우, 원격 근무자는 이러한 복지 혜택을 이용할 수 없어 불공평하다고 느낄 수 있습니다.

하이브리드 원격 근무의 문제점과 해결책

하이브리드 원격 근무 중에 발생하는 문제도, 사전에 대책을 마련해 두면 문제 발생을 줄이거나, 문제가 발생하더라도 적절히 대응할 수 있습니다. GitLab은 하이브리드 원격 근무가 아닌 올 리모트 근무 환경을 최고의 해결책으로 제시하고 있지만, 하이브리드 원격 근무 환경을 실현 하기 위한 조언도 함께 제공하고 있으니, 그들이 권장하는 행동을 함께 살펴봅시다.

우선 원격 근무자의 정보 격차나 입지 문제에 대해 생각해 봅시다. 이러한 문제는 의사 결정이 주로 사무실에서 이뤄지기 때문에 발생하는 경우가 많습니다. 따라서 가장 간단한 해결책은 **의사 결정의 무대를 원격 근무 환경으로 옮기는 것**입니다. 제3장에서 언급한 것처럼, 경영진과 매니저들은 사무실이 아닌,

원격 근무 환경에서 업무를 수행함을 원칙으로 삼고 실천해야 합니다. 이렇게 하면 중요한 의사 결정이 불투명하게 이루어지거나, 얼굴을 자주 마주치는 사람들만 중용되는 상황을 피할 수 있게 됩니다. 또한, 회의 내용이나 각종 KPI를 시각화할 필요성이 생기기 때문에 문서화 중심의 문화 정착에도 기여할 수 있습니다. 회사의 핵심 인력이 원격 근무 환경에서 업무를 수행하고 있다면, 원격 근무자 역시 불안감 없이 일할 수 있게 될 것입니다.

다음으로 **회의는 반드시 회의록을 작성하고, 회의록 외부에서 안건이 결정되지 않도록 철저히 관리해야 합니다.** 회의 내용은 녹화하여 누구나 언제든지 확인할 수 있도록 해야 합니다. 채팅 툴에서는 원칙적으로 DM은 피하고, 업무와 관련된 DM의 경우에는, 공개된 채널로 대화를 유도하여야 합니다. 이렇게 함으로써 논의 내용과 정보가 더 많은 사람들에게 공유되고, 학습 내용이 확산되며, 다양한 구성원의 지식을 모아 더 높은 수준의 결과로 이어질 수 있습니다.

이 외에도, **사무실을 축소하여 물리적으로 출근 가능한 사람 수를 제한하는 것**도 하나의 방법입니다. 극약 처방일지도 모르지만, 가능하다면 한 번쯤은 사무실을 완전히 비워 보는 것도 효과적입니다. 이에 따라 정말로 사무실이 필요한지 확인 가능하며, 복리후생이나 설비를 되돌아보는 계기가 될 수 있습니다. 사무실의 설비나 복리후생을 활용할 수 없는 문제에 대해서는, 사무실에서만 이용 가능한 제도는 과감히 폐지하고, 원격 근무자를 포함한 전 직원들이 공평하게 누릴 수 있는 제도로 재설계하는 것이 좋습니다.

같은 말을 반복하게 되지만, 하이브리드 원격 근무 환경에서 가장 중요한 것은 '**원격 근무를 우선시하는 것**'입니다. 우선, 원격 근무에서 최고의 퍼포먼스를 낼 수 있도록 조직을 재구성하고, 그 이후 보완적인 요소로서 사무실을 마련할지를 검토하는 방식으로 접근해야 합니다.

사무실 근무로 돌아가고 싶다는 욕구에 대처하는 방법

원격 근무 환경으로 전환한 뒤 여러가지 문제가 발생하면, 조직원으로부터 다시 사무실 근무로 돌아가고 싶다는 목소리도 나올 것입니다. 그러나, 이러한 반응은 오히려 원격 근무 조직으로 전환이 제대로 이루어지고 있다는 증거일 수 있습니다. 크게 변화한 상황에서 위화감이나 불편함을 전혀 느끼지 않는다면, 그 자체가 더 큰 문제일 수도 있습니다.

실제로는 주중에 며칠 정도는 출근하는 편이 더 효율적으로 운영될 수 있는 조직도 있을 것입니다. 하지만 이러한 단계로의 전환은 어디까지나 원격 근무 조직이 제대로 구축된 이후에 이루어져야 합니다. 효율적인 원격 조직의 운영이 정착한 이후에 사무실 출근을 선택지 중 하나로 두는 것과, 처음부터 사무실 중심의 근무 방식을 계속 유지하는 것은 큰 차이가 있습니다. 후자의 경우 두 가지의 사내 문화가 조직 내에 혼재되어 혼란과 대립이 발생하고, 효율적인 조직 운영은 어려워질 수 있습니다.

사무실로 돌아가고 싶다는 욕구가 생기는 원인은 크게 두 가지로 나눌 수 있습니다. 첫 번째는 고독감입니다. 원격 근무 환경에서는 다른 사람의 모습을 직접 볼 기회가 줄어들어 단절감을 느끼게 되고, 사람들과의 연결을 갈망하게 되면서 사무실로 돌아가고 싶다는 욕구가 발생합니다. 또 하나는 퍼포먼스의 문제입니다. 원격 조직으로 전환한 직후에는, 사무실에 있을 때보다 퍼포먼스가 일시적으로 저하되는 경우가 있습니다. 지금까지는 바로 옆에 있는 동료에게 질문하면되지만, 이제는 스스로 찾아봐야 하고, 구두로 설명하던 내용도 문서로 정리해야 하다 보니 작업에 더 많은 시간이 소요되게 됩니다.

원격 근무 조직으로 전환을 맡은 책임자는, 이러한 문제들이 원격 조직 자체의 한계 때문이 아니라, 원격 근무 조직을 효율적으로 운영하기 위한 시스템이 정비되지 않았거나, 구성원들이 아직 충분히 숙련되지 않았기 때문이라는 인식을 분명히 가져야 합니다. 조직의 핵심인물이나 구성원들에게 원격 근무 조직으로의 전환 초기에는 일시적인 위화감이나 비효율이 발생할 수 있음을 사전에 충분히 설명하고, **약 1년 정도는 그런 위화감이 있더라도 의사 결정을 번복하지 않겠다는 책임감과 의지를 약속받아야** 합니다. 이 1년간 원격 근무 책임자를 중심으로 퍼포먼스를 끌어올리고, 원격 근무 조직이 효율적으로 운영될 수 있다는 점을 명확히 보여주어야 합니다.

원격 근무 조직이 안정적으로 운영되기 시작한 이후에는, 선택적으로 사무실 출근이나 직접 만나 교류하는 기회를 마련하는 것도 하나의 방안으로 고려할 수 있습니다. GitLab처럼 전세계에 구성원이 분산되어 있는 상황이라면, 한자리에 모이는 데 많은 비용이 들겠지만, 소속되어 있는 구성원의 대다수가 국내에 거주하고 있다면 직접 만날 수 있는 기회를 늘리는 것도 하나의 선택지가 될 수 있습니다. 이 부분은 비용 대비 효과를 고려하여 판단함이 바람직합니다. 그러나, 만날 빈도를 늘린다 하더라도, 기본적인 업무는 비동기 중심의 원칙을 철저히 준수하도록 해야 합니다.

제3 부

GitLab이
실천하는 조직을
활성화하는
조직 문화 형성법

원격 조직 근무로 전환하기 위한 과정을 이해한 지금, 다음으로는 조직이 어떠한 상태를 지향해야 바람직스러운지에 대한 관점으로 시선을 옮겨 보도록 합시다. 제3부에서는 GitLab의 사내 문화를 살펴보고, **세계 최첨단 원격 근무 조직에 적합한 문화가 어떻게 형성**되는지 깊이 이해해 보겠습니다.

우선 전제가 되는 '사내 문화란 무엇인가?'를 정리해 보겠습니다. 조직 문화 연구의 권위자인 에드거 샤인(Edgar Henry Schein)은 '문화란 공유된 암묵적 가정의 패턴이다'라고 정의했습니다. 문화란 조직이 역사적인 문제를 해결하고, 성장을 거듭해오는 과정에서 학습된 패턴이며, 조직 내에서 인정받아 새로운 구성원에게 전해지는 것입니다. 조직 내에서 무의식적으로 믿고 있는, '우리답다'고 여겨지는 일종의 약속이라 볼 수도 있습니다. 샤인에 의하면 문화는 다음 페이지의 그림과 같이 세 가지 레벨로 구성되어 있다고 설명하고 있습니다.

Level 2에 해당하는 경영철학이나 가치를 표방하더라도, 그것이 일상적으로 실천되지 않는다면, Level 3의 근본적인 부분까지 변화시키지 못해 조직 문화를 형성해 나갈 수 없습니다. 반대로 암묵적인 Level 3의 패턴이 존재함에도 불구하고 Level 2에서 명확히 언어화되어 있지 않아, 오랫동안 조직에 몸담으며 분위기를 눈치로 파악해 문화를 이해하게 되는 형태의 조직도 있을 수 있습니다. 전략이나 가치, 행동 지침, 철학 등은 실제로 소속된 경영자나 구성원의 행동 수준까지 철저히 스며들게 해야 비로소 조직 전체에 제대로 뿌리내릴 수 있습니다. 강력한 문화를 만들려면, **Level 2의 가치관이나 철학, 이념 행동지침을 명료하게 언어화해야 합니다. 그리고 그 가치관을 행동으로 꾸준히 실천하면서 Level 3에 영향을 줄 수 있도록 일상에 내재화하는 것이 중요**함을 알 수 있습니다.

■ 문화의 3 레벨

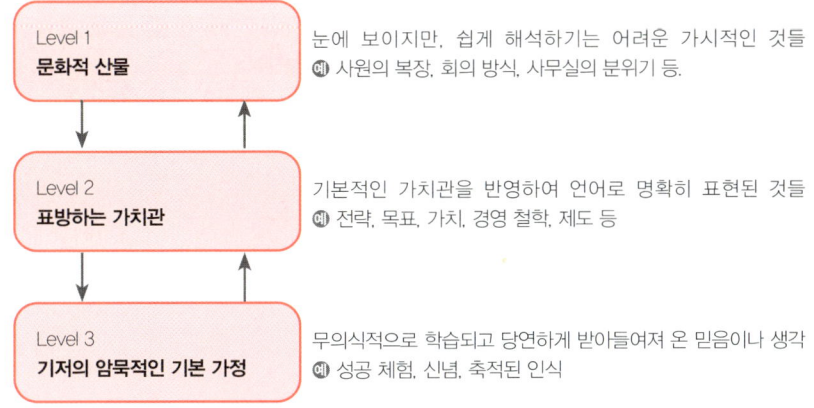

Level 1 문화적 산물	눈에 보이지만, 쉽게 해석하기는 어려운 가시적인 것들 ⓔ 사원의 복장, 회의 방식, 사무실의 분위기 등.
Level 2 표방하는 가치관	기본적인 가치관을 반영하여 언어로 명확히 표현된 것들 ⓔ 전략, 목표, 가치, 경영 철학, 제도 등
Level 3 기저의 암묵적인 기본 가정	무의식적으로 학습되고 당연하게 받아들여져 온 믿음이나 생각 ⓔ 성공 체험, 신념, 축적된 인식

출처: 에드거 헨리 샤인 'Organizational Culture and Leadership' 을 기반으로 필자가 작성

제3부에서는 최첨단 원격 근무 조직에 맞는 문화를 만들기 위해, 각 장에 걸쳐 **GitLab의 기반이 되는 GitLab Value나 각종 규칙들, 그리고 행동으로 실천하는 방법** 등을 설명합니다.

그 중에서도 특히 GitLab에서 Value가 갖는 의미는 주목할만한 주제입니다. Value나 행동 지침을 제정하고 있는 기업은 많지만, 이를 평소에 체득할 수 있는 조직은 극히 드뭅니다. GitLab Value는 GitLab에서 업무를 수행하는데 있어 핵심적인 원칙이자, 철저하게 준수할 것을 요구하는 강력한 규칙입니다. 동시에 GitLab Value에는 효율적인 원격 근무 조직을 운영하기 위한 구체적인 노하우가 담겨 있습니다. 따라서 이러한 가치를 제대로 이해하고, 실천하는 것만으로도 효율적인 원격 근무 조직을 구축하는 데 크게 기여할 수 있습니다.

제5장에서는 **GitLab Value의 6개의 핵심 가치를 자세히 설명하며, 원격 근무 조직 운영의 중심이 되는 핵심 개념을 살펴볼 예정**입니다. 제6장에서는 **일상적인 커뮤니케이션에 관한 규칙**을 설명하고, 제7장에서는 **신입 사원이 조직에 적응할 수 있도록 돕는 온보딩 프로세스**를 소개할 것입니다. 그리고 제8장

에서는, GitLab이 어떻게 심리적 안정성을 구축해 나가는지를 설명함으로써, **GitLab이 어떤 방식으로 조직 문화를 형성해 나가는지**를 이해할 수 있을 것입니다.

제5 장

조직 문화는
가치(Value)에 의해 형성된다

GitLab Value는 핵심이 되는 6가지의 핵심 가치(Core Value)와 이에 관련된 구체적인 행동 지침이 함께 정리된 형식으로 표현되어 있습니다. **GitLab Value는 GitLab의 근본이며, 모든 구성원의 행동 기준으로 활용되고 있습니다.** 직급이 높은 사람일수록 가치를 더욱 철저히 준수해야 하며, 인사 평가나 승진 기준, 인재 채용의 판단에도 중요한 기준으로써 활용되고 있습니다. GitLab Value는 실무적으로 설계되어 있기 때문에, '세계를 바꾸자'와 같은 화려한 슬로건은 사용되지 않습니다. 핸드북에서는 '지루하더라도 단순한 해결책'을 제공하는 것을 지향한다고 설명하고 있습니다.

GitLab Value는 지속적으로 개선하고 있으며, 사원뿐만 아니라 세상의 다양한 사람들이 개선 방법을 제안할 수 있게 되어 있습니다. 사원이라면 Slack을 통해서, 외부인들의 경우는 X에서 GitLab의 CEO 시드 시브란디(Sid Sijbrandij)씨에게 직접 의견을 보낼 수 있고, 그 제안이 실제 가치(Value)로 반영되기도 합니다. 이러한 시스템을 통해, 복수(複數)의 의미를 가질 수 있는 사상이나 더 효율적인 방향성으로 지속적으로 업데이트되고, 실무에서 실제로 활용되기 때문에, 이는 GitLab의 조직 문화를 성장시키는 기반이 되고 있습니다.

이번 장에서는 각각의 가치(Value)에 대해서 자세히 설명하겠습니다. 앞서 언급한 대로 수시로 업데이트되고 있음을 감안하여, 본 내용은 2023년 7월 시점의 핸드북을 기준으로 작성되었음을 밝힙니다.

컬쳐 매치가 아닌, 밸류 매치가 중요

컬쳐 매치(culture match)는, 각 회사가 가지고 있는 사내문화, 사내 분위기(사풍)와 유사한 가치관을 가진 인재를 채용하거나, 평가함을 의미합니다. 그러나, 의외로 GitLab에서는 조직 문화 중심의 채용을 진행하고 있지 않습니다. 이런 접근 방식에 의문을 가지거나 놀라는 분들도 있을 수 있어, 이 부분에 대해 함께 설명드리고자 합니다.

여러분들도 잘 아시다시피, 기존에는 대부분의 기업이 사내 분위기나 조직 문화에 잘 어울리는지를 중요하게 여겨 왔습니다. 그러나, GitLab뿐 아니라, 글로벌 기업들의 채용 트렌드는 조직 문화에 맞춘 인재 채용이 아니라 **컬처 애드**(culture add) 관점을 더 중요하게 여기고 있습니다. 컬처 애드란, 조직 문화가 고정적인 것이 아니라, 유동적인 것으로 보고, 조직 문화를 더 나은 방향으로 성장시킬 수 있는 인재인가를 기준으로 채용과 평가를 진행하는 것입니다. 이러한 변화의 배경에는, 기존의 컬처 핏 중심 채용이 동질성만을 강화해 리스크를 높이고, 조직의 효율성도 저하시킬 수 있다는 인식이 확산되었기 때문입니다.

원래, 많은 기업들이 조직 문화에 맞춘 인재 채용을 중요시해 온 이유는, 조직 문화에 맞지 않는 인재는 '방치해 두면 암묵적인 관행을 답습하려 하지 않기 때문에, 퍼포먼스를 발휘할 수 없다.'라는 생각을 전제로 삼고 있기 때문입니다. 그러나, 그 '암묵적인 관행'이 반드시 옳은 것만은 아니라는 사실도 알려지기 시작했습니다. 스탠포드 경영 대학원 교수 찰스 A 오라일리(Charles O'Reilly III) 씨는 '리드 앤 디스럽트'(처음북스)에서 '조직 문화는 환경이나 전략에 맞춰 지속적으로 조정되어야 한다'고 말합니다. 실제로 견고한 조직 문화는 기업이 비즈니스 현장에서 역사적으로 쌓아온 '승리의 공식'에 기반해 형성되어 온 경우가 많습니다. 그러나, 고착화된 조직 문화는 변화나 기회에 유연하게 대응 하지 못하고, 성공의 함정(Success Trap)을 초래하여 경영에 방해가 된다는 리스크가 지적되고 있습니다.

이러한 이유로, 최근에는 높은 퍼포먼스를 내는 조직을 만들기 위해, 조직 문화에 맞는 채용이(Culture Match) 아니라, 조직 문화에 맞지 않는(Culture Add) 관점에서, 외부와 내부의 인재가 조직 문화를 보다 좋은 방향으로 진화시켜 나가길 기대하고 있습니다. 기존의 조직 문화에서 더욱 비즈니스적으로 더 유리한 방향으로 개선할 수 있는 부분을 발견하기 위해, 외부 인재의 영입을 절호의 기회라 보고 있는 것입니다.

이것은 조직 문화를 파괴하라는 의미가 아닙니다. 종래의 조직 문화를 무조건 받아들이는 것이 아니라, **환경에 적용시키기 위해 조정할 필요가 있다는 것**입니다.

이러한 배경에서 '조직 문화에 맞춘 채용' 대신에 주목을 끌고 있는 채용 방식이 **'가치에 맞는 채용(밸류 매치)'**입니다. 조직 문화가 '가치를 실현한 결과로써 암묵적으로 구성되어 온 패턴'이라는 의미를 가진다면, '시장 환경에 적용된 명시적인 패턴'이라는 의미로도 볼 수 있습니다. 즉, 시장에서 우위를 점할 가능성을 높이기 위해 해야 하는 것, 우선순위, 금지사항 등을 구체적으로 보여주는 것이 '가치'라 할 수 있습니다. 그리고 이 가치를 지속적으로 시장의 상황에 맞춰 나가는 일이, 조직 문화를 더 나은 방향으로 개선해 나가는 핵심입니다.

또한 가치가 명시적인 형태로 제시되어 있다는 것은, 명확해진 기준을 지키느냐 지키지 않느냐가 핵심 쟁점이 된다는 뜻입니다. 정해진 기준을 지킬지 말지가 중요해진다는 것은, 기존에 '컬처 매치(컬처 핏)'에서 중시하던 채용 대상자의 사고방식이나 성격을 따로 따지지 않게 되어 간다는 의미이기도 합니다. 과거에는 조직 문화에 부합하는 성격이나 행동 패턴을 가진 인재만 채용할 수 있었습니다. 그러나, '가치 기반의 채용' 방식에서는 명시된 기준을 따를 의지가 있는 사람이라면 누구든 채용 대상으로 고려할 수 있습니다. 나아가, 다양성과 포용성을 실현하여 조직의 퍼포먼스에도 긍정적인 영향을 미칩니다. 다양한 가치관과 문화 속성을 가진 사람들이 서로의 차이를 인정하고 협업할 수 있는 환경이 조성되면, 이는 곧 조직의 퍼포먼스 향상으로 이어질 수 있습니다.

가치(Value)의 전체 내용 및 우선순위

좋은 조직 문화를 형성하기 위해 '가치에 맞추는 것'이 중요하다는 점을 이제는 충분히 이해하셨으리라 생각됩니다. 그렇다면 다음으로는 GitLab의 핵심 가치(Value)가 어떤 방식으로 구성되어 있는지 구체적으로 살펴보도록 하겠습니다.

■ GitLab Value의 Slack 이모티콘

출처: GitLab Values
URL: https://handbook.gitlab.com/handbook/values/

GitLab의 가치는 '협업(Collaboration)', '성과(Result)', '효율성(Efficiency)', '다양성, 포용성 & 소속감(Diversity, Inclusion & Belonging)', '이터레이션(Iteration)', '투명성(Transparency)'의 6가지로 구성되어 있습니다. 각 가치에 대응되는 Slack 이모티콘도 마련되어 있기 때문에, 직원들이 일상적인 커뮤니케이션 속에서 자연스럽게 사용할 수 있도록 되어 있습니다.

일반적으로, 근로자들은 GitLab Value를 기준으로 삼고 있습니다. 그러나, 상황에 따라 여러 가치가 충돌할 경우도 발생할 수 있습니다. 예를 들어, 보안상의 문제가 발견되는 경우, 투명성(Transparency)이라는 가치(Value)에 따라 가능한 빠르게 공개하는 것이 원칙입니다. 하지만, 아무런 고려 없이 보안 취약점을 외부에 노출하면, 악의적인 유저가 이를 악용하는 것으로 전체 유저들에게 심각한 위험을 초래할 수 있습니다. 이처럼 여러 가지의 가치가 충돌할 수 있는 상황에서 어떤 기준으로 판단을 내려야 할지 혼란스러울 수 있기 때문에, GitLab에서는 **'Value의 계층도'**를 마련해 의사 결정의 참고 기준으로 삼고 있습니다.

예를 들어, 어떤 변경을 통해 투명성의 가치가 증가될 것으로 예측되지만, 동시에 효율성이라는 가치에 그만큼의 손실이 발생할 수 있다고 가정해 봅시다. 이 경우, 계층 구조 상으로 보면 투명성이라는 가치가 효율성이라는 가치보다 우선됩니다.

■ GitLab Value의 계층도

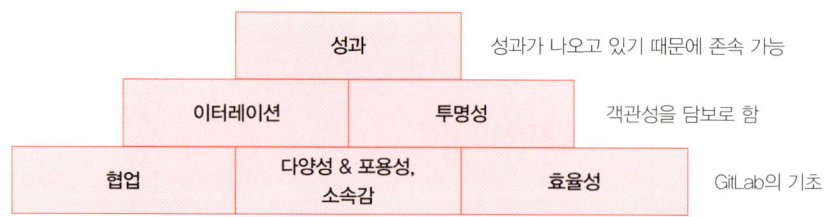

단, 항상 상위의 가치(Value)가 절대적으로 우선되지는 않습니다. 예를 들어, 어떤 변경이 협업에 긍정적인 영향을 주고, 동시에 이터레이션에 부정적인 영향을 주는 경우, 계층 구조 상으로 따지면 이터레이션이 상위에 존재하지만 전체적으로 얻을 수 있는 메리트가 크기 때문에, 협업 쪽이 우선시됩니다. 이처럼 계층 구조에 절대적인 규칙이 아닌, 보다 원활한 사고와 의사 결정을 돕기 위한 참고용 프레임워크일 뿐입니다. 실제 의사 결정은 상황에 따라 영향력의 크기와 맥락을 고려해 유연하게 이루어집니다.

협업(Collaboration)

우리가 마주하고 있는 비즈니스는 개인 사업이 아니라면, 협업이 필수입니다. 피터 M 센게(Peter Michael Senge)가 '학습하는 조직(에이지 21)'에 기재한 것처럼, 우리는 협업을 통해 '개인이 혼자할 수 있는 것 이상으로 통찰력이 깊어지고, 지성이 향상된다'는 긍정적인 효과와 동시에 '열정적인 매니저와 IQ 120 이상의 멤버들로 구성된 팀조차 집단 IQ는 63으로 떨어진다'하는 상반되는 모순을 마주하게 됩니다. 팀의 퍼포먼스는 다음 페이지에 표시된 '프로세스 게인(Process gain)과 프로세스 로스(Process lose)의 관계성'에 기재되어 있는 것처럼, 팀 멤버의 생산성을 단순히 더한 '잠재적인 생산성'에서 '프로세스 로스'를 빼고, '프로세스 게인'을 가산하는 것으로 표시할 수 있습니다. 이처럼 협업에 의한 손실(프로세스 로스)를 줄여, 긍정적인 상승 효과(프로세스 게인)을 늘려 나가기 위해, **협업의 메커니즘을 이해하고, 구체적인 행동에 적용**시킬 필요가 있습니다.

협업에 관련된 유명한 연구 결과를 몇 가지 소개하자면, 다른 사람이 보고 있으면 간단한 작업은 효율이 대폭 올라가지만, 복잡한 작업의 경우 효율이 감소하는 '소셜 퍼실리테이션'(Social facilitation)이나 집단으로 공동작업을 진행할 때 작업자가 늘어남에도 1인당 생산성이 저하되는 '링겔만 효과' 등이 존재합니다. 또한 Google의 조사에서는 퍼포먼스가 높은 팀일수록 팀 내에서 두려움이나 불안감을 가지지 않고 자유롭게 도전할 수 있는 감각인 '심리적 안정성'이 높게 나타나고 있습니다. 이 외에도, 참가자의 대부분이 이의를 제기하기 어려운 분위기가 형성되어 있어, 합의에 집중한 나머지 그룹의 의사 결정 능력이 저하되고 비현실적인 결정을 내리는 '그룹 싱크(Group sync)' 현상 또한 반드시

---

1   소셜 퍼실리테이션(Social Facilitation): 타인의 존재가 업무 수행에 미치는 영향을 의미

피해야 합니다. 일반적인 기업에서도 빈번히 일어나는 브레인스토밍도 그다지 효과로 이어지지 않으며, 질문이나 대화 등을 통해 아이디어를 발산시킨다는 관점에서는 유의미하겠지만, 최종적으로 의지를 가진 개인이 책임을 가지고 혼자 결단을 내릴 필요가 있습니다.

이러한 각각의 협업에 관련된 배경을 거쳐, GitLab에서는 협업을 실현하기 위해 구체적인 행동의 기준을 두고 있습니다. 아래에 소개하는 내용으로, 원격 조직을 구축할 때 활용 부탁드립니다. 추가로 익숙하지 않은 표현에 대해서는 필자가 의역을 하거나, 보충을 해 두었습니다. 원문 내용은 'GitLab Handbook' 에서 확인 부탁드립니다.

◉ 배려심을 가질 것

팩트로 상대방을 몰아세우는 것이 아니라, 상대가 이해할 수 있도록 배려하며 다가가야 합니다. 배려가 느껴지는 환경에서는, 사람들은 두려움 없이 도전에 나서고, 듣기 불편한 피드백도 긍정적으로 받아들일 수 있게 됩니다. 평소 칭찬과 긍정적인 메시지를 주고 받는 관계가 형성되어 있다면, 때로는 어려운 메시지를 전하더라도 진심으로 받아들여질 수 있습니다.

◉ 정보를 공유할 것

정보를 의도적으로 공개할 수 있도록 합니다. 누구나 볼 수 있는 곳에 정보가 공개되어 있는 것만으로, 다양한 시점에서 재발견되어 학습의 기회로 이어지기도 합니다. 공개되어 있는 정보가 잘못되지 않았는가? 하며 걱정할 일도 없습니다. 의견이 갈릴 수 있는 주제라도, 공개된 장소에서 논의가 이루어지면, 그 과정을 지켜보는 사람들도 맥락을 파악할 수 있고, 논의가 공정하게 이루어지고 있다는 안도감을 가질 수 있습니다.

◉ 부정적인 피드백은 1대1로 실시할 것

부정적인 피드백은 가능한 1:1로 전달해야 합니다. '부정적인 피드백'과 '견해 차이'는 별개의 것으로 구분하여 다뤄야 합니다. 개선이 필요한 구체적인 내용이 있다면, 1:1로 피드백을 전달하고 단순한 견해 차이는 여러 사람들이 보는 채널에서 서로에 대한 존중을 바탕으로 논의해야 합니다.

◉ 문제는 발생한 순간에 대응할 것

업무나 인간관계, 급여, 설비 등의 문제가 발생한 경우, 가능한 빠르게 주위에 상황을 공유해야 합니다. 문제를 숨기는 것은 모두에게 악영향을 끼치게 될 것입니다.

◉ 감사는 공개적으로 표현할 것

Slack의 채널 등, 가능한 모든 사원들이 볼 수 있는 곳에서 가볍게 감사를 전할 수 있는 상황을 유지해야 합니다. 단지 예의를 표시하는 것뿐만 아니라, 구체적으로 어떠한 부분이 기뻤는지 감사를 받는 측에 전달되도록, 상황이나 구체적인 사례를 섞는 것이 바람직한 내용입니다. Unipos(유니포스)등 피어 보너스 서비스를 활용하여 Slack과 연동시키는 것도 효과적입니다.

◉ 피드백 내용을 효과적으로 이용할 것

퍼포먼스가 높은 협업을 실현하기 위해서는 피드백은 필수 불가결합니다. 한편, 매니저가 멤버한테 주는 부정적인 메시지는 긍정적인 메시지에 비해 6배나 강한 영향을 부여한다고 알려져 있기 때문에, 적절한 피드백을 활용하는 것도 중요합니다. 효과적으로 피드백을 하는 방법은 제4부에서 상세히 설명하겠습니다.

◉ 서로를 알아갈 것

텍스트 메시지라 할지라도, 모니터 반대측에 있는 상대에게 인간미가 느껴지는 메시지를 보낼 수 있게 됩니다. 평소에 인포멀한 커뮤니케이션을 통해 서로 됩니다.

⦿ 부서에 얽메이지 않고 일할 것

GitLab에서는 질문이 있을 때, 전체 사원들에게 조언을 구하는 것이 추천됩니다. 이에 따라, 같은 부서 안에서 질문하는 것보다 빠르게 다각도의 시점의 답변을 취할 수 있으며, 누구나 공헌할 수 있다는 기회를 얻게 되어 GitLab의 가치를 강화시키는 방향으로 이어지게 됩니다.

⦿ 직책으로 업무를 판단하지 말 것

자신의 직책이나 입장을 방패삼아 업무를 진행하려 해서는 안 됩니다. 'CEO도 이 의견에 찬성했다.'라며 자신의 주장을 진행시키기 위해 타인의 지위를 이용하는 행위도 해서는 안 됩니다.

⦿ 긍정적인 의도를 가질 것

인간들은 타인에 대해 무의식 적으로 불공평한 판단을 내리게 되어 있습니다. 예를 들어 같은 실패를 하더라도, 자신의 실패에는 상황이나 환경에 원인을 돌리지만, 타인의 경우에는 당사자에 원인이 있다고 느낍니다. 이러한 무의식적인 판단을 '기본적 귀인 오류(Fundamental attribution error)'라고 합니다.

이러한 편견에 대해 상대방이 최선을 다했다(긍정적인 의도를 가질 것)고 생각하게 되면 이러한 확신을 줄일 수 있게 됩니다. 뒷담을 하거나, 상대의 의견을 왜곡하는 가공의 논법인 '허수아비 때리기 오류'를 피할 수 있게 될 것입니다. 업무를 동일한 방향으로 초점을 두고 보게 되면 건설적인 방향으로 논의가 진행되거나, 상대도 자신이 잘못을 쉽게 인정하게 될 것입니다.

⦿ 사과를 할 수 있는 쪽이 강하다

잘못을 깨달았을 때 가능한 빠르게 사과해야 합니다. 도전을 할수록 많은 실패도 동반됩니다. 쉽게 도전을 하기 위해 사과하기 쉬운 상황을 만드는 것도 중요합니다. 또한, 실패를 함께 공유하게 되면 다른 팀원들도 같은 실패를 피할 수 있게 됩니다.

더욱이, 실패라는 범주에는 타인에게 성실하게 대응하지 못한 경우도 포함됩니다. GitLab에서 가치를 준수하고, 강화하기 위해 공개된 장소에서 불친절한 행위를 한 경우, 공개적으로 사과를 하는 것이 중요하다고 서술되어 있습니다. 공개적인 사과는 용기가 필요할 지도 모릅니다. 그러나 사과 하는 것이 약한 것이 아니라, 오히려 강하다고 생각합니다.

◉ 자존심을 버릴 것

논의에 이기기 위해 궤변을 이용하거나, 잘못을 인정하지 않게 되면 더 큰 오류를 범하게 됩니다. 당신의 의견이 부정되었다 하더라도, 자신이 부정당한 것이 아닙니다. 올바른 해답을 찾아 나가는 것이 중요합니다.

◉ 누구도 실패하지 않게 할 것

괴로워하는 사람을 보면, 손을 내밀거나 전문 지식이나 지원을 제공할 수 있는 사람에게 소개합시다. 팀 전체가 승리를 쟁취하는 것이 중요합니다.

◉ 업무를 기준으로 말할 것

인격을 기준으로 하는 것이 아니라, 구체적인 업무 내용에 관해서 제안해야 합니다. '당신은 나의 의견을 전혀 듣지 않는 사람이다'라고 하지 말고, '내가 한 디자인 피드백에 답신이 없었어요'라고 전해야 합니다. 또한 피드백을 보낼 때, 상대를 비난하기 위함이 아니라 '퍼포먼스를 향상시키기 위함이다'라는 목적이 맨 먼저 전달되어야 합니다. 피드백을 받는 사람도 피드백이 자신을 성장시키는 최고의 기회이고, 피드백을 제공해 주는 사람도 성공시키고 싶다는 생각을 염두에 두어야 합니다.

◉ 창업자처럼 행동할 것

팀 멤버 전원이 회사를 대표하는 입장으로써 문제를 취급할 필요가 있습니다. GitLab에서는 이것을 '창업자의 멘탈리티'라고 합니다. 협업의 가치는 도움이 필요할 때 서로 도와줄 때 창출됩니다. 자신의 책임을 가볍게 하기 위해 협상을 취하거나, 혼자서 할 수 있는 일을 쓸데없이 우회하는 행위는 협업이 아닙니다.

◉ 책임이 아닌, 문제에 집중할 것

사람 혹은 팀의 책임에 집중하기 보다는 실패에 도달하였을 때의 메커니즘과 의사 결정 프로세스에 주목해야 합니다. 리스크를 두려워하지 않고 발언할 수 있도록, 책임을 잘라낸 포스트 모템(근본 원인 분석)과 레트로 스펙티브(회고)를 실시하고 있습니다. 실무에 연관된 사람이 가장 상황을 잘 파악하고 있을 것이기 때문에, 실패했을 때의 기분을 일단 곁에 내려놓고, 실패의 당사자에게 발생한 문제의 근본 원인을 발견하고 솔선수범해서 대책을 고안해야 합니다.

◉ 선을 짧게 할 것

이것은 미국에서 'I don't want to step on anyone's toes. (의도하지 않은 누군가의 권한이나 영역에 다가가 기분을 상하게 하고 싶지 않다.)'라는 말에 대한 답변입니다. 기업이 성장함에 따라 관계자도 늘어나게 되고, 선(권한 및 영역)을 넘지 않도록 배려하다 보니 의사 결정의 스피드가 저하되어 버립니다. GitLab 에서는 이러한 상황의 개선을 위해 자발적으로 일하는 사람을 늘려 나가려 하며, 선을 짧게하여 누구나 공헌할 수 있도록 대처하였습니다.

◉ 모든 것을 아는 것은 불가능하다

자신이 모르는 것이 있다는 사실을 자각하고, 도움을 요청하는 것이 중요하다는 관점입니다. 질문해서 답을 얻을 수 있다면, 이를 '문서화'하여 모두가 활용할 수 있게 합니다.

누구도 모든 것을 알 수는 없다는 전제 아래, 편하게 질문할 수 있는 환경을 만드는 것이 목표입니다.

◉ 협업은 타협이 아니다

규모가 큰 팀이 원만한 타협을 통해 업무가 달성되는 것이 아닌, 소규모 팀의 누구든 자율적으로 공헌하며 신속하게 움직이길●원합니다. 이것은 이터레이션 (Iteration)이라는 개념의 핵심입니다.

성과(Result)

GitLab에서는 성과(Result)를 가치의 최상위에 두고 중요시하고 있습니다. 성과는 다양한 의미를 가지고 있는 말이지만, GitLab에서의 성과는 '**기여 (Commit)을 하면 책임을 져야할 것**'을 말합니다.

아무리 오랜 시간을 투자한 일이라 할 지라도, 타인에게 영향을 주지 못하면 변화를 일으킬 수 없습니다. 고객, 유저에게 좋은 영향을 주고, 팀에 공헌하여 투자가들로부터 신뢰받기 위해 자신들이 한 만큼 책임을 지는 것이 GitLab에서 생각하는 퍼포먼스입니다.

성과가 좋은지, 어떤지 결정하는 것은 고객, 유저, 팀, 그리고 투자가입니다. 그렇기 때문에 **이해관계자들에게 영향을 미치는 일인지 고객의 입장에서 측정해 보는 것**이 중요합니다. GitLab은 이런 꾸준히 책임을 지는 행위가 있기에 서비스가 유지되고, 조직이 존속된다고 생각합니다.

다음에 제시하는 사항들이 GitLab이 외부를 향해 행동하고, 어떻게 평가받으며, 유저에게 지지받는지 판단하는 기본적인 행동사항 및 결정사항입니다. 이걸 기반으로, 기여(Commit)에 대한 책임을 지고, 성과를 내는 조직을 만드는데 참고해 주세요.

◉ 시간이 아닌, 성과를 측정할 것

'얼마나 오래 일했다'가 아니라, '무엇을 달성하였나?'가 중요합니다. 코드나 가치를 제공한 유저 수, 도움 받은 멤버라고 하는 구체적인 대상을 측정해야 합니다. 휴식을 취할 지, 하루를 어떻게 보낼 지 상대방에게 구체적으로 설명할 필요 없습니다. 장시간 노동을 자랑하는 분위기라면, 그 생각을 고쳐 성과로 눈을 돌리도록 합시다. 구체적으로 어떤 성과를 낼지 합의하여 1~2주 단위로 퍼포먼스의 피드백을 합시다.

● 고객의 성과에 공헌할 것

서비스를 이용하는 유저에게 성과라는 가치를 제공해야 합니다. 그러기 위해서는, 반대로 '고객의 성과에 공헌하지 않는' 제품을 의식해 둘 필요가 있습니다.

고객의 성과에 공헌하지 않는 제품이란, ① 직접 사용하는 사람이 아니라 서비스를 도입하는 의사 결정권자에게 어필하며, ② 기능이 많아 정리되지 않고, ③ 유저 경험이 시간에 따라 악화한다는 특징이 있습니다. 기업용 대규모 서비스는 한눈에 봐도 훌륭한 기능들이 준비되어 있지만, 유저에게 좋은 UX를 제공하고 있다 할 수는 없습니다.

● Dogfooding[2]

Dogfooding이란, 개발하고 있는 제품을 개발자들도 일상 레벨에서의 업무에 적용시켜 보는 행위입니다. GitLab사도 자사 서비스인 GitLab을 활용하여 HandBook의 작성 및 다양한 업무를 관리하고 있습니다. 이에 따라, 무언가 트러블이나 개선점을 빠르게 발견할 수 있으며, 유저의 기분을 이해하며 서비스를 개발할 수 있게 됩니다.

● 에이전시(agency)를 부여할 것

에이전시란, '자신의 책임을 다하기 위해 자율적으로 내딛는 의지'를 의미합니다. GitLab에서는, 회의에 참가할 필요가 없는 경우, 언제든 참가하지 않아도 됩니다. 또한, 필요에 따라 미팅 중에 다른 업무를 착수하게 되더라도 문제가 없습니다. 다른 작업을 하고 있는 멤버에게 질문거리가 있는 경우, 필요에 따라 동료에게 말을 걸어 답장을 받을 수 있습니다. 이로 인해 불필요한 회의에서 심각한 얼굴을 하며 참가하여 무의미한 시간을 보내는 것을 피할 수 있습니다. 정말로 집중해야 할 업무를 스스로 결정할 수 있는 것은 성과를 내는 데 매우 중요합니다.

2　영어숙어 중 '개 사료를 판매하려거든, 스스로 그것을 먹어봐야 한다'에서 비롯됨.

◉ 약속을 문서로 남길 것

측정할 수 있는 목표나 약속을 문서를 통해 합의하여야 합니다. 제대로 된 문서에 남기면 나중에 시치미를 떼는 일을 방지할 수 있으며, 약속을 명확히 할 수 있기 때문에 중요합니다.

◉ 성장의 마인드셋

스탠포드 대학의 캐롤 S 드웩(Carol Susan Dweck) 교수의 연구 결과에 의하면, 자신의 능력이 고정되어 있다고 믿는 사람들은 실수로부터 눈을 돌려 자신을 방어하려는 경향이 있다고 말하고 있습니다. 반대로 자신의 능력이나 노력을 통해 성장할 수 있다 믿는 사람은, 실수로부터 배우고, 보다 높은 목표를 달성하기 위해 실수를 마수해야 하는 것을 알고 있으며, 이것을 '성장의 마인드셋'이라 합니다. 불확실한 주제에 도전하고 있을 때는 언제나 성과가 나는 것은 아닙니다. 그렇기 때문에 실패에서 배우고, 적절한 훈련을 받으며, 다른 사람의 지혜를 활용하고, 주변의 피드백을 통해 역량을 키워 성과로 이어가야 합니다. 모두가 성장의 마인드셋을 가질 수 있도록 공감대를 만들어 갑시다.

◉ 조직의 고도화를 지향할 것

조직 전체에 있어 최적의 상태를 지향합니다. 자신의 부서를 위한 최적화로 인체 다른 팀이나 유저, 회사 전체에 악영향을 끼치지 않도록 주의합시다. 자신의 팀을 최적화된 상태로 유지하고, 다른 팀이 목표를 달성할 수 있도록 도와주어 전체에 큰 가치를 제공합시다. 예를 들어 다른 사람의 요청을 기각하지 않으면 안 될 경우에 최우선으로 어떻게 해야 이 다음에는 기각되지 않을지 검토하고, 시스템으로써 제공되어야 합니다.

◉ 악착같이 달라붙을 것

GitLab에서는 악착같이 달라붙어야 할 목표에 지속적으로 마주하는 '목표의 지속성'을 요구하고 있습니다. 악착같다는 말은, 예를 들어 잘 안되더라도 스스로 용기를 가지고 일어나 조금씩 배우며 앞으로 나아가는 의미입니다. 가장 악착 같은 것은, 새로운 아이디어에 대해 개방적이고 탐욕스러운 것입니다. 아무리 자신과 다른 의견을 가져온다 해도, 그 의견이 목표 달성에 공헌할 수 있다면, 처음 상정한 내용을 바꾸더라도 채용해서 진행해 보는 자세입니다. 악착같은 것과 완고한 것은 다른 개념입니다. 자신의 의견을 바꾸고 싶지 않고, 다른 의견을 받아들이고 싶지 않은 모습은 '악착같다'라고 볼 수 없습니다.

◉ 주인 의식

분배 받은 업무는 마지막까지 수행하여야 합니다. 프로젝트나 업무를 처리해야 할 책임은, 다른 사람이 아닌 자기 자신한테 있습니다. 자신이 해결하지 못할 것 같으면, 곧장 관계자에게 알려 도움을 요청해야 합니다.

◉ 절박감을 가질 것

빠르게 고객의 니즈(Needs)를 파악하면 유저의 지지는 증가하게 되며, 문제가 계속 해결되지 않는다면 이에 대한 부채는 계속 쌓여 나갑니다. 특히 급격한 성장을 지속해야 하는 스타트업에서는 시간의 영향이 눈덩이처럼 불어 나갑니다. 그렇기 때문에 GitLab에서는 다른 가치나 커뮤니케이션 규칙을 지키는 동시에, 가능한 한 한계까지 빠르게 성과를 내는 것을 목표로 합니다. 짧은 주기로 일정을 짜면서, 더 빨리 달성할 방법이 없는지 계속 모색하며 추진해 나갑시다.

◉ 야심차게 행동할 것

작은 변화를 반복해 가면서도, 규모가 크고 야심찬 목표를 내겁니다. 예를 들어 GitLab은 모든 기능에서 세계 1위를 목표로 한다고 선언합니다. 현 상황이 좋더라도 스스로를 객관적으로 되돌아보고 더 높은 목표를 설정해 나갑니다. 직원들의 퍼포먼스를 끌어내기 위해 참여도를 높이고, 퍼포먼스를 내기 쉬운 일하는 방식을 계속 제공해 나가야 합니다.

한편, 퍼포먼스가 낮은 상태의 직원이 있을 경우에는 조직 전체가 성과 향상에 힘쓰며, 낮은 퍼포먼스를 용인하지 않도록 하고 있습니다.

◉ 행동에 대한 바이어스(bias)

GitLab은 'Analysis paralysis(분석이 끝없이 반복되어 행동이 멈춘 상태)'에 빠지거나, 위험이 적은 느긋한 진행 방식을 택하지 않기 위해서라도 우선 행동에 무게를 두는 것이 중요하다고 명확히 말합니다. 의사 결정은 신중해야 하지만, 때로는 실패를 두려워하지 않고 실행해 피드백을 얻고 빠르게 궤도를 수정할 수 있습니다. 중요한 것은 실패의 '횟수'가 아니라 '비율'이며, 문제를 신속히 해결하는 것입니다. 투명성을 확보하면서 성공하기 위한 핵심은 "무엇을 확인하기 위한 질문인가(공통 인식)"와 "해결/개선을 위한 행동 제안(구체적 액션)" 이 두 가지를 함께 세트로 구성하는 것입니다.

◉ 동의하지 않는다, 기여(Commit)한다, 동의하지 않는다

GitLab에서는 '동의하지 않더라도 기여한다'는 원칙을 요구하고 있습니다. 이해하기 어려울지도 모르지만 DRI(직접 책임자)의 업무 방식이나 합의를 얻지 못한 문맥 등에서 발생할 수 있습니다. 'DRI가 의사 결정을 하기 때문에'라고 생각해서 주변에서 의견을 내지 않으면 안 됩니다. 오히려 DRI가 올바른 의사 결정을 하기 위해서는 다양한 시점의 의견이 필요합니다. 이러한 의견을 검토한 후 DRI가 의사 결정을 진행하겠지만, DRI가 주변에서 제공받은 의견과 다른 의사 결정을 하는 경우도 발생합니다. 이러한 결정에 대해 의견이 채택되지 않은 동료들은 부정적인 감정을 가질 수도 있습니다. 그러나, '동의하지 않는 경우에도 기여는 한다.'라는 말이 있습니다. 반대되는 의견을 가지고 있다 하더라도, DRI의 결정을 팀원들은 전력으로 지지해야 합니다. 의사 결정이 올바른지 아닌

지는, 성과를 측정해 보고 판단해도 늦지 않습니다. 또한 어차피 DRI가 결정한다고 생각해서 주변에서 의견 제시를 하지 않는 행동도 피해야 합니다. 회의에서 대부분의 멤버들이 반대함에도 불구하고, 아무도 말하지 않을 가능성도 있습니다. 이것은 자신의 의견에는 찬성하지 않을 것이라고 생각하는, 집단에 대한 생각 중 하나인 '에빌린의 패러독스'입니다. 이를 통해 피해 온 실패도 있을 수 있습니다. 반대 의견을 표출하는 것은 난이도가 높고, 인간관계가 위험해질 가능성이 있습니다. 그러나 피드백을 하면 모든 사람이 성장할 수 있고, 배움의 기회가 됩니다. GitLab은 갈등을 피하거나 사이좋게 지내기 위해 무조건 동의하는 것이 아니라, 사실에 근거해 자신의 관점을 공유할 것을 요구합니다. 또한 그런 의견 대립이 인간관계를 무너뜨리지 않도록, 감정이 교차되는 어려운 대화에 대한 트레이닝도 제공하고 있습니다.

● 불확실성을 받아들일 것

담당하고 있는 업무에 불확실성이 존재한다는 것을 받아들여야 합니다. 불확실성을 배제하는 방법은, 오랜 시간을 들여 분석을 한다거나 추측을 거듭해 나가는 것이 아니라, 불확실성을 받아들이고 나아가며 문제를 제거해 나가는 것입니다. 잘못된 해결책은 나중에 수정할 수 있지만, 억측은 아무것도 개선하지 않습니다.

● 장애를 제거하기 위해 매니저를 움직일 것

GitLab은 DRI를 명확히 정의하는 데 집착하겠다고 선언합니다. DRI에게는 장애물을 제거하기 위해 상사(매니저)에게 문제를 제기하고 조치를 요청할 권한과 책임이 부여됩니다. GitLab의 매니저의 역할은 팀원의 업무 성과를 늘려 나가는 것입니다. 이것은 인텔의 전 CEO 앤드류 S 글로브(Andrew "Andy" Stephen Grove)의 저서 'HIGH OUTPUT MANAGEMENT'의 핵심이 되는 개념이기도 합니다. DRI가 발생한 문제와 현재 상황을 매니저에게 공유하면, 매니저는 문제 해결을 위한 지원을 제공할 수 있게 됩니다. 성과를 내기 위해 매니저를 움직여 장애물을 제거하는 일은 DRI의 중요한 역할입니다.

효율성(Efficiency)

조직의 규모가 확대되거나, 사업이나 서비스가 복잡해짐에 따라, 새로운 규칙이 추가되거나 기존의 역할을 끝낸 낡은 업무 프로세스가 계속 남아있어, 조직은 비효율점을 알게 모르게 내포하고 있습니다. 효율이 나쁘다는 것은 사람의 노력과 시간을 성과로 이어지지 않는 곳에 투자함을 의미합니다. 이런 문제는 회사가 제시하는 비전의 달성을 늦추며 같이 일하고 있는 모두를 성공에서 멀어지게 합니다. 적절한 주제에 효율적으로 집중해 나갈 수 있다면, 일을 빠르게 진척시킬 수 있습니다. 그 결과 구성원들의 업무도 더 충실하고 보람 있는 것이 될 것입니다.

GitLab에서는 규모가 커질수록 생겨나는 복잡성과 본질적이지 않은 업무를 억제하고 규모의 확대와 좋은 효율을 양립시키기 위해, 효율성을 가치로서 제시하고 있습니다. 다음에 소개하는 내용은, 효율성을 위해 GitLab이 정한 구체적인 내용입니다. 효율성에 관해서는 원격 근무 조직 여부를 불문하고 많은 기업들에게도 참고가 될 것입니다.

● 건전한 제약을 둘 것

많은 기업에서는 시간이 경과하며 규칙 및 업무 프로세스가 증가되어 성장이 둔화되고 있다 합니다. GitLab은 성장하면서도 스타트업처럼 민첩성을 계속 유지하는 것을 목적으로 두고 있습니다. 이 때문에 다른 사람에게 제한을 두거나 룰을 추가할 때, 정말로 필요한 건지 물어보며 타당한 사항들만 남겨두고 그 외에는 철폐하고 있습니다.

◉ 모든 사항을 문서로 남겨둘 것

Handbook, 회의 메모 등 모든 것을 문서화하여야 합니다. 이는 아무리 기억력이 좋아도, 기록이 확실하기 때문입니다[3]. 질문과 설명을 여러 번 반복하기 보다, 문서를 읽는 편이 더 효율적이며, 구두로 한 약속은 해석이 애매해지기 때문에 잊어버리게 될 수도 있습니다. 더욱이 Google Docs나 GitLab에서 문서를 관리한다면 버전 관리도 가능해지고, 문제가 있다면 이전 버전으로 간단히 되돌릴 수 있기 때문에, 누구든 가볍게 개선을 위한 제안을 할 수 있게 됩니다. 이러한 이유로 문서화를 철저하게 하여야 합니다.

◉ 진부한 해결책을 선택할 것

GitLab에서는 과제에 대해 '가장 단순하면서 진부한 해결책'을 취할 것을 말하고 있습니다. '진부하다'라는 말은 '저품질' 또는 '문제를 뒤로 미룬다'라는 의미가 아닙니다. '진부한 해결책'이라는 말은 수수하고 평범할지 모르지만, 이미 검증이 되어 있고, 많은 사람이 이해할 수 있는 해결책입니다. 오히려 복잡성이 축적됨으로써 조직이나 제품의 혁신을 일으키는 속도는 떨어지게 됩니다. 그 때문에, 조금이라도 복잡성을 줄여 나가는 것이 효율성 면에서도 중요합니다. 자신이 즐겁게 일을 하기 위해 유니크하고 화려한 기술이나 기획을 선택하기 보다는 확립되어 있는 보편적인 방법을 이용하는 쪽이, 모두에게 있어 안정된 체험이 될 것입니다.

◉ 셀프 서비스(Self Service)와 셀프 러닝(Self Learning)

우선 스스로 답을 찾아보고, 답을 얻지 못하거나, 잘 알지 못하는 경우에는 공개된 장소에 질문하기를 추천합니다. 기록되어 있지 않은 새로운 정보가 발견된 경우에는 문서로 추가하여 나중에 입사하는 멤버들이 같은 질문을 다시 하지 않아도 되

---

3   중국 속담 중 '好記性不如爛筆頭'라는 속담에서 유래된 것으로 추정. 직역하면 좋은 기억력도 흐릿한 필기만 못하다 라는 의미

게 합니다. 이런 누적을 통해 스스로 찾아보고 학습하는 문화가 형성되어 갑니다.

◉ 올바른 범위 내에서 효율성을 추구할 것

전체를 위한 최적화를 우선해야 합니다. 개인이나 소규모의 그룹에 최적화된 프로세스는 전체 기준으로는 효율적이지 못한 부분이 있습니다. GitLab의 경우 무언가를 결정할 때, '누구를 위해 가장 효율적이지 않으면 안되는 것일까?'라고 자문하는 것을 추천하고 있습니다. 유저나 고객, 팀원 등 올바른 범위 내에서 효율성을 추구하도록 합시다.

◉ 타인의 시간을 존중할 것

GitLab에서는 타인이 사용하는 시간을 고려하도록 주의하고 있습니다. 예를 들어, 필요 없는 회의를 피하기 위해 우선은 회의 이외의 방법을 통해 문제를 해결할 수 없을지 모색하고 회의가 필요한 경우에는 임의로 참가할 수 있도록 합니다. 또한 어떤 회의라도 회의의 어젠다를 첨부하여, 참가자는 사전에 이를 확인하고, 질문을 정리하여 참가하여야 합니다. 회의 내용은 회의록에 남기고, 회의를 참가할 수 없었던 사람들도 확인할 수 있도록 해 둡니다. 회의 이외에는 불필요한 승인 프로세스를 만들지 않는 것도 중요합니다. 무언가 업무를 진행할 때, 허가를 요청하지 말고 타인의 판단을 신뢰하고 질문이 있다면 상담에 응하는 형태로 진행해야 합니다.

◉ 회사의 자금을 자신의 돈이라고 생각하며 활용할 것

회사에서 사용하는 자금은 그만큼 새롭게 벌어야 할 필요가 있습니다. 그렇기 때문에 회사의 자금이니까 함부로 이용하지 않고, 허리띠를 졸라매는 감각으로 아껴야 합니다. 이러한 생각의 배경에는 단지 아끼고 싶기 때문이 아니라, 적절한 투자를 하는가라는 망설임이 있어야 하기 때문입니다. 비용을 고려하지 않은 무의미한 지출을 용인하게 되면, 사업 성장을 위해 필요시 투자해야 할 대상의 투자 시점이 뒤로 밀릴 가능성이 있습니다.

어떤 곳에 투자를 해야 할 때에는, 비용을 비교해 보고, 회사에 가져다 줄 진척 및 효과를 검토해야 합니다. GitLab의 경우에는 이러한 기본 원칙에 따라 가이드라인을 작성하여, 경비상의 프로세스와 기대되는 내용을 팀원들에게 이해하기 쉽게 정리해 두었습니다.

◉ 구두(口頭)를 통한 명확한 답장

구두(口頭)를 통한 질문은 결론부터 명확하게 답을 해야 합니다. 의문이 있다면 질문자가 추가 질문을 할 것이고, 그 질문에 새롭게 답을 하면 됩니다. 질문이 없다면 다음으로 넘어가면 됩니다.

◉ 공지는 짧게 할 것

Slack 등에서 많은 사람들에게 공지를 할 때, 짧은 메시지로 전달해야 합니다. 문장이 너무 길어 정리되어 있지 않거나 전문용어가 많고 의미가 부정확하다면, 많은 사람들이 문장의 의미를 명확히 알지 못하게 됩니다. 애매한 문장은 리더의 신뢰를 훼손하여, 전달하고자 하는 의도가 아닌 정보를 전달하게 될 가능성이 증가합니다. 역으로 명쾌한 문장을 적는 문화는 매니저의 생산성을 높여 줍니다. 단적으로 요점만 정리한 메시지를 보낼 수 있도록 해야 합니다.

◉ 모두를 위한 매니저(Manager of one)

GitLab에서는 팀원이 목표를 달성하기 위해 매니저의 판단을 치켜세우지 않더라도, 스스로가 경영자의 시점에서 일을 하는 인재(manager of one)가 되기를 희망합니다. 소위 당사자 의식이나 경영자 시점에 가까운 이미지입니다. 팀원은 프로젝트나 자발성을 자유롭게 컨트롤하여, 이러한 것들을 성공으로 이끌며 신뢰합니다. 팀원은 이에 응해 자율적으로 움직이게 됩니다.

◉ 실수를 허용할 것

다양한 트러블에 대해, 반드시 새로운 프로세스(재발 방지 대책)을 준비해야 할 필요는 없습니다. 무언가 새로운 프로세스를 추가하면, 이 프로세스를 활용하는 모든 동작이 한 단계 비효율적으로 됩니다. 이에 따라, 모든 사람이 비효율적으로 행동하게 됩니다. 한편, 발생한 실수는 그 당시에만 영향을 미칩니다. 이 실수가 치명적이지 않고, 빈도도 제한적이라면 비정상적인 문제는 발생할 수 있다고 받아들일 수 있고, 여기서부터 배워 나가면 그만입니다.

◉ 최소한의 변경을 통해 빠르게 릴리즈할 것

짧은 기간에 개발을 반복하는 '애자일 개발'에서는 그 기간의 단위를 '이터레이션(Iteration)'이라고 부릅니다. 이터레이션은 단기간의 실행과 검증을 통해 학습을 얻고, 빠르게 요구(니즈)에 도달하는 것을 목표로 합니다. GitLab은 가능한 한 가장 짧은 이터레이션을 돌려 효율적으로 개선하고 성과로 이어가겠다고 말합니다.

여러 가설이 뒤섞여 있는 듯한 큰 변화는 이터레이션이 아닙니다. 큰 변화는 시간이 오래 걸리고, 학습의 타이밍을 늦추며, 복잡성이 커져 결과에 영향을 주는 요인을 파악하기 어려워집니다. 그러면 학습이 일어나지 않고, 이터레이션의 효율성이 떨어집니다.

이터레이션의 효율성은 속도에 달려 있습니다. 스스로 제어 가능한 최소 단위로 실행할 수 있다면, 낭비를 줄이고 가능한 한 가장 빨리 릴리즈합니다. 이는 개발뿐 아니라 비즈니스 프로세스 전반에 공통으로 적용되는 사고방식입니다.

◉ 변화를 받아들일 것

각각의 기능이 추가되고 유저의 요구사항이 변화되며, 경쟁 환경은 유동적이라는 여러 가지 상황이 복잡하게 엮여 있는 환경에서 비즈니스는 진행되고 있습니다. 이러한 변화가 급격한 환경 속에서도 성공하는 기업은 비즈니스의 로드맵을 조직에 신속하게 적용시켜, 계획과 실행 기능을 맞춰 나가고 있습니다.

비즈니스 로드맵은 상황에 맞게 적응시켜 나갈 수 있더라도, 조직이 그 비즈니스 로드맵을 따라잡게 만드는 데 어려움을 겪는 경우가 많습니다. 조직의 정합성을 방해하는 큰 요인 중 하나는 조직을 변화시킬 때 팀에 미치는 영향이 크다는 점입니다. 조직을 바꾸는 과정에서 팀 구성이나 담당 영역, 매니저 등의 구조가 달라지면서 혼란이 생길 수 있습니다. 그런 혼란을 눈앞에 두면 조직을 바꾸는 일에 대해 소극적이 되기 쉽지만, GitLab은 이를 학습을 위한 긍정적인 기회로 받아들이려고 할수록 성공 가능성이 높아진다고 말합니다. 따라서 혼란을 줄이기 위해서는 경영진이 비즈니스와 조직의 변화에 대해 신중하고 깊이 있게 바라보고, 그 의의를 직원들에게 꾸준히 세심하게 설명해 나갈 책임이 있을 것입니다.

다양성, 포용성 그리고 소속감 (Diversity, Inclusion & Belonging)

다양성과 포용성 그리고 소속감은 GitLab이 성공을 실현하기 위한 인재 전략의 근본적인 요소로써 들고 있는 가치입니다.

다양성(Diversity)이란 조직의 다양성을 의미합니다. 인종과 성별, 연령이라는 '표층적인 다양성'과 성격, 가치관, 종교, 성적 지향을 나타내는 '심층적인 다양성' 두 종류의 다양성이 존재하며, 어느 쪽이든 의식하며 키워 나가야 합니다.

다양함이 기업에 부여하는 영향에 관한 보스턴 컨설팅 그룹의 조사에 의하면 다양성이 평균 이상인 그룹에서는 혁신을 촉진시키고, 특히 디지털 혁신을 중시하는 기업의 업무 실적을 향상시킴을 알 수 있습니다. 또한 인재 채용이 기업의 경영과제로써 취급되는 요즘, 국적이나 연령, 장소 등을 묻지 않는 다양성은 인재 풀을 수십 배 증폭시키는 것으로 이어집니다. 게다가 여성 임원이 존재하는 이사회는, 남성밖에 없는 이사회와 비교했을 때 리스크 관리 능력이 높고, 주가의 실적도 우수함을 알 수 있습니다. 한편, 다양성은 다양한 가치관을 이해하기 위해 커뮤니케이션의 비용이 높아진다는 부분이 부정적인 요인으로 지적됩니다. 그러나 다양성은 이러한 부정적인 요인을 넘어 퍼포먼스로 이어지기 위해 필요한 요소입니다.

■ 다양성과 혁신에 의한 이익관계

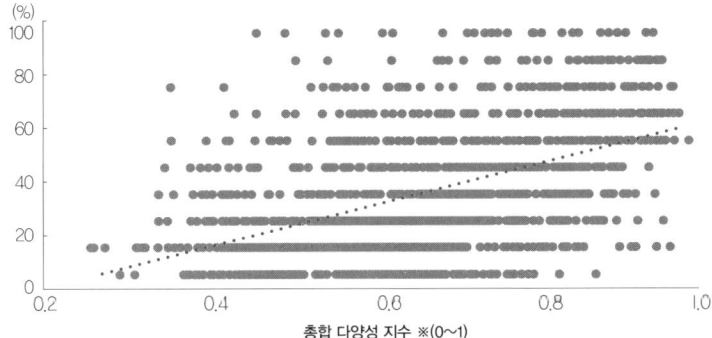

주: N = 1,606, R^2=0.257 (유의 수준)
※총합 다양성 지수는 Blau 지표의 다양성의 6요소 (출신, 다른 업계에서 일한 경험, 커리어 패스, 성별, 학력, 연령)의 평균

출처: Rocio Lorenzo and Martin Reeves, "How and Where Diversity Drives Financial Performance", January 30, 2018
(보스턴 컨설팅 그룹)'하버드, 비즈니스 리뷰': '조직의 다양성은 어디서, 어떻게 업무 퍼포먼스를 높일 수 있는가'

    포용성이란 조직에서의 포용성을 뜻하며, 모든 직원이 역량을 발휘할 수 있는 상태를 지칭합니다. 다음 페이지의 그림은 일본 내각부에서 행한 조사이지만, 다양성을 높여도 조직 환경이 포용적이지 않다면, 조직의 퍼포먼스가 내려가게 됨을 보여주고 있습니다. 다양성이 풍부하다는 의미는 '당연한 것'의 기준이 다양성의 수만큼 차이가 난다는 의미이기 때문에, 이러한 간격을 메우기 위한 시책이 없으면 그만큼 커뮤니케이션 비용이 증가하게 되어, 의도가 전달되지 않아 실수나 재작업이 발생하게 됩니다. 또한 소수자들이 푸대접 받아 다수파들과 대립이 발생하여, 동기 저하가 발생해 문제의 대응 시간이 추가로 소요됨을 생각해야 합니다. 다양성을 조직의 퍼포먼스로 이어 나가기 위해서는 포용성에 대한 경영의 책임감을 보이거나 실현을 위해 충분한 시간 동안 계획하며, 비전을 보여주는 등 다양한 상황에서 직원들이 활약할 수 있는 유연한 업무 방식을

준비하여 조직의 생산성을 크게 향상시킬 수 있습니다. 이것이 다양성과 포용성을 양립시켜야 하는 이유입니다.

마지막으로 소속감(Belonging)에 대해 설명하겠습니다. 이것은 비교적 최신 개념이며 **'자신이 있을 곳은 바로 여기다.'**라는 감각입니다.

■ **다양한 인재와 생산성**

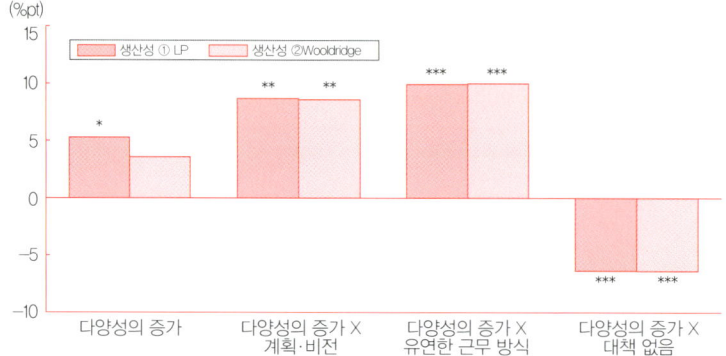

(%pt)

범례: 생산성 ① LP · 생산성 ②Wooldridge

x축: 다양성의 증가 / 다양성의 증가 X 계획·비전 / 다양성의 증가 X 유연한 근무 방식 / 다양성의 증가 X 대책 없음

(비고) 1. 내각부 '다양화된 근로자에 관한 기업의 의식 조사'에 의해 작성
2. ***, **, *는 각각, 다양성이 증가한 기업과 그렇지 않은 기업의 생산성의 증가폭이 각각 1%, 5%, 10% 수준의 유의미한 결과임을 표시.

출처: 내각부 '레이와 원년(2019년)도 연차 경제재정 보고
URL : https://www5.cao.go.jp/j-j/wp/wp-je19/

해외에서는 최근 들어 화제가 되고 있지만, 오히려 1곳에 장기간 머무는 것을 미덕으로 여기고 있는 일본 등의 국가에서는 오히려 새롭다기 보다는 익숙한 감각일 지도 모릅니다.

단, 일본의 '회사야 말로 내가 있을 곳이다.'라는 감각은 모든 사원에게 획일적인 가치관을 강요하는 가족의 일원으로 인정하는 이미지입니다. 이러한 사고방식은 포용성과 정반대의 사고방식입니다.

조직의 퍼포먼스를 높이기 위해서는 다양성의 문맥을 유지하면서도 소속감을 실현하는 것이 중요합니다. GLINT의 조사에 따르면 소속감을 느끼는 직원은

참여도가 6배 높으며, 참여도가 높으면 행동량, 심리적인 목표를 설정하여 스스로 피드백을 요구하는 자세 등이 높게 나타납니다. 또한 '하버드 비즈니스 리뷰' 조사에서도 마찬가지로 소속감을 느끼고 있는 직원들의 퍼포먼스가 56% 향상되고, 퇴사 리스크가 50% 저하되었으며, 질병에 의한 결근일수가 75% 감소하는 것이 보여집니다. 소속감을 느끼게 하려면, 자신이 조직 내에서 가볍게 취급당한다는 등의 불안을 느끼지 않아야 하며 자신의 힘이 여기서 발휘할 수 있다는 자신이 필요합니다.

여기까지의 설명을 정리하자면, 다양성은 **실제 조직에 다양성이 존재하는 것을 의미하며**, 포용성은 **소속된 모든 직원들이 활약할 수 있는 방침을 확정하며**, **소속감은 그 결과로써 직원들이 생산해 내는 것**으로 정리해도 좋습니다.

이러한 배경을 통해 GitLab에서는 누구든 성공할 수 있는 환경을 만들기 위한 임팩트 있는 대처를 실천하고 있습니다. 예를 들어 조직에서 소수자 및 수가 적은 다른 영역의 직원들을 늘리기 위해 보너스를 준비하거나, 다양성 & 포용성, 소속감의 이벤트의 스폰서가 되는 등 포용성의 방침을 보여주며 실제로 다양한 사람들이 활약할 수 있는 환경을 실현시킵니다.

다음으로 다양성과 포용성, 소속감을 실현하기 위한 GitLab이 취하고 있는 방법, 규칙, 공통인식으로써 가지고 있는 지식을 소개하겠습니다. 이것들을 참고하여 여러분들의 조직에서도 다양성을 살리기 위한 힌트로써 활용하시길 바랍니다.

◉ 비동기 커뮤니케이션을 우선할 것

가능한 업무를 비동기식으로 진행하여야 합니다. 그래야만 가정의 사정 및 커뮤니티 활동을 하는 사람, 거주하고 있는 국가로 인해 시간대가 다른 사람 등, 시간적으로 다양한 상황에 놓여있는 사람들이 활약할 수 있게 됩니다. 텍스트 메시지나 Slack 만이 아닌, 회의의 녹화 및 문서도 활용해야 합니다. GitLab의 경우, 근무 시간 외에 Slack을 항상 Online 상태로 유지하거나 반응을 해야 한다는 압박을 주는 방식은 쓰지 않고, 문서를 활용하여 일반적인 근무 시간에 대응할 수 있도록 하고 있습니다.

◉ 불쾌한 생각 및 대화를 받아들일 것

다양성을 받아들인다는 의미는, 지금까지 눈을 돌려 왔던 문제나 가치관이 다른 사람들이 처한 어려운 상황을 마주하겠다는 의미입니다. 이 개념은 포용성의 핵심이며, 소수 인력들이 직면하고 있는 다양한 과제를 해소하기 위한 스탠스입니다. 획일적인 가치관에서 살아온 사람이 이러한 문제를 직면하게 되면 불쾌한 감정이나 위화감을 느끼게 되지만, 이러한 감정은 포용성을 추진하는 상황에서 발생하는 지극히 정상적인 반응입니다. GitLab에서는 들은 순간 당황스러운 주제를 마주하는 것이 포용적인 직장 환경으로 바꾸어 가는 길잡이가 된다고 말하고 있습니다.

문화의 차이, 이해할 수 없는 생각에 조우하였을 때, 자신이 '고정관념에 빠져 있지 않은가?' 자문해 봅시다. 당황스러운 주제를 긍정적으로 받아들일 수 있게 되면, 단순한 '동정심'이 아닌, 당사자로써 눈 앞의 문제를 마주할 수 있게 됩니다.

◉ 마이크로어그레션(Microaggression)의 영향을 이해할 것

마이크로어그레션(작은 공격성)이란, 의도하지 않았지만 남을 상처 입히게 되는 무의식에 의한 차별적인 행동을 의미합니다. 예를 들어, '너는 일본인인데도 적극적이구나' 혹은 '여성인데도 숫자에 강하다니 대단하시네요'라는 말이 그러합니다. 말을 한 본인은 칭찬의 의도로 말한 것이겠지만, 본의 아니게 '일본인은 겁쟁이다', '여성은 숫자에 약하다'라는 선입견이 말에 담겨, 듣는 사람이 곡해하여 얕보이고 있다 느끼게 될 수 있습니다. 마이크로어그레션은 천천히 포용적인 환경을 악화시켜, 사람들을 피폐하게 만듭니다. 마이크로어그레션을 줄이기 위해서는 카테고리별로 색안경을 가지고 상대를 보지 않고, 독립된 개체의 인간으로서 마주할 필요가 있습니다.

◉ 다양한 시점을 요구할 것

GitLab에서는 다양한 멤버들로부터 피드백을 요구하는 행위가 보다 좋은 의사 결정과 소속감의 향상으로 이어진다고 말하고 있습니다. 다양한 가치관을 통해 얻은 피드백은, 다각적인 시점을 취합할 수 있게 되고, 선입견이나 무의식적인 편견을 깨달을 수 있게 됩니다. 비즈니스의 의사 결정에서도 목적에서 벗어난 생각을 깨닫고, 본질적인 인사이트를 얻어 성과로 이어지기 쉽다는 효과를 가지고 있습니다.

◉ 가족을 환영할 것

원격 근무 문화의 독특한 요소 중 하나로, 미팅을 통해 팀원의 자택에 방문하여 협업을 할 수 있다는 점을 들 수 있습니다. GitLab의 경우 회의의 분위기가 허용한다면, 가족이나 반려동물을 미팅 화면에 초대하여 동료들에게 소개하고 있습니다. 이에 따라 친근감이 발생하거나, 밝은 분위기가 팀에도 좋은 자극을 주고 있습니다. 우호적인 분위기를 촉진시키기 때문에, 예의에 어긋난 태도를 취하지 않게 되거나 어투에도 신경을 쓰게 됩니다.

◉ 대의를 위해 근무 시간을 통제할 것

육아나 간병, 사회문제에 대한 지원, 커뮤니티에 대한 공헌 활동은 업무 종료 후에는 하지 못할 수도 있습니다. GitLab에서는 자선활동이나 지역의 커뮤니티 활동이 진행되는 경우 상사에게 상담 후 근로 시간을 조정하여 세간에 기여할 수 있는 시간대에 참가할 수 있도록 하고 있습니다. 이러한 활동에 참가하고 있는 동료가 있다면, 나머지 팀원들이 부재중에 있었던 일들을 문서로 정리하여 복귀 시에 바로 파악 가능하도록 도와줘야 합니다.

● 조직 문화에 맞추는 것이 아닌 가치에 맞출 것

GitLab에서는 조직 문화를 기준으로 채용하거나 비어 테스트(같이 술을 마시고 싶다는 생각이 드는지 확인하는 테스트)처럼 비슷한 생각을 하고, 사이가 좋아질 수 있는 후보자를 고른다거나 하지 않습니다. GItLab에서는 공통의 가치를 기반으로 보다 좋은 조직 문화를 만들어 갈 수 있는 사람을 채용하여, 가치를 실현하고 있는 사람에게 보수를 줌으로써 보다 좋은 조직 문화를 실현하고 있습니다.

● 직장에서의 종교와 정치

정치나 종교에 관련된 화제는 소수의 그룹에게 대미지를 주기 쉽기 때문에 공개된 장소에서 이야기하지 않아야 합니다. 그러나, 완전히 금해야 하는 화제도 아닙니다. GitLab에서는 조직을 보다 포용적으로 만들기 위해, 업무상의 결정에 관련 주제도 자유롭게 이야기하도록 추천하고 있습니다.

이러한 이야기를 할 때, 다양성과 민감한 화제가 교차되는 회색지대의 이야기가 발생할 가능성도 있습니다. 회색지대의 커뮤니케이션 시에도 더욱 신중하게 대할 수 있도록 배려해야 합니다. 예를 들어 GitLab에서는 행동 범위나 윤리 규정에 따라, 특정 정치인이나 정당을 언급하는 기사를 많은 사람들이 보는 곳에 투고하지 않기로 결정하였습니다. 동료와 개인적인 이야기를 하는 중 정치나 종교에 관련된 이야기를 하는 것은 허용되어 있지만(상호이해를 위한 목적이기 때문에, 어느 쪽이 올바른지 시시비비를 가리는 목적이 아닙니다.) 배려를 의식하고, 행동 규범·윤리 규정을 기반으로 행동할 수 있도록 해야 합니다.

● 틀을 깨는 것을 즐길 것

예상 외의 일이나 틀을 깨는 대응은 인생을 보다 재밌게 만듭니다. 독특한 선물, 관습, 행동, 시점을 칭찬하며 늘려 나갑시다. GitLab의 경우, 업무는 자신을 표현할 수 있는 훌륭한 방법이라고 생각하는 사람을 채용하려 하며, 서로에게 자극을 주고 받으며 전진하는 것을 목적으로 하고 있습니다.

◉ 안전한 커뮤니티를 구축할 것

GitLab에서는 조직이나 커뮤니티의 일원으로서 참여한 사람은 누구나 안전 해야 할 권리가 있다 말하고 있습니다. GitLab에서는 팀원을 포함한 커뮤니티 멤버에 의한 각종 학대나 괴롭힘, 배제, 차별 또는 보복을 용인하지 않습니다. 멤버들은 언제나 타인을 부당하게 대우를 하는 상대와 커뮤니케이션을 취하기 를 거부하며, 불쾌한 기분이 드는 상황에서 벗어날 수 있도록 하고 있습니다. 타 인을 공격하는 듯한 태도를 취하는 사람에 대해 엄격하게 대응해야 합니다.

◉ 무의식적인 편견을 이해할 것

무의식적인 편견이란 인간이 무의식적으로 치우친 시선으로 사물을 바라보 는 일을 의미합니다. 무의식적인 편견은 모든 인간에게 영향을 미치며 멤버와 조직에 영향을 크게 끼침을 인식할 필요가 있습니다. 자기 자신의 무의식적 편 견을 파악하고 팀원들을 마치 자신을 이해하듯 대하지 않으면 안됩니다. 무의식 적인 편견에 관해서는 제6장에서 자세하게 설명하겠습니다.

◉ 포용성은 언어와 대명사를 이용할 것

포용성은 언어로 표현합니다. 예를 들어 "Hi guys" 보다 "Hi everyone", "Hi people"을 이용하거나, "he/she"보다 "they"를 이용합니다. 적절하지 않은 표현 을 사용한 경우, 정중하게 사과해야 합니다.

◉ 신경 다양성(neurodiversity)를 수용할 것

신경 다양성이란 인간의 뇌를 다양성으로 지칭합니다. 자폐증이나 ADHD, 조현병[4], 양극성장애, 정서적 감수성 차이는 뇌의 다양성의 영향이며, 이러한 신 경 다양성을 가진 개인은 특정한 신(scene)에서 활약할 수 있는 독자적인 스킬 과 능력을 가진 경우가 있습니다. 아무리 상대가 예상 외의 행동을 취한다 하더

---

4   統合失調症: 통합실조증, 조현병 등의 의미를 지님.

라도 그 사람한테 있어서는 당연한 행동일 수 있습니다. 상대가 항상 긍정적인 의도를 가지고 대응하고 있다는 마인드는 뇌의 차이를 받아들일 수 있는 중요 포인트입니다.

● 가족이나 친구를 우선. 업무는 그 다음

오래 지속되는 인간관계는 인생의 근본이 됩니다. 이는 업무보다 우선시되어야 하는 사항입니다.

이터레이션(Iteration)

GitLab에서는 '이터레이션(Iteration)'이라는 가치를 내걸고 있으며, 신속한 피드백을 얻어 확실하게 앞으로 나아가기 위해 검증이 가능한 최소 단위로 업무를 진행하는 것을 고집하고 있습니다.

이터레이션이란, 일반적인 소프트웨어 개발론 중 하나인 애자일(Agile) 방법론을 적용한 사이클 단위를 의미합니다. 애자일 방법론은 요건 정의, 설계, 개발, 테스트, 평가라는 반복 주기를 단기간에 반복하여 문제 발견 및 개선 요지를 발견하는 것을 목적으로 두고 있습니다. 애자일이 발생하게 된 배경으로는, 오랫동안 심도 있게 설계를 진행한다 하더라도 예상 외의 문제나 누락사항이 발생했을 때, 재작업이 크게 발생하여 오랜 시간 동안 준비한 것이 무용지물이 되거나, 몇 년을 걸쳐 만들었다 해도 유저의 기대에 벗어났음을 파악하지 못하는 일을 방지하기 위함입니다.

이전과 비교해서 사회가 복잡해지고, 수요가 다양화된 지금 상황에서 몇 년 후의 미래나 유저의 수요를 정확하게 예측하기는 현실적으로 불가능해졌습니다. 실사용자에게 세세하게 배포하여 그 자리에서 객관적이고 리얼한 피드백을 얻을 수 있는 것이 이터레이션의 메리트입니다. GitLab에서는 소프트웨어 개발

뿐만 아니라, 비즈니스 전체에 이터레이션을 적용하여 조직 전체에 학습 사이클을 돌려 전진하는 목표가 있습니다.

이터레이션에서는 '무엇을 추가할 것인가?'에서 '무엇을 삭제할 것인가?'로 바뀝니다. 돌려서 말하듯 말했지만, 유저나 팀에게 아무런 변화를 부여하지 않는 행동은 이터레이션에 해당하지 않습니다. 규모가 큰 계획은 작성하지 않고 '처음에 무엇을 할 것인가'라는 구체적인 단계만을 명확하게 적용합니다. 이후 다음에 취해야 할 행동은 우선 배포 후 얻은 피드백을 통해 명확해지게 만듭니다. 이터레이션에 의한 첫 배포는, 너무 작아 부끄러울 정도로 하찮을 수준이라면 올바르게 진행되고 있다고 볼 수 있습니다.

GitLab에 의하면 새로 들어온 팀원이 과소평가하는 가치가 이터레이션으로 보입니다. 이터레이션은 수수하고 영향이 적다고 느껴지지만, 실제로 어떤 작업의 진척이나 목표달성에 예상 이상으로 큰 영향을 미치는 가치입니다. 새로 GitLab에 합류한 팀원은 처음에는 의사 결정 속도나, 누구든 주위 사람들에게 상담하지 않은 채 결정을 진행해 나가는 모습을 보며 당황해 한 적이 있을 것입니다. 그러나, 실제로 이터레이션을 경험해 보게 되면, 대부분의 경우 간단한 선택지가 오히려 가장 좋은 선택지였음을 깨닫게 되었다고 설명합니다.

일반적인 조직에서는 완벽한 계획을 세워 세련된 결과물을 만들지 않으면 안 된다고 주입받습니다. 그럼에도 불구하고 실제로 모든 것을 미리 상정해 두는 행위는 효율적이지도, 효과적이지도 않습니다.

한편, 완벽하게 상정하지 않으면 '품질이 낮거나 문제투성이의 제품을 배포하게 되는 것이 아닌가?'하는 불안을 느낄 지도 모릅니다. 그러나, 이터레이션의 올바른 원리를 몸에 새기면, 품질을 보장하면서도 효율적으로 유저에게 가치를 전달할 수 있습니다.

이터레이션을 효과적으로 활용하기 위해서는, 우선 **참여중인 프로젝트가 '어떠한 가치를 제공하고 있는가'를 정리**해 봐야 합니다. 이 가치로 지금부터 개선 가능한 부분이나 무엇을 달성할 것인가 하는 요점을 정리하는 일입니다. 이렇게 정리해야 할 항목이 정해진다면, 검증 가능한 최소한의 시도를 실행해 봅시다. 실행해 본 결과가 기대만큼 효과적이지 않아 이전 상태로 되돌리는 경우도 있을 것입니다. 하지만 그것은, 실행한 내용이 '효과적이지 않았다는 사실이 밝혀졌다'는 의미 있는 학습이기도 합니다. 혹시, 큰 변경 사항을 적용하기 위해 시간을 들여 설계를 작성하고, 면밀히 준비하고, 이윽고 실행한 결과가 효과적이지 않다고 판정 받으면 어떨 것 같나요? 많은 시간과 노력이 무의미해지고, 빨리 알아차렸다면 도달했을지도 모르는 성과에서 멀어진 걸지도 모릅니다. 이터레이션에서는 변경 전 상태로 돌아가는 일이 문제가 아니라, 긍정적인 의미임을 이해해야 합니다.

작은 스텝을 통해 보다 심플한 기능을 배포한다면, 보다 빠른 피드백을 얻을 수 있습니다. 이러면 잘못된 기능 개발에 시간을 들였어도, 그 방향으로 계속 진행하지 않고 신속하게 피드백을 받아 궤도를 수정하여 유저에게 가치를 제공할 수 있게 됩니다.

다음은 GitLab이 이터레이션을 기능화하기 위해 취한 방법이나 사고방식입니다. 최소 단위의 학습 사이클을 통해 현실 상황에 맞춰 전진해 나가기 위한 방법을 몸에 익힐 수 있도록 부디 참고 바랍니다.

● **일각을 다툰다**
작은 수정이나 블로그 게시물 작성이라고 하는 가치를 느끼고 있다면, 망설이지 말고 즉각적으로 실행하도록 합시다. 이러한 주제를 떠올린 순간, 머릿속에서는 신선한 동기들이 넘쳐날 것입니다. 이러한 영감은 쉽게 고갈되는 편입니다. 보다 좋은 안건이 떠오르기 전까지 기다릴 필요는 없습니다. 계기가 생길 때까지 기다려서는 안 됩니다. 이제 막 작성하기 시작한 상태로 멈춰 있으면 상황에 따라 색이 바래 가치를 잃어갈 것이며, 바로 실행했었다면 얻었을 수 있는 피드백을 놓치게 됩니다. 신속한 행동을 추천드리며, 이러한 행동이 포착된다면 자기 자신을 칭찬합시다.

◉ 마감 기일을 설정할 것

반드시 마감 기일을 설정하도록 합시다. 혹시 특정한 이벤트에 맞춘 계획이 있다면, 이를 마감 기일로 설정하도록 합시다. 모든 것들이 일정대로 진행되지는 않지만, 마감 기일을 설정하는 것으로 책임감이 생겨나며, 보다 좋은 피드백을 얻을 수 있게 됩니다.

◉ 프로세스를 점검하여 승인 대기 시간을 줄일 것

승인을 기다리게 되면 작업이 늦어지게 됩니다. 이것을 피하기 위해서는, 새로운 승인 프로세스를 추가할 때 작업이 늦어지지 않는지 체크하거나, 승인 프로세스를 추가한 후에 프로세스를 점검하여 최신화하는 방법으로 방지할 수 있습니다. 물론 애초에 필요 없는 승인을 없애는 것이 이상적입니다.

◉ 가능한 소수의 유저에 영향을 주는 것으로부터 시작할 것

다수의 유저보다는 소수의 유저, 외부의 유저보다는 사내 유저(dogfooding), 피드백을 통해 얻을 수 없는 부분보다는 피드백에서 얻을 수 있는 부분을 우선시해서 배포를 진행하도록 합시다.

◉ 생명주기를 단축할 것

가능한 짧은 주기로 생명주기를 단축해야 합니다. 가능하다면 1주 혹은 2주 단위로 실행합시다.

◉ MVC(최소한의 실행 가능한 변경)을 지향할 것

GitLab에서는 최소한의 변경을 통해 배포를 진행하는 행위를 'MVC (Minimal Viable Change)'라 합니다. 유저에게 가치를 제공하기 위해, 가능한 작은 단위로 변경을 진행 합시다. 변경하면 명확하게 개선되는 경우에는 망설이지 말고 실행하면 됩니다. 가치를 전달하는 변경은 무언가를 '추가'할 때와 '삭제'할 때 뿐입니다. 제품의 경우 버그나 불편한 부분을 없애고, 유저의 수요를 충족시키는 기능이 제공되었는지 철저하게 확인해야 합니다.

◉ 제안 사항(Proposal)을 준비할 것

제안 사항이란 구체적인 해결 방법까지의 내용을 제안하는 행위를 의미합니다. 의견이나 감상의 표명은 제안 사항이 아닙니다. 팀으로써 무언가를 결정할 필요가 있는 경우, 회의를 열어 모두의 의견을 모으기보다는, 구체적인 제안 사항이나 시안을 준비해야 합니다. 제안 사항을 통해 모든 사람들의 시간을 보다 효과적으로 활용할 수 있습니다.

GitLab에서는 '모든 회의는 제안 사항에 대한 리뷰를 의미합니다.'라고 이야기합니다. 회의를 통해 리뷰될 때, 다른 참가자들이 효과적인 개선안을 제공할 수 있도록 해결하고 싶은 본질적인 과제의 상세 내용(디테일)과 현상의 전후 사정을 상세하게 설명하여야 합니다.

제안 사항이 준비되지 않았다 하더라도, 문제를 주장할 필요가 있습니다. 이럴 경우에는 좋은 해결책을 발견하지 못했음을 말하고, 당신이 떠올린 아이디어를 말해 주세요. 아이디어를 떠올리기 위한 브레인 스토밍(Brain Storming)은 비효율적이기 때문에, 자기 자신과 브레인 라이팅(Brain writing)을 진행합니다. 브레인 라이팅이란 종이나 문서 파일에 말없이 생각난 내용들을 써내려 가는 방법입니다. 제안 사항에 있어 회의 참가자들은 사전 교섭이 없다는 이유로 짜증을 내거나, 자신이 주장하는 제안을 통과시키고 싶은 기분을 우선시하기 때문에 최고의 성과로 이어지는 것을 방해하지 않도록 주의해야 합니다.

◉ 모든 것이 진행 중이라고 이해할 것

GitLab에서는 콘텐츠나 제안 사항에 'WIP(아래 사항들은 제작 중입니다)'라고 하는 마크를 붙여 두는 일이 거의 없습니다. 왜냐하면, 모든 사항은 제작 중이며, 상황에 따라 변경될 가능성이 있기 때문입니다. 우선 배포를 먼저 해보도록 합시다.

◉ 장기적인 관점으로 세세하게 설명할 것

GitLab에서는 항상 장기적인 관점으로 최적화를 진행하여야 한다고 주장합니다. 예를 들어 미래의 유저를 바라보며 좋은 제품을 사용할 수 있게, UX 등을 장기적인 관점으로 설계합니다. 실질적인 개선은 작은 단위의 변경이 거듭되겠지만, 유저에게 장기적인 로드맵을 설명하여 서서히 몸집을 키워 나가는 과정을 회사와 유저가 공통으로 인식하고 있는 사항으로 만들어야 합니다.

◉ 부끄러움의 허들을 낮출 것

많은 조직에서는 완벽하지 않은 일 (예상하지 못한 사태나 반례를 상정하지 못한 부분 등)에 대해서 질책하거나, 문제시합니다. 이로 인해, 성과물을 발표하기 전에 '설마'라는 시나리오에 대응하기 위한 예방책에 많은 시간과 노력을 쏟게 됩니다. 그러나, 이러한 대처는 이터레이션을 통해 개선에 사용되었을지도 모르는 많은 시간을 무용지물로 만들게 됩니다. 부끄러움을 느끼지 않도록 완벽한 퀄리티가 될 때까지 일을 숨기게 되는 당연한 감각과 대치할 수 있도록 용기를 주고, 작은 변화를 바랄 수 있는 환경임을 느낄 수 있도록 해야합니다.

◉ 문화의 렌즈

자라온 문화의 차이는 이터레이션을 수행하는 과정에서, 각 문화 특유의 과제나 고정관념으로 이어질 수 있습니다. 예를 들어, '완벽할 필요가 없다'라는 표현은 실패를 부끄러운 것이라고 생각하는 문화에서 자란 사람들에게는 저항감이 강할지도 모릅니다. 이터레이션을 실행할 때, 문화의 규범에 좌우되는 자신을 눈치채고, 공통의 이해를 형성해 나가기를 추천합니다. 이터레이션을 반복할 때 마다, 심리적 안정성을 가지며 피드백을 제공하는 것이 효과적입니다.

◉ 개선에 집중할 것

개선에 집중하기 위해 단기적으로는 비판적으로 접근하고, 장기적으로는 낙관적인 스탠스를 유지해야 합니다. 우수한 기업이 직면하고 있는 과제를 꾸준히 언급하는 이유는, 잘 진행되는 것뿐 아니라 더 개선할 수 있는 부분에 집중하기 위함입니다. 모든 대화에서 '무엇을 개선할 수 있는지 아시겠어요?'라고 질문하는 행위는, 진행이 잘되고 있지 않다는 의미뿐만 아니라 보다 좋게 개선할 수 있는 부분이 어디인지 집중하기 위함입니다.

◉ 스피드와 성과를 우선시할 것, 스케일은 그 다음 사항

무언가 변경을 할 때, 우선은 스피드와 성과를 최우선으로 설정해야 합니다. 이에 따라 다른 프로세스나 기능에 어떤 영향을 미치는지도 검토해야 합니다. 이러한 변경이 잘되었을 때, 그 다음에는 어떻게 확장 가능할지 생각해 봐야 합니다. 이 순서로 우선순위를 붙이면 효과적인 스케일 업으로 이어질 수 있습니다.

◉ 통합하고 싶다는 욕구에 저항할 것

작은 반복들을 취합하고 싶다는 충동을 억제하여야 합니다. 몇 개의 소규모 프로젝트를 엮은 망라적(網羅的) 프로젝트를 진행하거나 구상을 하는 것은 두근거리는 일일 겁니다. 그러나, 이것은 스코프 클립(Scope clip)이라 불리는 일을 유발하며 처음 예상한 것보다도 비용이 방대해지며, 성과보다도 완벽함을 우선시되는 환경으로 변화하게 됩니다.

◉ 되돌아올 수 있다면 결단을 내릴 것

대부분의 결정은 간단히 철회할 수 있습니다. 이럴 경우, DRI는 승인을 받지 않고 결정을 내립니다. 그러나 아무리 봐도 커버할 수 없는 중대한 리스크 및 큰 의사 결정의 경우에는 보다 면밀히 논의를 거쳐 실행해야 합니다.

◉ 제안 사항을 변경하는 것은 이터레이션이 아니다

외부에 배포하지 않고 내부에서 수정을 거듭하는 것은 수정(revision)일 뿐이지 반복이 아닙니다. 유저에게 제공되어 처음으로 받은 피드백을 통해 배움을 얻을 수 있어야 제대로 된 반복입니다. 다양한 사람들의 의견에 반응하여 수정을 진행하는 일은 대부분의 경우 시간을 낭비하는 일입니다. 조금이라도 수정 후 빠르게 배포하여 실질적인 피드백을 얻는 편이 효과적입니다. 수정만을 하는 것을 반복이라 하지 말아주세요. 이는 이터레이션을 방해하는 정반대의 행동입니다.

● 이터레이션은 평가가 중요

이터레이션에서 가장 중요한 요소는 한 주기의 반복 중 최종 단계인 평가(Evaluation)입니다. 이터레이션이 가치있는 이유는 엔드 유저로부터 피드백을 받아 학습을 할 수 있기 때문입니다. 이것을 목적으로 단기간에 가능한 많은 성과를 올릴 수 있는 자세가 필요합니다. 무엇을 검증할 것인지 목적을 설정하는 요건 정의(Requirement) 단계에서 이터레이션을 반복할 필요가 있는 먼 미래의 가설을 세울 뿐 아니라, 반복을 통해 검증할 수 있는 가치를 정의하여, 반복을 완성하였을 때 얻은 컨텍스트를 활용하여 발전시킵시다.

● 작은 병합 요청(merge request)을 작성할 것

핸드북의 코드 변경 및 프로세스 변경을 위해 병합 요청(merge request)을 하는 경우, 가능한 작은 단위로 해야 합니다. GitLab에서는 핸드북에 새로운 페이지를 작성하는 경우 소량의 초기 콘텐츠를 가지고 새로운 페이지를 작성하여 병합하고, 이후의 병합 요청에서 반복해서 섹션을 추가하는 방법을 채택하고 있습니다. 동일하게, 서비스에 기능을 추가할 때에는 병합 요청을 작성하기 전에 기능에 스코프를 끼워 두지 않았는지 검토 후, 가능한 작은 기능 단위로 병합 요청을 해야 합니다.

● 이터레이션을 신중하게 진행하는 경우도 존재함

영향을 주는 범위가 큰 경우나 일관성이 필요한 주제에 관한 이터레이션은 신중히 판단할 필요가 있기 때문에, 추가 리뷰를 진행하는 경우가 있습니다. 예를 들어 브랜딩을 위한 메시지, 제품 카테고리 변경, 대규모 조직 구조, 가치 변경 등을 해야 하는 하는 경우가 이에 해당합니다. 이렇게 신중하게 검토해야 하는 사안은 다른 반복을 방해할 수 있는 가능성을 내포하고 있기 때문에, 이를 금지하기 위해서가 아니라 전체적인 최적화를 위해 리뷰를 진행합니다.

◉ 이터레이션이 아닌 12가지 사항

이터레이션은 종종 각각의 직감에 반하기도 하며, 실시하기 어렵습니다. 이터레이션이 무엇인지를 명확하게 하기 위해서는 이터레이션에는 '없는' 것을 발견하게 되면 이해가 깊어질 것입니다. 다음 페이지에 기재한 것은 'GitLab'이 이터레이션을 이해하기 위한 과정에서 잘못 알고 있었던, GitLab의 이터레이션 정의에 해당하지 않는 12가지의 예시입니다.

■ 이터레이션이 아닌 12 가지 사항

- 품질을 희생한다
- 문서화를 기피하고, 유실시킨다.
- 보안 사항을 타협한다.
- 추천되지 않은 경로나 기본적으로 탑재되어 있지 않은 것을 제공한다.
- 가치를 제공하지 않는 것을 배포한다.
- 중요하지 않은 아이템에 집중하기 위한 구실을 찾는다.
- 결정된 목표를 변경하거나 떨어뜨린다.
- 배포도 공개하지 않은 채, 단지 개정만 진행한다.
- 비현실적으로 엄격한 스케줄을 밀어붙이기 위한 구실을 찾는다.
- 계획을 세우지 않기 위한 구실을 찾는다.
- 장시간 노동을 할 것을 강조한다.
- 자신의 실수를 남에게 떠넘긴다.

이터레이션이라 말하며 위와 같은 예시 사항이 발생하는 경우, 인식이 다르다는 것을 전달해야 합니다.

투명성(Transparency)

정보를 공개하여 많은 사람들이 정보에 접근할 수 있게 하는 가치가 투명성입니다. GitLab이 투명성을 가치로 채용한 이유는 투명성은 협업을 촉진시키고, 회사 외부에서의 인지도를 높이는 점에서 조직에게 메리트가 있기 때문입니다. 추가적으로 조직의 건전성을 유지하는 부분에 기여해 규모 확장 시 동반되는 조직의 열화를 억제하는 데에도 도움이 됩니다.

GitLab의 경우 협업의 허들을 낮추기 위해 현재 수행중인 과제 리스트들을 툴을 이용하여 공유하거나 마케팅 상황, 인프라 구축 상황 등을 공개하고 있습니다. 이에 따라 팀원들은 간단히 회사가 놓인 상황을 파악할 수 있고, 조직이 바라보고 있는 중요한 주제에 관해 쉽게 공헌할 수 있게 됩니다.

GitLab은 원격 근무 수요 증가로 'GitLab Handbook'을 참고하는 일이 늘어, SNS 등지에서도 화제가 될 기회가 늘었습니다. 핸드북을 참고해서 원격 근무 조직을 구축하는 기업이 늘어남에 따라 평판이 더욱 오르게 되어 인지도가 향상되었습니다. 또한, 조직 외부용으로 배포한 정보와 내부 정보 간에 괴리가 없다는 것은, 조직의 신뢰성을 높이며, 이직 희망자들의 이직을 희망하는 곳으로 선택할 가능성도 높아집니다. 핸드북에는 중요시하고 있는 가치 등도 명확하게 기재되어 있기 때문에, 이러한 가치관에 부합하다 느끼는 인재가 자발적으로 지원을 하게 되고, 그렇지 않은 인재는 지원을 하지 않아 효율적으로 채용이 가능해집니다.

이러한 협업 및 인지도 향상의 메리트도 중요하지만, 조직의 건전성면에서 더욱 중요합니다. 조직은 성장함에 따라 정보의 투명성에 대한 의식이 희박해지기 때문에 약속된 기준과 다른 의사 결정을 내리게 되거나, 예외를 두기 쉬워지게 됩니다. 이러한 언행 불일치는 조직을 서서히 잠식시키며 최종적으로는 조직 내의 상호 신뢰성을 잃게 되고, 그 결과 유저의 기대에도 응하지 못하는 조직으로 변하게 됩니다. 유저의 반응보다도 상사의 독단으로 의사 결정이 이루어지게 되고, 팀원들은 상사의 안색을 살피고, 무의미한 회의나 업무에 집중하게 될 것입니다. 그렇기 때문에, 객관적인 시점에 따라 투명성을 유지하는 것이 조직의 건전성을 유지하기 위해서도 중요한 포인트입니다.

단, 모든 정보를 공개하여도 좋은 것은 아닙니다. 기밀 정보나 민감한 정보들은 공개해서는 안되는 정보이며, 이는 면밀히 관리될 필요가 있습니다. 투명성과 정보 관리의 밸런스를 지키기 위해, 어떤 것을 어느 정도까지 공개할지 망설여 질 것입니다. 아래에 GitLab이 시행하고 있는 투명성에 관한 규칙과 사고방식을 설명해 두었습니다. 이 기본 원칙에 따라, 최대한의 투명성을 확보할 수 있도록 합시다.

● 공개 설정은 기본 옵션

GitLab의 경우, 정보는 공개하는 것이 기본 원칙입니다. 공개되어 있지 않은 정보에는 법무팀이 리스크가 높다고 판단하여 통제된 경우를 제외하고는, 기밀로 분류된 기록에는 '정보 관리 가이드라인으로' 이동하는 링크가 반드시 포함되어야 합니다. 일반적으로, 지적당하거나 리스크가 생길 수 있기 때문에 정보를 숨기고 싶을 것입니다. 그러나 비공개로 설정하려면 절차를 밟아야 하니 그런 욕구를 누르고 투명성을 유지할 수 있도록 하고 있습니다. 혹시, 현재 공개되어 있는 내용이 공개할 내용이 아니 (혹은 반대의 경우)라고 생각되는 경우, 다른 사람과 협력하여 DRI와 논의할 수 있도록 변경을 제안하는 병합 요청을 작성합시다.

● 공개되지 않은 정보도 존재함

민감한 정보나 계약상에 책임이 있는 고객 정보, (GitLab은 상장 기업이기 때문에) 실적 예측이 가능한 정보 등은 접근이 제한되어 있습니다. 명확한 이유가 없다면 기본적으로는 전부 공개하지만, 투명성을 우선시하는 중, 문제가 발생하면 문서에 제한을 추가하는 것으로 대응하고 있습니다. 유일한 예외는 법에 저촉될 가능성이 있는 경우로, 법률을 준수하고 있습니다. 기본적으로 공개되지 않은 사항에 대해서는 GitLab의 경우 핸드북의 커뮤니케이션 페이지에 일람으로써 기재해 두고 있습니다.

● 본심을 말할 것

서로의 속내를 오픈하자는 의미입니다. 본심을 말하지 않으면 무의미한 억측을 초래할 수 있으며, 전해야 할 것을 표출하지 않게 됩니다. 서로 솔직하게 마음을 터놓아야 본심을 말할 수 있게 될 것입니다.

● 생각이 바뀌었다면 확실하게 말할 것

자신의 생각을 말한 뒤, 방향성이 변한 경우에는 확실하게 주변에 말해 주세요. 새로운 데이터로부터 견해를 얻은 결과, 자신의 생각이 바뀌는 일은 문제가 없습니다. 이전의 스탠스가 현재의 스탠스가 아님을 명확하게 보여줌으로써 다른 사람에게 민폐를 끼치지 않게 되며, 이 모습을 보며 데이터를 통한 의사 결정을 내리려는 사람들이 늘어날 것입니다.

● 건설적으로 문제를 수면 위로 드러낼 것

무엇이 일어난 건지, 어떻게 수정을 한 건지, 필요가 있다면 이후의 실수를 방지하기 위해 어떻게 프로세스를 변경했는지를 관계자, 팀, CEO에게 적극적으로 알려 주세요.

● 투명성은 비용이 들어가더라도 지속하게 되면 그 가치를 발휘한다

사실을 숨기는 편이 간단한 경우에도 투명성을 실천해야 합니다. 예를 들어, GitLab에서는 채용 프로세스에서 채용되지 않은 사람에게 채용되지 않은 사유를 전달하고 있습니다. 채용되지 않은 사유를 전하는 일은 법적인 문제로 발전할 리스크도 있지만, 명료한 이유를 전달하여 지원자에게 성장의 기회를 제공하게 됩니다. 이 밖에도, 보안 사고나 이미 발생한 트러블에 대한 대응상황을 실시간으로 공개하여 유저에게 문제를 은폐하지 않는 투명한 회사라는 인식을 심어주어 신뢰를 얻을 수 있게 됩니다.

● 신뢰할 수 있는 유일한 정보처

GitLab에서는 핸드북을 유일한 정보처으로 통일하여, 정합성이 맞는 최신 정보를 효율적으로 활용합니다. 만약 문서가 분산되어 있다면, 무엇이 올바른 정보인지 알 수 없게 되고, 검색에도 애를 먹게 될 것입니다. 그렇기 때문에 정보처는 한 곳에 집약해야 합니다.

● 발견하기 쉬운 곳에 있어야 할 것

정보를 활용하여 퍼포먼스를 올리기 위해서는, 접근뿐만 아니라 관련된 정보들도 적절히 연결되어 있거나, 정보가 필요한 사람이 발견하기 쉬운 곳에 위치하는 것 또한 중요합니다. 정보뿐만 아니라 관련 정보로 이동할 수 있는 링크를 붙여 두어 올바르게 정보가 유통될 수 있도록 합시다.

● 결론뿐만 아니라 이유도 설명할 것

수정을 진행할 때에는 결론뿐만 아니라, 수정을 한 이유도 명료하게 기재하여야 합니다. 나중에 변경된 이유를 알고 싶은 사람이 나타났을 때, 질문할 필요도 없어지고, 조직의 지식 축적에도 기여할 수 있게 됩니다. 수정의 이유를 기재하지 않는 경우, 추측을 통해 움직여야 하기 때문에, 혼란 및 비효율로 이어질 수 있습니다.

수정 사항을 기록할 때는 '업계 표준에 맞추기 위해서' 혹은 '모범적인 경영을 위해서' 같은 애매하고 명료하지 않은 단어를 이용하지 않도록 해야 합니다. 이러한 용어는 맥락을 제공하지 않기 때문에 무의미합니다. 동일하게 '효율성을 위해' 또는 '이터레이션을 위해'라는 가치를 기재하는 경우도 애매하기 때문에, 가치를 기반으로 한 구체적인 행동 원리를 기재할지, 보다 상세한 배경을 공유할지 선택하여야 합니다. 내용이 충분하지 않은 문서를 발견했을 때, DRI와 협력하여 내용을 추가합시다.

◉ 재현성을 가져다 줄 것

관계자 중 누가 담당하였다 하더라도, 동일한 결론을 내릴 수 있는 재현성 있는 업무 방식이나 문서를 남겨야 합니다. 요약 내용을 설명하는 것뿐만 아니라 원본 데이터를 첨부하여 문제에 대한 분석 결과와 순서를 문서화하는 등, 다른 사람이 보았을 때, 당시에 어떻게 생각을 했는지 잘 드러날 수 있도록 해 주세요.

GitLab은 어떻게 해서 가치를 강화하고 있는가?

여기까지 GitLab의 가치와 가치를 구성하는 기본 원칙에 대해 설명하였습니다.

■ GitLab이 가치를 뿌리내리기 위해 시행한 내용

> 1. 승진의 기준으로써 활용, 혹은 발표 시에 이를 전사에 전할 것
> 2. 채용 기준으로써 활용할 것
> 3. 온보딩 시 강조하여 설명할 것
> 4. 연차 보수를 개정할 때 사용할 것
> 5. 의사 결정 시에 사용할 것
> 6. 경영팀원이 모범이 되는 태도를 몸에 익힐 것

7. 모든 팀원이 가치 있는 태도를 지속적으로 요구할 것

8. 명료히 하기 위해 수정을 거듭하고, 최신상태를 유지할 것

9. 360도 피드백으로 전달할 것

10. 공개적인 장소에서의 칭찬을 행동 기준으로써 사용할 것

11. 보너스를 결정하는 기준으로써 활용할 것

12. 오퍼레이터에 기재할 것

13. 퍼포먼스 부족을 정의하는 기준으로 활용할 것

14. 퇴직자에 대한 대우 방법으로 활용할 것

15. 전사 이벤트에서 가치를 기준으로 해서 표창할 것

16. 'CEO와 행동을 공유하는 프로그램'을 통해 다양한 측면에서 투명성을 제공하고, 협업을 개선할 것

17. 크루셜 컨버세이션(Crutial Conversation) 진행 시의 포인트를 가치에 맵핑할 것

18. 사용하는 소프트웨어의 기본 설정을 기준으로 삼아 이용할 것

19. 반복 기능 등, GitLab의 기능을 사용하여 일상에서 실제로 경험할 것

20. 가치의 가상 배경을 화상회의에서 이용할 것

21. 영향력을 가진 팀원이 작성한 GitLab의 노래에서, 가사에 GitLab Value가 자주 등장한다.

22. 경영팀원이 외부 워크숍을 통해 정기적으로 가치에 대한 교육을 진행할 것

GitLab Value의 이해도가 올라감과 동시에 원격 근무 조직을 구성한 후의 GitLab이 시행착오를 겪어온 배경이 느껴질 것이라고 생각합니다. 원격 근무 조직에 서 가치를 이미지화할 수 있는 시점이 되면 이 후 그것을 어떻게 조직에 뿌리내릴 수 있는지 검토해 봅시다.

다양한 기업이 독자적인 가치를 내걸고 있지만, 정상적으로 기능하고 있는 기업과 그렇지 않은 기업이 존재합니다. 가치가 조직 내에서 정상적으로 기능하기 위해서는, 단지 표방만으로 그치지 않고, 조직 내에서 가치가 중요하게 다루

어짐을 조직 내 구성원들이 실감하고 있지 않으면 안됩니다. GitLab의 경우, 이전 페이지에 열거하였던 방법을 이용하여 업무를 통해 가치가 존중되고 있는 체험을 축적해 왔습니다.

몇 가지 간단히 보충을 하겠습니다. 우선 6번의 '경영 팀원이 모범이 되는'에 해당하는 행위는, 팀장 및 임직원들이 규칙을 지키지 않는 행동을 시작하게 되면 조직은 부패해 갈 것이고, 이러한 행동을 보는 다른 구성원들도 가치를 지키지 않게 될 것이기 때문에, 경영 팀원이 지속적으로 모범을 보이는 일은 필수입니다.

14번의 '퇴직자에 대한 대우 방법'에 관해서는, 어떠한 퇴직자라 할 지라도 핸드북에 기재되어 있는 투명성이라는 규칙에 의거하여 성실히 대응함으로써 존중받고 있다는 생각을 가지고 퇴직을 할 수 있으며, 회사를 떠나는 사람에게 정중히 대응하는 모습을 본 직원들은 조직을 떠나는 사람이라 할 지라도 회사는 신중하게 가치를 지키고 있다는 신뢰감이 증가할 것입니다.

16번의 'CEO와 행동을 공유하는 프로그램'이란 GitLab에서 'CEO Shadow Program'이라 불리고 있는, CEO가 참가하는 모든 회의에 동석 가능한 프로그램입니다. 이 프로그램은 모든 직원들이 참여 가능하며, 투명성을 대하는 회사의 명확한 스탠스로서 받아들여질 것입니다.

17번의 '크루셜 컨버세이션(Crucial Conversation)을 진행할 때 포인트를 가치에 맵핑할 것'이란 의미는 크루셜 컨버세이션(실수에 대한 과도한 지적, 강력한 감정을 동반하는 중요한 대화)는 서로 감정적이 되기 쉽고, 이야기가 여러 방향으로 흩어지기 쉽기 때문에, 이야기의 토대로써 가치를 근거로 삼는다는 의미입니다. 공통적인 견해로써 가치를 활용하고, 여기서부터 논의를 진행함으로써 어느 쪽이 올바르다가 아니라 가치에 있어 어떤 쪽이 바람직한 것인가 하는 관점으로 논의를 진행할 수 있게 됩니다. (크루셜 컨버세이션에 대해서는 제 11장에서 상세히 설명하겠습니다.)

마지막으로 21번의 '영향력을 가진 팀원이 작성한 GitLab의 노래에서, 가사에 GitLab Value가 자주 등장한다.'의 경우, GitLab에서는 몇 가지 취미 활동을 하는 커뮤니티가 있으며, 이 중에 음악을 좋아하는 GitLab의 멤버들이 모인 커뮤니티가 존재합니다. 영향력이 있는 멤버가 GitLab에 관련된 노래를 만든 적이 있으며, 이 안에서도 GitLab Value가 등장합니다. 이것은 다른 방법들과는 조금 방향성이 다를 수 있지만, 여러분들의 회사에서도 회의의 여흥으로써 가치를 주제로 하거나, 동료와 농담을 주고 받는 중에 가치를 엮는 등의 뉘앙스와 비슷할 지도 모릅니다.

이렇듯 다양한 부분에서 실제 가치가 활용되고 있으며, 동시에 존중받고 있다면 소속되어 있는 멤버들은 이를 일상적으로 느끼게 되어 가치가 강화될 것이고, 신입 멤버들도 몸에 익혀 나갈 수 있을 것입니다.

가치가 지켜지지 않은 경우의 대응 방법

가치에 한정된 이야기는 아니지만, 규칙이 실제로 작업 환경에서 지켜지지 않는 경우, 팀은 '규칙을 지키지 않더라도 손해 볼 것은 없다.'는 사실을 알게 됩니다. 또한, 아무리 규칙이 지켜지고 있다 하더라도, 개인의 자존심을 관철시키기 위해 조직의 가치를 악용하는 사람이 존재함으로써 원래의 가치에 기대하는 결과와 상이한 행동이 허용될 것입니다. 예를 들어 동료와의 협업하는 것이 귀찮다고 생각되어, 이를 피하기 위해 혼자서 하는 일의 효율성을 주장하는 행동이 있습니다.

가치가 실현되지 않는 경우에는 솔직한 태도를 통해 어떠한 경우에는 어떻게 지켜지지 않는지, 이는 어떠한 영향을 미치는지 등 구체적인 예를 들며 피드백을 진행하는 것이 중요합니다. 그 후에 상대가 어떤 상황에 놓여 있는지 사정을 파악해 봅시다. 가치의 대립을 극복하기 위해서는 상대를 질책하기 위해 올바른 주장을 해야 하는 것이 아니라, 우선 상대에게 긍정적인 의도임을 알리는 일부터 시작하여야 합니다.

실제로 가치의 문제에 대해 이야기할 때에는 대화의 토대로써 핸드북에서 연관된 가치나 기본 원칙으로 이동하는 링크를 첨부하여 이야기를 진행합시다. 예를 들어 동료의 인간성에 대해 불만을 토로하는 상황을 발견하였다면, 협업 파트에서 '일을 기준으로 이야기 할 것'이라는 항목으로 이동하는 링크를 첨부하여 동료의 인격이 아니라 어떠한 행동이 어떠한 영향을 미치고 있는지, 라는 시점을 통해 이야기할 수 있도록 조언하는 것입니다.

가치의 해석에 대해 애매한 이해 혹은 견해가 어긋난 경우에는 GitLab의 경우 Slack의 '#value채널'에서 다양한 시점이 들어간 상태에서 질문을 하게 되어 있습니다. 2가지의 가치가 충돌하는 경우에는, 판단을 내리기 어렵지만 어느 쪽이 절대적으로 올바른 경우는 거의 없습니다. 공개된 곳에서 서로가 느끼고 있는 것을 겉으로 드러내며 대화를 할 필요가 있지만, 솔직하게 의견을 주고 받더라도 명확한 결론이 나오지 않는 경우도 있습니다. 이러한 경우에는 경의를 가지고 설명을 하며, 최종적으로는 DRI가 결정을 내린 것에 대해 기여하는 것으로 전진하는 것이 GitLab의 방식입니다.

그러나, 이러한 상호 이해를 위해 경의를 가지고 마주하였다 하더라도 가치를 지키지 않는 사람이 있는 경우에는 어떻게 해야 할까요? 가치를 몸에 익히려는 의도를 가지고 있더라도 방법을 모르는 경우에는 상세한 피드백을 통한 트레이닝을 제공합니다. 실제로 가치를 몸에 익힐 수 있는 GitLab의 멤버를 구체적인 예로 열거하며 '저 사람은 이렇게 해서 성공했어'와 같이 해상도를 높이며 동기를 부여하는 것입니다. 전문가가 제공하는 트레이닝을 반복하더라도 익숙해지지 않는 경우 또는 의도적으로 가치를 지키지 않기로 선택한 경우에는 인사고과 등에서 공정하고 엄격한 피드백을 제공하고, 이럼에도 개선되지 않는 경우 더 이상 있을 곳이 없음을 명확하게 제시하지 않으면 안 됩니다.

단 개선을 요청할 때 유의해야 할 점이 있습니다. 가치의 구현은 기본 원칙에 쓰여 있는 밀도, 즉 행동이나 판단 기준 레벨까지 구체화 할 필요가 있습니다. 해석의 여지가 거의 없을 정도로 명료해지면, 틀림 없이 '하거나, 하지 않거나' 수준에 가까워 집니다. 여기까지 구체화되었음에도 하지 않는다면, 할 생각이 없는 건지, 이후의 훈련을 통해서도 불가능한 부분인 건지 검토해 봐야 할 것입니다.

엄격한 조치에 대해서는, 조직이 그 이유와 과정을 정성껏 설명하고 설명 책임을 다함으로써, 남아 있는 직원들에게 공포가 아니라 성실함을 보여줄 수 있게 됩니다. 가치(Value)를 조직에 정착시키려면, 가치가 단지 실천되는 것뿐만 아니라 **가치가 지켜지지 않았을 때 어떤 대응이 이뤄지는가라는 관점이 중요합니다.** 이처럼 어려운 상황에서의 의사 결정을 직원들이 직접 경험할 때, 조직 문화는 현실감과 진정성을 갖고 다져져 가는 것입니다.

제6 장

커뮤니케이션 규칙

여기까지의 설명으로 세계 최첨단 원격 근무 조직을 실현하기 위해서는, 협업의 토대로써 '핸드북 퍼스트(Handbook First)'의 중요함이 인식되었다고 생각합니다. 핸드북에 기재된 규칙은 가능한 해석의 여지가 없도록 문서화되어, 다른 문화에 소속된 사람이라 해도 읽었을 때 오해가 적은 문장으로 기재할 필요가 있습니다. 핸드북을 명확하게 문서화하여도, 운영상 보다 적절한 규칙이 필요해지거나, 오해나 의문이 발생하는 경우가 존재합니다. 이런 경우, 보다 좋은 표현으로 개선하여 핸드북을 더 좋은 방향으로 키워 나가는 것도 가능할 것입니다.

핸드북을 운용해 가기 위해서는 설치할 곳을 정해, 가치 등의 원리 원칙이 되는 토대를 작성하고 실제 그것을 일상적으로 활용해 나가기 위한 규칙을 만들어 가야 합니다. 우리들의 업무의 대부분은 다른 사람과 커뮤니케이션을 취할 것을 전제로 삼고 있습니다. 게다가 원격 근무에 의한 비동기 커뮤니케이션은 많은 사람들에게 어색할 것이고, 원격 근무 환경에서 원활한 커뮤니케이션을 구사할 수 있으려면 어느정도 연습이 필요합니다. 커뮤니케이션 규칙을 정비하는 것으로 비동기 커뮤니케이션의 경험이 적은 사람이라 하더라도 비교적 쉽게 커뮤니케이션을 취할 수 있는 요령을 알게 되어 단기간에 능숙해 질 것입니다.

이번 장에서는 GitLab이 채용하고 있는 커뮤니케이션 방식에 대한 규칙을 설명할 것입니다. 규칙은 무엇을 위해 어떠한 효과를 노리고 있는 것인지 파악하고, 활용할 수 있도록 합시다. 활용 가능한 규칙이 있다면, 자신들의 조직에 맞춰 규칙을 수정하여 핸드북에 추가해 보는 것은 어떨까요?

무의식적 편견을 제어하기

GitLab Value 중 다양성과 포용성 그리고 소속감의 기본 원칙에 '무의식적 편견'에 대한 언급이 있었습니다. 커뮤니케이션 규칙을 이해하기 앞서, 가장 중요한 전제 사항이 무의식적 편견일지도 모릅니다.

우리들 인간은 뇌가 무의식 중에 패턴을 인식하고 자동적으로 판정하는 경우가 있습니다. 예를 들어 '접수·사무'라는 단어를 들으면 곧장 여성을 떠올리거나, '노인'의 경우 전자기기에 약하다 생각하거나, '정시 퇴근을 하는 사원'은 열심히 하지 않는다고 무의식적으로 떠올리는 것과 같습니다.

커뮤니케이션을 취하는데 있어 무의식적인 편견을 전부 배제하는 것은 어렵겠지만, 우리가 무의식적인 편견에 영향을 받고 있다는 인식을 가지고 커뮤니케이션을 구사하고 있음을 인지하는 것이 중요합니다.

무의식적인 편견을 인식하기 위해 몇 가지 대표적인 편견을 소개하겠습니다.

우선 '귀속적인 편견'입니다. 이것은 무슨 일이 발생할 때, 그 원인을 무의식적으로 자신의 생각을 통해 단정짓는 행위입니다. 예를 들어, 자신이 실패 했을 때 '다른 사람, 상황 등에 원인이 있었으니까 어쩔 수 없었다'라고 느끼지만, 반대로 다른 사람의 실패에 대해서는 '당사자에게 원인이 있을 것이다'라고 생각해 버리는 것입니다. 실패뿐 아니라, 성공한 경우에도 동일한 생각을 하게 되며, 자신의 성공은 '자신의 노력 덕분이다.'라고 생각하고, 다른 사람의 성공에 대해서는 '운 또는 상황 덕분이지'라고 느끼는 것입니다. 이러한 귀속적인 편견의 영향을 무의식 중에 받고 있음을 전제로 자신의 성공이 자신만의 성과가 아니라는 것을 인식하고, 동시에 다른 사람의 실패가 당사자에게만 원인이 있지 않다는 인식을 가지고 커뮤니케이션을 취할 필요가 있습니다.

귀속적인 편견 외에도 '확증적 편견'이라는 대표적인 편견이 존재합니다. 이 편견은 자신의 선입견을 보강하여, 자신의 생각에 가까운 정보를 무의식적으로 취사선택하여 지론을 강화해 가는 경향입니다. 상대를 질책하려 한다면, 질책하기 위한 재료에만 주목하거나, 지론을 강화하기 위한 정보만 선택하여 결론짓고 이를 통해 사물을 판단하려 하고 있습니다. 확증적인 편견을 피하기 위해서는, 우선 결론은 제쳐두고 전체 정보를 모으거나 자신의 생각이 선입견에 영향을 받고 있는지 확인해야 합니다.

'성별에 대한 편견' 등 특정 속성을 가진 사람에 대해, 같은 특징을 가지고 있다는 생각도 존재합니다. 여성은 기술에 약하다, 특정 기업 출신은 논리적인 생각을 못한다는 등 이미 결론을 낸 후 커뮤니케이션을 취하게 되며, 확증적인 편견과 맞물려 올바른 판단이 불가능해 질 것입니다.

이 외에도 우리 인간에게는 다양한 편견이 존재하며, 무의식 중에 필터링하여 사물을 판단하고 있습니다. 다른 사람과의 커뮤니케이션을 취할 때, 이렇게 필터가 걸릴 수 있다는 가능성이 있음을 고려하여 편견의 영향을 받고 있지 않은지 자문 가능하다면 포용성의 실현이 달성하기 쉬울 것입니다. '긍정적인 의도를 상정할 것'이라는 기본 방침이 중요한 이유는 이러한 이유들 때문입니다.

커뮤니케이션 가이드라인을 설정하여 준수한다

GitLab에서는 커뮤니케이션을 원활하게 진행하기 위해, 자주 나오는 질문이나 주제에 대한 대답을 핸드북에 가이드라인으로써 정리해 두었습니다. 커뮤니케이션에 관한 의문점이나 트러블이 발생한 경우 핸드북을 검색하면 간단히 답을 발견할 수 있습니다. 이에 따라 같은 질문의 반복을 방지하고, 팀의 시간을 빼앗는 것을 방지할 수 있습니다.

■ GitLab이 준비한 커뮤니케이션 가이드라인의 예시

1. 기밀 정보의 취급 방법

2. 이메일/Slack/Google Docs를 활용할 것

3. 회의의 회의록을 남길 것

4. 전사 발표를 할 경우

5. 효과적인 질문을 하는 방법

6. 프레젠테이션 규칙

7. 감사를 표할 때 추천되는 방법

8. 효과적인 경청 방법

9. 사내 각종 인포멀한 커뮤니케이션을 실시하는 방법에 대한 설명

10. 텍스트 작성 가이드라인

11. 추천되는 간단한 표현의 예시

12. 사내/사외 미팅 설정 방법 및 규칙

13. 화상회의 이용 시 규칙

14. 헤드폰의 효과적인 활용 방법

15. 하이브리드 통화의 문제점과 대책

16. 사외 커뮤니케이션 규칙

17. 소셜 미디어를 활용할 시 규칙

18. 유저와의 커뮤니케이션 가이드라인

자신이 답을 찾을 수 있는 상태를 GitLab에서는 셀프 서비스라 지칭하고 있습니다. 해당 가이드라인을 갖추어 셀프 서비스를 기능하기 위한 틀을 준비하여야 합니다.

GitLab에서는 이전 페이지에 열거한 가이드라인을 작성해 두었습니다. 예를 들어 1번의 '기밀 정보의 취급 방법'에서는 어떠한 정보가 기밀 정보에 해당하는지, 어떠한 리스크가 있으며, 어떠한 프로세스를 통해 기밀 정보로써 판단되었

는지 설명되어 있습니다. 기밀 정보를 간단하게 판단하기 위해 GitLab에서는 SAFE 프레임워크라는 것을 준비해 두었습니다. 이에 대해서는 다음 항목에서 자세하게 설명하겠습니다.

2번의 '이메일/Slack/Google Docs를 활용할 것'에는 각종 툴의 활용 규칙이 설명되어 있습니다. Slack의 경우, 공개 채널을 활용하는 방법이나 DM을 피할 것, 다른 사람의 시간을 존중하여 즉각적으로 반응을 요구하지 말 것 등이 기재되어 있습니다.

10번의 '텍스트 작성 가이드라인'에서는 약 30개의 세세한 규칙이 설정되어 있습니다. 표준이 되는 텍스트 포맷을 이용하거나, 각 항을 기재할 때에는 번호를 붙인 리스트를 이용하며, 무언가를 설명할 때에는 참조 가능한 URL을 첨부하는 등, 텍스트 커뮤니케이션에 있어 기본적인 규칙을 설명하고 있습니다.

이렇게 기밀 정보의 취급 방법 및 사외 커뮤니케이션, SNS의 활용, 유저와의 커뮤니케이션 등에 관련된 가이드라인이 상세하게 준비되어 있으며, 필요할 때 언제든 참조 가능하며 직원들에게도 안도감이 생겨 조직으로써도 커뮤니케이션에 의해 발생하는 리스크도 방지할 수 있습니다.

또한 원격 근무 특유의 문제로써 상대의 인터넷 환경이나 설비 문제로 커뮤니케이션이 원활하게 진행되지 않는 문제도 있습니다. 이는 시간도 걸리고 스트레스도 받는 비효율성이며, 질높은 논의를 행하기에 난이도가 높아집니다. 이러한 사태를 방지하기 위해서도, 온라인 회의에 적정한 설비를 구비하거나 피해야할 활용 방법 등을 설명하여, 원활하게 온라인에서 커뮤니케이션을 진행할 수 있도록 해야 합니다.

이러한 커뮤니케이션 규칙도 가치와 동일하게 규칙화된 내용이 실제로 지켜지지 않으면 서서히 기능을 잃게 됩니다. 정해진 규칙이 지켜지지 않는 경우에는 핸드북의 링크를 첨부해 주는 등 제대로 준수할 수 있도록 피드백하도록 합시다.

비공개 정보 관리 방법

커뮤니케이션에 있어 투명성을 지키기 위해, 역설적으로 무엇이 공개되면 안되는지 정의하는 것이 중요합니다. 비공개 정보에 해당하는 것이 명확해진다면, 이에 해당하지 않는 것들을 안심하고 공개하면 됩니다.

GitLab에서는 비공개 정보를 간단하게 판단하기 위해 'SAFE 프레임워크'라는 가이드라인을 작성해 두었습니다 SAFE 프레임워크란 Sensitive(민감한 정보)·Accurate(정확한 정보)·Financial(재무 정보)·Efffect(영향)의 이니셜만 따 왔으며, 다음 페이지에 개제된 그림 같은 플로우 차트를 활용해 확인 가능합니다.

■ SAFE 플로우 차트

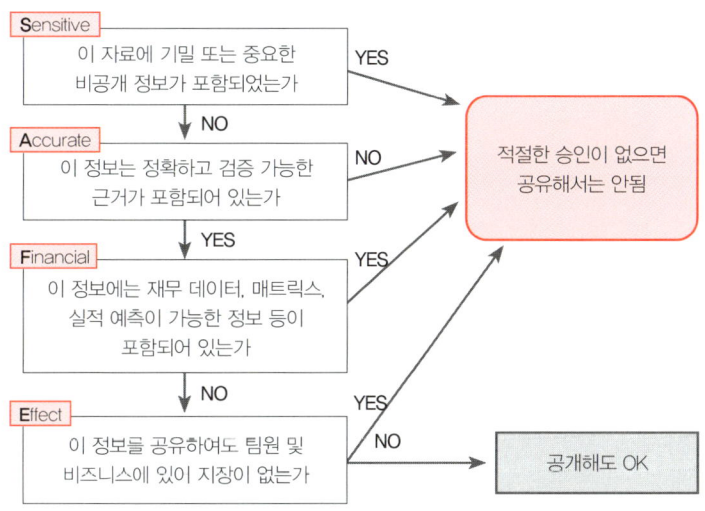

민감한 정보(Sensitive)에 해당하는 것은, GitLab의 사내 한정 핸드북에 기재되어 있는 내용 및 팀원의 퍼포먼스, 재직 기간, 고객과 협력사 정보 등 외부에서 일반적으로 입수할 수 없는 정보가 그 대상입니다. 이 외에도 자본 정책, 큰 거래, 보안 등 팀이나 회사에 직접적인 피해를 줄 수 있는 것들이 민감한 정보로써 취급됩니다.

정확한 정보(Accurate)에 관해서는 애매한 정보나 잘못된 정보를 공개하는 것을 통해 발생하는 혼란이나 신뢰의 상실을 방지하기 위한 기준으로써 기능합니다. 배포되는 정보 중 명확한 근거를 보여줄 수 있는 검증 가능한 참고 문헌이 존재하는지 확인합니다. 또한, 회사의 공식 견해로써 배포하는 것이라면, 스스로 그 정보를 제공할 수 있는 DRI인지, 혹은 DRI의 승인을 받아 배포할 필요가 있습니다.

재무 정보(Financial)는 CFO(최고 재무 책임자)의 승인을 얻지 않고서는 공개할 수 없습니다. 실적이나 공개되어 있지 않은 매트릭스, 실적의 전망 및 예측 등이 이에 해당합니다.

영향(Effective)은 자신이 배포한 정보에 따라 팀원 및 회사에 어떠한 영향을 미치는지 상정하는 것입니다. 정보가 부여하는 메리트과 단점을 비교하여, 정보가 의도하지 않은 내용을 전달하고 있지 않은지를 검토합니다. 판단이 서지 않는 경우에는 Slack의 채널을 통해 상담해야 합니다.

이렇듯 GitLab에서는 사전에 판단할 수 있는 기준을 정해 두고, 소속된 팀원들이 망설이지 않고 정보를 배포할 수 있게 되며, 이에 따라 투명성이 지켜지게 됩니다.

로우 콘텍스트 커뮤니케이션의 최적화

원격 근무 환경에서 고효율의 비동기적 업무를 진행하거나, 다양한 가치관이 존재하는 환경 속에서 원활하게 커뮤니케이션을 취하기 위해 필요한 포인트가 '로우 콘텍스트 커뮤니케이션'입니다. '콘텍스트(Context)'란 문맥이라는 의미를 가집니다. 문맥을 통해 의미를 유추하는 것을 하이 콘텍스트라고 하며, 한국어 등은 눈치를 챙기는 것이 요구되기 쉬운 언어입니다. 이에 대해, 로우 콘텍스트 커뮤니케이션이란 상대방에게 문맥이나 생각을 요구하지 않고, 말 그대로 해석할 수 있는 커뮤니케이션을 지칭하며, 대표적으로 영어나 독일어가 있습니다.

우리 인간은 텍스트에 연관된 경험을 통해 '문맥'을 읽습니다. 이를 디스코스(언설)라 합니다. 예를 들어 1인 경영자의 블랙 기업에 소속되어 있는 사람이 '사장'이라는 단어에서 떠올릴 수 있는 디스코스는 '독재', '조령모개[5]', '공포' 등이 있습니다. 반대로 화이트 기업에서 일하는 사람들은 '사장'이라는 단어에서 유추할 수 있는 디스코스는 '인격자', '온화함', '성실함' 등이 있을 것입니다. 이렇게 동일한 '사장'이라는 단어를 통해서도 떠오르는 의미는 사람들의 경험에 따라 구성된 디스코스에 좌우 된다는 것을 알 수 있습니다.

하이 콘텍스트적인 커뮤니케이션은 같은 디스코스를 공유하고 있는 상대와의 커뮤니케이션을 상정하고 있기 때문에, 서로가 눈치를 가지고 있을 것을 전제로 하고 있습니다. 그러나, 최첨단 원격 근무 기업은 다른 문화에서 다른 삶을 살아온 전혀 다른 디스코스를 가진 사람들이 커뮤니케이션하는 환경입니다.

이러한 환경에서는 눈치가 아니라 다른 디스코스를 가진 사람들 간의 해석의 차이가 발생하지 않도록 로우 콘텍스트가 필요해 지는 것은 당연합니다.

---

5   조령모개(朝令暮改): 사기(史記)의 평준서(平準書)에 나오는 말이며, 직역하면 '아침에 명령을 내렸다가 저녁에 다시 고친다'는 의미. 즉, 법을 자꾸 고쳐 갈피를 잡기 어려움을 의미함

로우 콘텍스트 커뮤니케이션을 실현시키기 위해서는 해석의 여지가 적은 단어를 선택하여, 문맥이 되는 정보를 충분히 설명하여, 문화 차이가 있더라도 동일하게 해석되는 것을 목표로 삼습니다. 즉 로우 콘텍스트 커뮤니케이션이란 '배려'가 키포인트라고 바꿔 말 할 수 있습니다. 전혀 다른 나라에서 자란 10세 아이들에게도 정확한 의도가 전해질 만한 커뮤니케이션을 하면, 누구하고도 협업할 수 있게 됩니다. 상대가 이 문장을 받아들였을 때, 어떻게 느낄지 상상하고, 이해 가능한 문장이나 정보를 이용하는 소통 방식이 로우 콘텍스트 커뮤니케이션입니다.

GitLab의 경우는 로우 콘텍스트 커뮤니케이션을 몸에 익히기 위해 텍스트를 통해서도 효과적인 커뮤니케이션을 할 수 있도록 문서를 정비했습니다. 다음 힌트를 참고하여, 커뮤니케이션의 상대가 '아무것도 모른다'라는 전제를 가지고 커뮤니케이션을 취할 것을 추천합니다. 텍스트 커뮤니케이션을 잘 활용하기 위해 가치의 기본 원칙과의 조합을 설명하며 피드백을 통해 훈련할 수 있도록 해야 합니다.

■ 각국의 언어와 콘텍스트의 관계

미국 네덜란드 핀란드	스페인 이탈리아 싱가포르	이란 중국 일본
오스트레일리아 덴마크 폴란드	브라질 멕시코 프랑스	인도 케냐 한국
캐나다 독일 영국	아르헨티나 러시아	사우디아라비아 인도네시아

◄──►

로우 콘텍스트   **하이 콘텍스트**

로우 콘텍스트
- 엄밀함, 간단함, 명확함
- 메시지는 말 그대로 주고 받을 수 있음
- 메시지를 보낸 사람에게 책임이 큼

하이 콘텍스트
- 섬세함, 함축된 내용이 있음. 다층적
- 암시하는 내용이 많음. 행간(行間)에서 주고받음
- 메시지를 받는 사람에게 책임이 큼

출처: 에린 메이어 (Erin Meyer) '이문화 이해력(The Culture Map), 에이치출판'를 참고하여 집필

로우 콘텍스트 커뮤니케이션을 몸에 익히기 위해, GitLab에서 실제로 텍스트 커뮤니케이션을 활용하기 위한 힌트로써 활용하고 있는 내용을 소개하겠습니다.

● 짧은 문장을 이용할 것

짧은 문장을 이용하여 명료함을 향상시킵니다. 이상적인 것은 한 문장은 15자 미만으로 작성하는 것을 목표로 하여야 합니다.

● 의미가 불명한 관용구는 삭제할 것

예를 들어, 'due to the fact(이러한 사실에 따라)'라는 표현은 'because(~이기 때문에)'로 바꿉니다.

● 형용사를 데이터로 치환할 것

'거의' 또는 '대부분'이라는 표현을 '전체의 95%' 등 구체적인 수치 표현으로 변경합니다.

● 애매한 표현을 삭제할 것

'거의', '대부분' 등 애매한 말은 논점이 흐려지기 때문에 사용하지 않습니다.

● 'So What?'을 확인할 것

문장에는 의미가 있으며, 저자에게 있어 가치나 배움, 의미 있는 정보를 제공하고 있지만, 또한 이것을 얻을 때만큼 충분한 문맥을 제공하고 있는지 확인해야 합니다.

● 부사를 피할 것

부사를 발견 하였다면 삭제하고, 구체화하여야 합니다. 예를 들어 '대량으로 늘었습니다.'를 '구독 회원이 약 300명 추가되었습니다.'로 바꾸는 것입니다.

● 객관성을 가질 것

주관적인 문장에는 사실과 데이터가 결여되어 있기 때문에, 객관적인 시점을 추가합니다. 예를 들어, '이번 수정 내용은 잘 적용된 것 같습니다.'가 아니라, '새로운 접근 수치가 5% 증가로 이어졌습니다.'라는 표현을 이용합니다.

◉ 축약어랑 전문용어를 피할 것

처음 본 사람이 이해할 수 없는 축약어나 전문용어를 피해야 합니다. 예를 들어 'MR'가 아니라 '병합 요청'을 이용합시다.

◉ 주어·동사·목적어를 명확히 할 것

한국어에서는 주어가 애매해 지는 경우가 많기 때문에, 주어·동사·목적어를 명확히 해야 합니다. 누가 무엇을 위해 무엇을 하는 것인지 생략하지 않고 기재할 수 있도록 해야 합니다.

◉ 능동태를 이용할 것

수동태를 이용하면 주어가 애매해지고, 문장도 장황해져 의도한 내용이 전해지지 않을 가능성이 높아집니다. 수동태를 능동태로 바꿔 이용합시다.

◉ 대문자를 사용하여 강조 표현을 사용하지 않는다

대문자만으로 글을 쓰는 것은 큰 소리로 외치고 있는 인상을 주게 되어, 다른 사람에게 위압감을 주게 됩니다.

GitLab에서 실천하는 비동기 커뮤니케이션 방법

최첨단 원격 근무 조직을 실현하기 위해, 효율적인 업무와 일상 생활간의 유연성을 양립하기 위해 비동기 업무 플로우를 익히는 것이 필수입니다. 비동기식과 동기식을 잘 활용하여 원활한 커뮤니케이션을 행하기 위해 GitLab이 실천한 핵심 내용을 소개하겠습니다.

우선, GitLab에 있어 텍스트 커뮤니케이션은 모두 용어로 통일되어 있습니다. 이는 메일이나 채팅은 전송을 해야 하기 때문에 다른 언어를 이용하는 불편함을 줄이기 위함입니다. 채팅 대신 메일을 이용하는 경우 채팅과 동일하게 짧은 메시지를 이용하게 되면 문제가 발생합니다. 또한 다른 사람에게 요청을 할 때, 채팅에서 다른 사람의 작업을 중단시키지 않게 하기 위해 병합 요청이나 Issue를 만드는 것으로 비동기식으로 커뮤니케이션을 우선할 수 있도록 추천됩니다.

병합 요청이나 Issue에 관련된 회의는 다른 업무보다도 우선해서 처리해야 합니다. 어쩔 수 없이 빠르게 답장해야 하는 경우에는 Slack에 링크를 첨부하여 답장을 요구하는 것은 가능하지만, 상대가 바로 답장할 수 없는 경우도 있기 때문에 유의하도록 합시다. 또한, 캘린더에 명시된 근무 시간 외에 메시지를 보낼 때에는, 응답할 필요 없다는 것을 명심합시다.

업무 시간 중에 요청을 받았을 때는, 해당 요청이 얼마나 걸리는지 알려주거나 즉시 완료하여야 합니다. '하겠습니다.', '업무 리스트에 추가해 두었습니다.'라는 기일이 애매한 대답을 하지 않도록 주의해야 합니다. 어느 정도의 기일이 필요한지 전하는 것으로, 요청한 사람이 별도의 방법을 모색할 수 있을지도 모릅니다. 상대가 효율적으로 업무를 취할 수 있도록, 선택지를 제공하는 것입니다.

기본적으로는 비동기 커뮤니케이션으로 진행 가능한 업무는 전부 비동기 방식을 우선시해야 하지만, 어떻게 해서든 결과가 나오지 않는 경우 등, 온라인 회의 등을 통해 상담을 하면 곧장 해결할 수 있는 경우도 있기 때문에, 상황에 따라 적절히 활용하는 것을 추천하고 있습니다.

무언가 질문이 있는 경우에는 Slack의 오픈 채널 및 Issue를 활용하여 질문을 해야 합니다. DM같은 1:1 질문은 피하도록 합시다. 또한 회의를 위해 사적인 채널을 작성하는 것도 금지입니다. 이 이유는, 오픈 채널을 활용하면 많은 사람들이 질문에 답을 줄 수 있으며, 동시에 많은 사람들도 그 결과를 알 수 있기 때문입니다. 다른 사람에게 자유롭게 질문하는 것은 좋지만, 우선 핸드북을 조사하고, 답을 찾지 못한 경우에 핸드북의 링크도 같이 첨부하여 질문하는 것을 추천하고 있습니다. 링크를 보낼 때, 단지 링크의 URL만 보내는 것이 아니라, 설명을 추가하는 등 상대방이 쉽게 상황을 이해할 수 있도록 배려합시다.

질문에 대한 응답 및 새롭게 알게 된 내용, 새로 정해진 규칙 등이 문서화되지 않은 경우에는, 빠르게 병합 요청을 보내 핸드북에 추가합시다. 이를 통해 동일한 질문이 반복되는 것이 없어지게 되고, 조직 전체에 공헌할 수 있게 됩니다. GitLab에 있어 문서화를 진행하는 것은 도움 받은 부분에 대해 최고의 감사를 표하는 방법이라 할 수 있습니다.

온라인 회의의 가이드라인

GitLab에서 동일한 주제를 가지고 비동기식 커뮤니케이션이 세 번 이상 반복되는 경우에는, 동기식 미팅을 진행하도록 추천됩니다. GitLab에서는 사외 커뮤니케이션 및 보안 등의 관점에서 Zoom을 이용하고 있으며, Zoom 플러그인을 이용해 Google 캘린더에 연동하여 활용하고 있습니다.

유의할 사항으로는, 온라인 미팅을 실시하는 경우에는 각각 별개의 PC와 헤드폰을 준비해야 한다는 것입니다. 1대의 PC에 여러 사람이 접속하게 되면 음성과 표정을 명확하게 확인할 수 없으며, 커뮤니케이션에 문제가 발생하기 때문에 가급적 삼가해 주세요. 불필요한 소음을 내는 사람이 있다면, 해당 유저를 mute 처리하는 것을 권해 드립니다.

또한, GitLab에서는 모든 온라인 회의를 YouTube에 녹화하여 공유하고 있습니다. Zoom에는 YouTube의 실시간 공유기능과 연계하는 기능이 있으며, 회의 후에 공유 링크를 회의록에 첨부하여, 나중에 누구든 회의 내용을 참조할 수 있습니다. 녹화와 공유를 위해 YouTube를 활용하는 이유로는 Zoom은 온라인 화상 회의 툴이고 YouTube는 동영상을 시청하기 위한 툴이기 때문입니다.

Zoom의 녹화 기능을 활용하여 Google 드라이브에 보존하는 것보다, YouTube 쪽이 재생 품질, 자막, 섬네일 특정 재생시간으로 이동, 댓글 등 동영상을 활용하는 면에 있어 메리트가 다수 존재합니다. 온라인 회의를 진행할 때, 가능한 영상은 켜 둬야 합니다. 제5장에서 말한 것처럼 GitLab의 경우, 참가자는 회의 중에 회의 이외의 작업에 집중하고 있더라도 문제는 없습니다. 혹시 회의 중 질문에 답을 해 줬으면 하는 상황에는, 필요에 따라 말을 걸면 해결할 수 있습니다. 또한, 전에 말한 것처럼 사내 회의 중에 팀원의 반려동물, 아이들, 파트너, 친구 가족 등이 화면에 비쳐지는 것을 추천하고 있습니다. 만약 가능하다면, 그 사람들이 팀원들에게 손을 흔들며 모국어로 '안녕하세요'라고 말할 수 있도록 요청해 봅시다. 이를 통해 팀원의 친밀도가 향상되어 인간미 있는 추억이 만들어 질 것입니다.

한편, 업무 중 온라인 회의에 적절하지 않은 장면도 있을 것입니다. 비동기적 커뮤니케이션 환경에서 대처하는 경우 시간대를 불문하고 다양한 사람들이 회의에 참가 가능하며, 텍스트는 나중에 검색하기 쉬워집니다. 이 때문에, 보통의 업무 스타일 속에서 비동기적 커뮤니케이션을 취하는 것을 전제로 하며, 필요에 따라 온라인 회의에 유도하는 프로세스를 준비해야 합니다. 비동기적 커뮤니케이션에서 온라인 회의로 유도하는 것은 간단하지만, 온라인 회의를 도중에 끊고 비동기적 커뮤니케이션으로 유도하는 것은 곤란합니다. 주제나 상황을 보며 얻는 게 있으면 잃는 것도 있다는 것을 의식하며 온라인 미팅을 활용합시다.

동기식 회의를 활용하여 비동기 커뮤니케이션을 촉진시키기

신뢰관계를 구축하여 필요한 콘텍스트를 신속하게 공유하는 경우라도, 유용성이 명확한 경우에는 동기적 미팅도 검토해 봐야 합니다. 예를 들어 외부의 상담 및 새로 들어온 팀원과의 첫 회의, 복잡한 문제의 초기 대응, 감정적이고 민감한 주제, 정기적인 1대1 미팅 등은 당연히 동기적으로 진행해야 합니다.

팀원은 근무 시간이나 업무에 집중할 수 있는 시간을 Google 캘린더에 등록해 두고, 비어있는 시간에 초대를 보냅니다. 초대는 적어도 회의 시간 24시간 전에 메일을 통해 안내해야 합니다. 초대 받은 팀원은 가능한 빨리 참가 여부를 전달할 수 있도록 해야 합니다.

모든 회의는 Google Docs를 통해 어젠다가 첨부되어 있어야 합니다. 회의의 주체자는 최초 1~2분 동안에는 요점과 문맥을 요약하여 설명할 수 있지만, 발표에서는 있어서는 안됩니다. 발표를 진행하는 경우, YouTube에 녹화가 종료된 동영상을 작성하고, 회의까지 동영상에 집중할 수 있도록 해야 합니다. 질문이 있는 경우, 사전에 어젠다에 질문을 기재해 둡시다.

회의는 상담이 아니기 때문에, 구체적인 내용을 담아서 신청하도록 합시다. 관련된 정보는 링크를 통해 준비하고, 검색 및 질문 시간을 낭비하지 않도록 주의합시다. 회의에서 이야기 된 내용은 회의록으로써 기록되어 있는지 확인하여야 합니다. 민감한 화제에 대해서는 불필요한 억측 및 트러블을 피하기 위해 신중하게 메모를 남기지 않으면 안됩니다. 이 때에는 SAFE 프레임 워크를 이용하여, 적절한 채널에서 상담을 진행하여야 합니다. 회의록을 남기고 싶지 않은 경우, 기록을 멈출 수 있도록 요청할 필요가 있습니다.

문서의 힘을 극대화하기

GitLab에서는 철저하게 문서화를 하기 위해 '좋은 기억력도 흐릿한 필기 하나만 못하다.'라는 표어를 들고 있습니다. 이 말은 인간의 기억은 애매하기 때문에, 아무리 명료하게 기억에 남겨 두었다 하더라도, 기록해두는 편이 신뢰성이 높고 유용하다는 의미를 가지고 있습니다. 더욱이 정확할 뿐 아니라 기재되어 있는 것은 링크를 통해 다른 사람하고 간단하게 공유할 수 있고, 확장성도 가지고 있습니다. 질문에 대한 응답도 간단하지만, 질문은 상대의 시간을 빼앗기 때문에, 언제든 질문이 가능한 건 아닙니다. 효율적인 비동기 업무 플로우를 구현하기 위해서는, 다양한 정보를 철저하게 문서화하여, 링크를 공유함으로써 커뮤니케이션을 취할 수 있도록 할 필요가 있습니다. 새로운 정보를 문서화하여 축적해 가면 언제 어디서든 누구라도 효율적으로 문제 해결이 가능해 집니다.

또한, 핸드북 퍼스트를 가능하게 만들기 위해서는, 핸드북이 '신뢰할 수 있는 유일한 정보처(SSoT)'여야 할 필요가 있습니다. SSoT는 정보 시스템 설계를 통해 발생한 개념이며, 데이터 소스를 한 곳에 집약하여 모든 사람들이 동일한 데이터를 기반으로 의사 결정을 진행하는 것을 목적으로 하고 있습니다. SSoT에 의해, 낡은 정보와 잘못된 정보에 의한 견해 차이가 발생하지 않게 되고, 필요한 정보를 찾을 때에도 1곳만 탐색하여도 발견할 수 있게 됩니다.

추가로 주의할 사항으로써, 불문율을 만들어서는 안됩니다.즉, 문서화되어 있지 않은 암묵적인 규칙을 허용하게 되면, 정치 및 권력을 통해 자의적으로 업무를 결정하게 됩니다. 문서화되어 있지 않은 프로세스가 있다면 핸드북에 기재하고, 규칙이 지켜지고 있지 않다면 링크를 첨부하여 준수할 수 있도록 엄숙하게 요청해야 합니다.

제7 장

원격 근무 조직에서의
온보딩의 중요성

최근에는 신입 사원에게 '온보딩'을 실시하는 기업이 늘고 있습니다. 온보딩이란 신입 사원을 받고, 정착·전력화하기 위한 각종 프로그램을 의미합니다.

경력직 사원은 즉전력이기 때문에 서포트하지 않아도 좋다는 생각은 잘못된 생각이며, 즉전력이기 때문에 관계성 구축 및 퍼포먼스를 올리기 위한 서포트가 필요하다는 것이 상식이 되어 있습니다.

2020년에 실시된 엔 재팬과 코우난 대학의 공동연구에 의하면 온보딩에 힘을 싣고 있는 기업일수록 신입 사원의 '정착률과 퍼포먼스'가 높으며, 입사 후 활약성과 조기퇴직을 방지효과가 있다는 것이 확인되었습니다. 모처럼, 힘들게 신입 사원을 채용하였는데도, 입사 후 활약하지 못하고, 조기 퇴직해 버린다면 다른 사람들도 불행할 것입니다. 인재가 기업의 경쟁력을 좌우하며 우수한 인재 채용이 곤란한 상황에 놓여 있을 수록, 온보딩을 통한 정착화, 퍼포먼스 향상은 존재감을 증폭시킬 수 있습니다.

또한, 사무실에서 직접적으로 동료와 얼굴을 마주하지 않는 원격 근무 조직이기 때문에, 안심하고 퍼포먼스를 발휘할 수 있도록 팀에 받아들여 고독감을 느끼지 않도록 하는 것이 온보딩의 중요한 역할입니다.

GitLab에서는 입사 전부터 입사 후 4주간에 걸쳐 구체적인 행동 스케줄을 온보딩 프로세스로써 템플릿화시켜 두었으며, 망설임 없이 착수할 수 있게 되어 있습니다. 게다가 각종 수업을 이수하고 테스트에 합격해야 수료를 인정받을 수 있습니다. 이에 따라 올바르게 이해하고 있는 정보의 진척 사항을 관리할 수 있고, 빠짐없이 지식을 자신의 것으로 만들 수 있습니다.

Ta-New-Ki Welcome Call

GitLab에서는 입사 예정자에게 'Ta-New-Ki Welcome Call'이라는 명칭의 온라인 회의를 통해 팀원들과 만날 수 있는 기회를 준비 해 두었습니다. 이에 따라 입사하기 전부터 팀원들과 교류할 기회를 제공받게 되며, 입사 예정자가 가지고 있는 각종 의문에 답신을 함으로써 안심하고 입사할 수 있게 됩니다. 이 독특한 명칭은 GitLab의 로고인 너구리(일본어로 타누키)에 신입 사원을 추가하여 이름 지은 것입니다. 이러한 Welcome call은 다른 시간대에 있는 멤버들도 있다는 것을 상정하여, 입사할 때까지 시간을 늘려 2번 진행합니다.

Welcome Call의 아젠다는 입사 첫날의 온보딩 프로세스 확인부터 시작되며, 팀원들과의 자기소개와 교류회를 통해 진행됩니다. 신입 사원에게는 스스로 검색하여, 학습하는 자세가 요구된다고 설명하고, 이를 실천하기 위한 방법 등을 알려줍니다. 마지막으로 신입 사원이 가지고 있는 의문사항이나 불안한 요소 등 각종 질문에 대해 진지하게 답변하는 흐름으로 진행됩니다.

이러한 프로세스를 통해 입사 전부터 관계성을 구축하여, 곤란할 때에는 가볍게 도움을 요청할 수 있도록 환영하는 분위기임을 알려주게 됩니다. 줄임말의 리스트나 비품 구입의 흐름, Q&A 등이 적혀있는 Ta-New-Ki를 위한 가이드도 링크를 통해 공유하며 순조로운 온보딩이 진행될 수 있게 합시다.

온보딩 버디의 중요성

신입 사원이 입사하는 팀의 매니저는 온보딩 버디(파트너)를 임명할 것입니다. 신입 사원은 큰 기대와 불안을 안고 입사합니다. GitLab은 올 리모트 조직이기 때문에, 이러한 환경에 익숙하지 않은 사람들에게는 익숙해지기 위한 제약

조건이 높을 수도 있습니다. 파트너는 신입 사원이 조직에 익숙해지기 위한 프로세스를 긍정적인 경험을 하기 위한 중요한 부분으로 삼고 있습니다.

우선 파트너는 신입 사원을 데리고 다른 팀원들과 커피를 마시면서 잡담을 하는 1대1 대면을 하는 스케줄을 가지며, 팀원과 같이 환영하는 분위기를 만드는 것입니다. 가능하다면 파트너와의 일대일 면담을 입사 첫날의 퇴근시간에 가까운 시간에 설정하면 신입 사원이 첫 온보딩을 경험하며 가진 의문점을 털어놓으며, 이러한 불안을 완화시키는 것도 가능합니다.

파트너는 신입 사원의 온보딩 프로세스의 진척 상황을 항상 확인하여야 하며, 고민하는 것처럼 보인다거나, 잘되지 않는 경우에는 신입 사원에게 조언이나 주변에 요청하여 서포트를 진행해야 합니다. 핸드북 내에서 자주 사용되는 페이지를 알려주거나, Slack 채널에서 자기소개를 보완하는 것으로 팀에 적응할 수 있도록 지원합시다. 혹여, 신입 사원이 전문적인 지식을 필요하는 상황과 조우하여 곤란해 하거나 도움이 필요한 경우에는 사내 전문가를 소개하여 질문에 대한 답을 얻을 수 있도록 하는 것도 중요합니다.

많은 경우, 신입 사원에게 있어 파트너가 가장 처음 신뢰할 수 있는 팀원이 됩니다. 때문에, 파트너는 처음 1주일동안 최소 2번은 터놓고 이야기할 기회를 만들도록 해야 합니다. 1달정도는 정기적으로 이러한 기회를 설정하여 세세한 변화도 포착할 수 있도록 하며, 이후에는 어느 정도의 빈도로 상황을 확인하면 좋을지 신입 사원에게 희망하는 빈도를 들으며 조정해 나가는 것도 좋습니다.

온보딩 기간의 기준과 피드백

신입 사원은 새로운 환경에서 가능한 빠르게 활약하고 싶다고 생각하겠지만, 입사 후 바로 활약하는 것은 간단한 이야기가 아닙니다. Google의 전 인사 관리장에 재직했던 라슬로 보크(Laszlo Bock)는 '구글의 아침은 자유가 시작된다.(도요케이자이신문사)'에 의하면 Google의 신입 사원(Noogler[6])가 일반적인 사원과 동일한 퍼포먼스를 발휘할 수 있게 될 때까지 약 9개월이라는 기간이 걸린다고 설명하고 있습니다. 특히 소프트웨어 개발 기업 등에서 이런 현상이 현저하게 나타나는데, 이는 성과를 내기 위해 특정한 전문 지식이나 재능만으로 완결시키는 개인 작업은 저고, 팀과의 협업 및 도메인 지식을 획득해야 되기 때문입니다.

■ 연차에 따른 기능 레벨과 최적화 레벨의 차이 확대

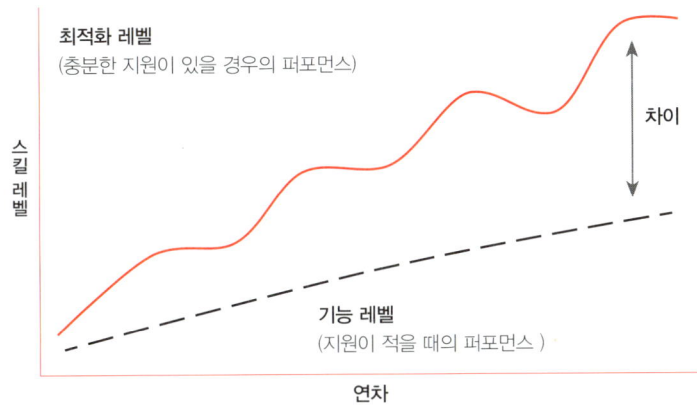

출처: 커트 W 피셔 'Dynamic cycles of cognitive and brain development: Measuring growth in mind, brain, and education'을 기반으로 작성

---

6 누글러 (Noogler): 구글의 신입 사원. 스펠링은 Google의 Goo를 흉내내서 Noo라고만 적어 둠

또한, 전 하버드 교육대학원 교수, 커트 W. 피셔(Kurt W. Fischer)는 동적 기술 이론(dynamic skill theory) 중, 목표를 향해 혼자 힘으로 성과를 내는 퍼포먼스 레벨을 '기능(Functional) 레벨', 다른 사람 및 환경의 협력이 있어야 발휘할 수 있는 최고도의 퍼포먼스 레벨을 '최적화(Optimal) 레벨'이라 분류하였습니다. 다음 페이지의 그림과 같이, 경력을 거치면서 높은 레벨의 스킬이 요구될수록, 퍼포먼스를 발휘하기 위해 주변으로부터의 지원이 중요해진다는 것을 알 수 있습니다.

높은 퍼포먼스가 요구되거나, 많은 관계자를 투입시킬 수 있는 영향력이 높은 자리일수록 주변의 서포트 없이 퍼포먼스를 발휘할 수 없습니다. 즉전력이 될 수 있는 인재를 채용한 기업이라 하더라도, 채용한 경력 사원을 바로 중요한 포지션에 배치하는 경우가 있습니다. 이러한 기업에서는, 곁눈질로 본 것만으로 혼자서 활약하기를 기대하지만, 중요한 포지션이기 때문에 퍼포먼스를 발휘하기 위해서는 주변사람들의 지원이 필요합니다.

또한 이전에 라슬로의 조사에 따르면, 다음 페이지에 기재한 그림에 있는 것처럼, 퍼포먼스와 기대에 대한 활발한 피드백을 요청한 Google의 사원의 경우 퍼포먼스 향상이 빠르고, 신속하게 전력화되었습니다. 이러한 사실을 신입 사원에게 전하고, 피드백을 요청하는 것을 재촉하면서 파트너나 매니저는 기대 및 퍼포먼스, 지원을 주(週) 단위로 성실히 피드백을 진행함으로써 신입 사원이 빠르게 전력화되어 회사 내에서 성공을 이룰 수 있게 됩니다.

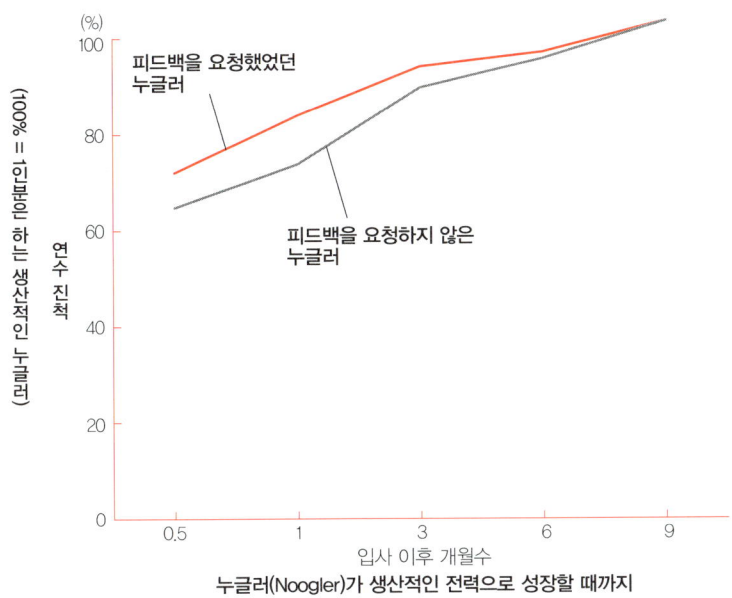

누글러(Noogler)가 생산적인 전력으로 성장할 때까지

출처: 라슬로 보크 '구글의 아침은 자유가 시작된다.' (도요 케이자이 신문사)

GitLab이 운영하는 입사 후 온보딩 프로세스

여기까지 온보딩의 중요성과 OJT이라는 명목으로 익숙해지라는 말만으로 신입 사원을 전력화하기에는 충분하지 않다고 설명했습니다. 이에 따라, 온보딩이 중요하다고 느끼는 사람도 있을 수 있습니다. 그러나 아무리 온보딩을 정비하려고 생각하더라도, 어디서부터 손을 대야 좋을지 망설이는 경우도 있다 생각합니다.

참고로 GitLab이 실제로 신입 사원의 온보딩을 어떤 스케줄로 실시하고 있는지를 소개하겠습니다. GitLab의 방법을 모방해서 온보딩 프로그램을 정비하여, 각 회사의 상황에 맞게 창의적으로 공부하여 신입 사원이 활약 가능한 상황을 정비해 보도록 합시다.

1일차: 계정 발급과 작업 환경 구축

첫날은 작업 환경을 준비합니다. Slack이나 인사 시스템, Zoom 등 각종 계정을 작성하고, 2차 인증을 설정하며, 비밀번호 관리 서비스의 도입 등을 진행합니다. Slack의 프로필이나 Google 캘린더도 설정해 줍니다.

2일차: 원격 근무의 기반이 되는 GitLab Value 확인

2일차에는 원격 근무에 관련된 핸드북을 읽으며, 올 리모트와 커뮤니케이션의 기본적인 규칙을 익힙니다. 신입 사원이 실제로 업무를 진행하는 물리적인 작업 환경을 정비하기 위해 비품이나 각종 준비를 진행합니다. GitLab Value에 대해 학습하고, 시험에 합격하면 인정받게 됩니다.

3일차: 보안설정과 컴플라이언스 확인

3일차는 보안설정 및 컴플라이언스 정책 확인 등을 진행합니다.

4일차: 커뮤니티와 복리후생의 확인

4일차에는 조직도를 확인하며, 팀원들을 확인합니다. 다양한 팀원들과 커피챗을 스케줄러에 등록합니다. GitLab의 프로필을 갱신하여, 각종 SNS와 연계하는 것을 검토합니다. 사내 전용 동영상을 시청하기 위해 YouTube 채널 초대를 받도록 합니다. 각종 복리후생과 휴가의 규칙을 확인합니다. 정신 건강의 기본적인 지식의 학습도 진행합니다. 보수, 급여, 경비에 관한 규칙을 배웁니다.

5일차: Git의 사용 방법

5일차에는 Git과 GitLab의 기본적인 사용 방법에 익숙해집니다. 팀의 페이지에 자신의 프로필을 추가하며 실제 경험을 통해 조작에 익숙해집니다.

기타 사항

핸드북을 분석하며 GitLab의 능력 개발이나 OKR, GitLab의 제품 정보 등을 배워 갑니다. 1개월 안에 온보딩 만족도 조사에 응답하며, 온보딩 프로그램을 개선하여 보다 좋게 하기 위한 기회를 제공합니다.

제8 장

심리적 안정성 형성

심리적 안정성(Psychological Safety)이란 에이미 에드먼슨(Amy C. Edmondson)이 정의한 '팀의 다른 멤버가 자신이 발언한 내용을 거절하거나, 처벌하지 않는다는 확신할 수 있는 상태'를 지칭합니다. Google이 퍼포먼스가 높은 팀을 분석한 결과, 퍼포먼스가 높은 팀에는 심리적 안정성이 높다는 공통점이 발견되었다는 연구가 있다는건 유명합니다.

Google이 조직을 만드는 힌트를 공개하고 있는 're:Work'라고 하는 웹사이트에 의하면, 아래의 그림처럼 팀에 효과에 영향을 주는 요인 중에서도 가장 중요한 것이 심리적 안정성이라고 설명하고 있습니다.

■ 팀의 효과에 영향을 미치는 요인

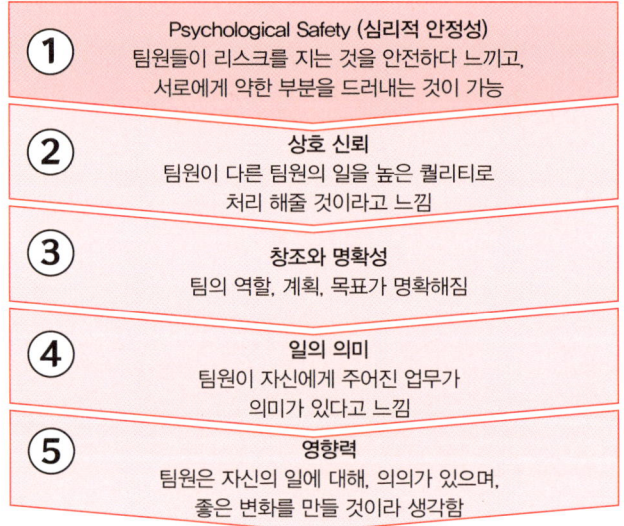

출처: Google re:Work
URL: https://rework.withgoogle.com/jp/guides/understanding-team-effectiveness/
#identify-dynamics-of-effective-teams

Google의 조사에 의하면 심리적 안정성이 높은 팀원은 이직률이 낮고, 타 팀원과의 협업이 가능하며 매니저가 봐도 효율 좋게 일하고 있다 평가됩니다.

GitLab에서는 **효율이 좋은 협업을 하기 위해 심리적 안정성을 증진시키려 노력하고 있습니다.**

흔히 오해되지만, 심리적 안전성이란 '편히 지내는 것'을 뜻하는 게 아닙니다. 어떤 발언이나 행동을 하더라도 '무시·무능·방해·부정적'이라고 취급되지 않을 것이라고 믿을 수 있는 상태를 말하며, 그와 동시에 높은 성과에 대한 책임은 요구됩니다. 즉, 심리적 안전성이 높은 상태와 높은 수준의 일을 추구하는 책임은 양립합니다.

에드먼슨에 의하면 심리적 안전성과 높은 목표를 향한 설명 책임의 관계를 아래 그림처럼 처럼 나타냅니다. 두 수준이 모두 높은 상태는 '학습 존 (Learning Zone)'이라 부르며, 이때 팀은 성과를 내기 위해 새로운 아이디어와 도전에 적극적으로 나서고, 팀의 퍼포먼스가 최고 수준에 이르게 됩니다.

■ 심리적 안정성과 높은 목표에 대한 설명책임의 관계

GitLab과 같은 완전한 원격 근무 조직에서 **심리적 안정성을 어느 정도까지 구축해 갈 것인가**를 이번 장에서 확인합시다.

심리적 안정성을 만들어 내는 7가지 방법

심리적 안정성과 목표에 대한 책임을 양립하기 위해서는 어떻게 해야 할까요? 목표를 향해 자율적인 챌린지가 발생하고, 높은 퍼포먼스로 이어지는 모습은 감각적으로도 이미지화 하기 쉽다고 생각합니다. 그렇다면, 어떻게 심리적 안정성을 만들어야 할까요?

심리적 안정성을 증진시키기 위해서는 팀원이 조직에 소속되어 어떤 발언이나 행동을 취하더라도 '무지, 무능, 방해꾼, 부정적'이라 취급받지 않는다는 경험을 통해 확신을 가질 수 있도록 할 필요가 있습니다. 이러한 상황을 만들기 위해 GitLab에서는 다음의 7가지 방법을 이용하여 심리적 안정성의 구축을 촉진시키고 있습니다.

① 황금 비율을 깰 것

서구권에서는 '자신이 해 줬으면 행위를 타인에게 실시할 것'이라는 행동 규범을 황금 비율이라 합니다. 심리적 안정성을 구축하기 위해서는 황금 비율이 아니라 '다른 사람이 해 줬으면 하는 행동을 다른 사람을 위해 할 것'이라는 관점이 중요합니다. 자신의 주관이 아닌 다른 사람에 대해 깊게 이해하고 무엇을 원하는지를 상상하는 것이 필요합니다.

② 호기심을 환영할 것

호기심을 키우면 창조성이 늘며, 새로운 발견이나 변화에 대응할 수 있게 됩니다. 호기심을 자극하는 행동을 하는 팀원을 보게 되면 칭찬하고 자기 자신도 호기심을 가질 수 있도록 합시다.

③ 건전한 컨플릭트(Conflict)를 촉진할 것

심리적 안정성은 자신이 위험하지 않다고 느끼는 감각이라고 설명하였지만 컨플릭트(충돌)을 하지 않으면 실은 필요가 없습니다. 그러므로 필요한 충돌을 하기 위해서는 심리적 안정성이 필요한 것입니다. 심리적 안정성이 있다면, 누가 올바른가하는 문제가 아닌, 팀 공통의 목적을 위해 무엇이 타당한 것인지 건전하게 생각할 수 있게 됩니다. 논의가 끝나면 논의를 같이 하던 2명도 밝게 어깨동무 하며 '사람'과 '일을' 구분하는 것이 중요합니다. '사람'과 '일'을 구분하는 경험이 충돌을 하더라도 리스크가 없다고 느껴지며 심리적 안정성으로도 이어질 것입니다.

④ 직원에게 발언권을 부여할 것

너무 엄격한 규칙은 팀원의 자유로운 의견을 봉인하게 됩니다. 의사 결정자에게 팀원의 목소리를 자유롭게 전달하는 채널을 제공하여, 대화할 것을 추천합니다. 상향식 커뮤니케이션(Bottom up communication)은 조직이 배우고, 성공하기 위한 중요한 소스가 될 가능성이 있습니다. 팀장이 팀원의 목소리를 적극적으로 요청하는 자세를 보여, 팀원들은 의견을 나누기를 도전하고 문제나 개선의 기회를 특정하여 조직을 성장시키기 위한 아이디어를 제공할 수 있습니다.

⑤ 신뢰를 얻어 확대할 것

에드먼슨의 연구에서는 심리적 안정성은 신뢰를 통해 구축할 수 있다고 기재되어 있습니다. Google의 조사에서도 완벽한 팀은 신뢰가 필수불가결하다고 알려져 있습니다. 팀 내에서도 서로에 대한 신뢰의 중요성을 이해하고, 그것을 존중하면서 유지하여 다른 사람에게 모범을 보이지 않으면 안됩니다.

⑥ 효율뿐만 아니라 유효성도 촉진할 것

팀장은 팀원을 효율성을 추구하는 톱니바퀴처럼 대하지 않고, 안전한 환경 속에 놓여진 유능한 일원으로써 취급하지 않으면 안됩니다. 안심감을 가진 팀원은 많은 시간과 에너지를 사내정치나 변명에 이용하는 것이 아니라 조직에 보다 공헌하기 위해 집중할 수 있게 될 것입니다.

⑦ 창조성에 대해 다른 사고방식을 취할 것

창조성이라 하는 일부의 천재적인 번뜩임이 모든 것을 해결할 수 있는 인상을 가지고 있지만, 다른 시점에서 보면 창조성에 대한 접근에는 심리적 안정성이 필요합니다. 예를 들어 '토이 스토리' 등으로 알려진 애니메이션 스튜디오인 픽사는 미완성 작품을 안심하고 공유하여, 팀에 자극을 주며 더욱 발전시키는 것으로 창조성을 발휘할 수 있도록 해 왔습니다. 완벽주의를 버리고, 하나의 아이디어를 고집하지 않고 보다 좋은 것을 모두의 힘으로 목표하며 신뢰와 개방성을 손에 넣을 수 있게 됩니다.

동의하지 않는다, 기여한다, 동의하지 않는다

GitLab Value 중 하나인 '성과(Result)'의 구체적인 행동으로써 설명한 '동의하지 않는다, 기여한다, 동의하지 않는다'라는 말은 익숙하지 않은 이미지일지도 모릅니다. 그러나, 이 개념은 심리적 안정성을 만들어내고, 올바르게 이해함과 동시에 조직 내에 침투시킬 수 있는 중요한 포인트입니다.

Google의 엔지니어가 효과적으로 팀을 만들기 위해 작성한 'Team Geek'에는 '(프로그래밍의)코드를 비판하더라도, 너 자신을 비판해서는 안된다'라는 말이 나옵니다. 자신의 의견이나 성과물이 비판받으면 자신의 인격까지 비판받은 기분이 드는 것도 이해가 됩니다. 게다가 상사와 부하의 관계는 더욱 복잡할 수 있습니다. 상사의 의견에 부하가 비판을 하면, 아무리 부하의 지적이 올바르더라도 상사의 원망을 살 가능성이 있습니다.

이렇게 '의견 및 성과물'이 '인격'과 겹쳐지는 환경 속에서는 올바른 의사 결정을 실현할 수 없습니다. 의견과 성과물이 객관적인 시점에서 공정하게 판단되어야 하며, 이는 개인의 인격과 다른 차원에서 논의되지 않으면 안됩니다.

GitLab에서는 올바른 의사 결정을 하기 위해 객관적인 논의를 거쳐, 의견이 취합된 이후에는 의견이 갈리는 상황이더라도 DRI가 결론을 내야 합니다. 아무리 반대 의견을 가진 사람이라 하더라도, 결정된 사항이라면 실행되어야 하며, 검증을 통해 명확해진 것이야 말로 올바른 사실이기 때문에, 혹시 잘못되어 있다면 다음에는 다른 방식으로 테스트해 보는 것이 좋습니다. 여기에는 사람의 우열 및 원한 등의 감정은 들어가서는 안됩니다. 의논할 때에는 철저하게 건설적인 대화를 주고받으며, 결론이 나왔을 때 아무리 시끄러운 논의라 할지라도 가볍게 취미 이야기라도 하며 웃어 넘기는 것입니다.

GitLab에서 DRI를 채용하는 이유는 이 의사 결정자를 확실히 하기 위함입니다. 혹시, DRI가 타협하지 않은 의사 결정을 진행하기 위해서라면 개선을 요구하고, 그럼에도 변함이 없다면 DRI를 교체하는 것도 해결 방법입니다.

이러한 커뮤니케이션이 당연하게 이루어지면 스스럼 없이 의견을 말하는 것이 가능해지며, 불안을 느끼지 않고 의논이 가능합니다.

긍정적인 의도라고 상정하기

GitLab Value에 있어 협업의 구체적인 행동으로써 설명한 '긍정적인 의도를 상정할 것'이라는 지침도 심리적 안정성을 구축하는데 있어 중요한 역할을 담당하고 있습니다.

무의식적 편견 항목에서 설명한 대로, 인간의 두뇌는 무의식적인 편견을 걸어버립니다. 자신의 실패는 자신 이외의 요인에 있다고 느끼고, 타인의 실패는 당사자에게 원인이 있다고 느끼는 것은 당연스러운 반응입니다. 이러한 경향을 의식하지 않으면 다른사람이 무엇을 실패하였는지, 문제에 대응하지 않은 상태를 발견하게 되면, 결국 비난하거나 원인으로 취급하고 싶어집니다.

이처럼 모든 원인이 상대에게 있다고 결정짓고 질책하는 커뮤니케이션을 취하는 환경에서는 심리적 안정성을 구축할 수 없을 것입니다. 이러한 편견의 회피가 '긍정적인 의도를 상정할 것'이라는 항목이 필요한 이유입니다. 공정하게 만물을 판정하기 위해서는 우선 '상대가 최선을 다했다.'는 것을 전제로 이야기를 시작해야 합니다. 상대와 동일한 시선에 서서 원인 및 대책을 논의한 다음에는 상대방은 질책당하고 있다는 느낌이 들기 어려워지며, 건설적으로 의논을 진행할 수 있게 됩니다.

자신의 상황을 올바르게 이해하고 있다고 인식된다면, 원인이 자신에게 있다 하더라도 잘못을 쉽게 인정할 수 있게 되며, 이 실패를 만회하기 위해 긍정적으로 공부할 수 있게 될지도 모릅니다.

이러한 대응을 하지 않고 상대를 질책하기만 하면, 실수를 하더라도 숨기기에 급급하고, 얼굴 색을 살피기 때문에 본질적이지 않은 개선책으로 이어질 가능성이 있습니다. 이는 결과적으로 큰 문제로 이어지거나, 보다 향상되기 위한 학습의 기회를 잃어버리게 될 것입니다.

불확실한 상황에 있어서, 실수 또는 잘되지 않는 원인을 정확하게 발견하여 학습하고, 대책을 세우며 앞으로 나아갈 필요가 있습니다. 팀이 '긍정적인 의도를 상정해 주었다'라는 확신은 이러한 학습의 기회를 최대화시켜 줄 것입니다.

심리적 안정성을 유지하면서 피드백하는 방법

대부분의 인간의 경우, 주변의 반응을 보고 상대적으로 사물을 판단해 버립니다. 제품이나 서비스가 정확한지 어떤지 실제 유저의 반응을 보고 판단할 수밖에 없듯이 업무의 퍼포먼스도 같은 업무를 하고있는 팀원의 반응으로 판단할 수 밖에 없습니다. 팀으로부터 제공받은 피드백이 승인 및 칭찬의 긍정적인 피드백이라면 아무런 문제가 없습니다. 그러나, 개선이 요구되는 피드백은 누구든 기분이 좋지 않을 것입니다. 사람에 따라 잠들지 못할 정도로 괴로울 수도 있습니다.

이는 앞에서 설명한 대로, 인간은 긍정적인 감정보다 부정적인 감정에 6배 강하게 반응하게 되는 인간의 특성과 연관되어 있습니다. 퍼포먼스를 개선하기 위해서는 부정적인 피드백을 마주하여 이를 받아들이며 상처입게 되는 상반되는 주제에 대해서 메리트를 극대화하여 단점을 최소화하기 위한 피드백 방법을 공부할 필요가 있습니다.

GitLab에서는 피드백을 효과적으로 전달하기 위해 피드백을 보내는 사람이 몇가지 공부를 하고 있습니다. 대전제로 필요한 것은 부정적인 피드백을 보내기 전에 일상적으로 긍정적인 피드백 및 인간미가 있는 커뮤니케이션을 취해 좋은 관계성을 구축하는 것입니다. 평상시 자신이 일하고 있는 모습을 잘 봐주고 있다는 신뢰가 있는 상대부터 피드백을 진행한다면 아무리 부정적인 내용이라 하더라도 솔직하게 받아들일 가능성이 높습니다. 물론 피드백을 보내는 측도 받는 측도 서로가 긍정적인 의도를 상정하는 것도 잊지 않아야 합니다.

다음으로 피드백을 할 때에는 'SBI 모델'을 활용합니다. SBI 모델이란 '상황(Situation)—행동(Behavior)—영향(Impact)'을 조합하여 전달하는 방법입니다. 예를 들어 '이번주 월요일의 영업회의에서는 당신이 A씨의 발언에 대해 반응을 할 때(S), 당신은 팔짱을 끼며 모두의 앞에서 A씨에게 "어째서 이런 것도 못하는거야?"라는 발언을 했습니다.(B) 실패를 모두들 앞에서 질책하면, 다른 사람이 문제를 표명하기 어려워지고, 개선의 기회나 리스크를 깨닫지 못하게 됩니다.(I)'라는 형태로 활용할 수 있습니다.

상황(Situation)이란 언제 어떤 상황에서 일어난 행동인지, 시간과 장소를 명확하게 특정하는 것입니다. 이를 애매하게 잡으면 사실에 입각한 피드백이 아니라 일반적인 피드백이 되어버립니다. 일반적인 피드백은 개선으로 이어지지 않고, 지적 받은 입장에서도 납득하기 어렵습니다. 행동(Behavior)은 실제로 한 구체적인 사실입니다. '무섭다'던가 '짜증난다'는 구체적인 사실이 아닙니다. 의견이나 판단이 들어가지 않도록 주의해야 합니다. 영향력(Impact)에서는 이를 통해 팀이나 다른 사람에게 어떤 경험이나 감정을 가지게 되는 결과가 되었다는 것을 설명합니다. 영향력에 관한 설명할 때에는 결정짓는 표현이 아니라 '자신은 이렇게 느꼈다', '난 이렇게 보였다'같이 개인으로써 견해를 전해야 합니다.

이러한 피드백을 전한 뒤, 대응에 대해서는 본인에게 공을 맡깁니다. 아무래도 상대를 질책하지 않고 상대를 좋은 방향으로 이끌고 싶다는 심정을 담아 커뮤니케이션을 하는 것이 중요합니다. 이렇게 SBI 모델을 이용하면 가능한한 객관적인 사실을 기반으로 피드백이 가능해 질 것입니다. 더욱이 SBI 모델은 부정적인 피드백이 아니라 긍정적인 피드백으로 보다 효과적으로 활용 가능합니다. 사실 기반으로 칭찬 받는 편이 실감될 수 있으며, 겉치레가 아닌 기분이 담긴 피드백이라고 느낄 것입니다.

마지막으로 특히 부정적인 피드백은 문서로 남겨두는 것이 중요합니다. 피드백을 하는 사람과 받는 사람 모두가 접근 가능한 문서에 기록해 두고, 사실 기반으로 논의해 갑니다. 개선할 부분을 합의할 수 있는 경우, 어떠한 행동을 취할 수 있는지 구체적인 내용도 문서로 남겨두고, 정기적으로 살펴보며 확인하는 것으로 쉽게 변화할 수 있습니다.

여기까지 주로 피드백을 주는 사람이 배워야 할 점을 설명해 왔지만, 피드백을 효과적으로 기능하기 위해서는 피드백을 받는 사람도 트레이닝이 필요합니다. 예를 들어 부정적인 피드백을 받았을 경우 누구든 기분이 좋지 않겠지만, 말하는 입장에서도 개선했으면 해서 피드백을 해 준 것입니다. 이 피드백을 긍정적인 의도가 담겨 있음을 잊지 않아야 할 필요가 있습니다.

다음으로 자신의 해석과 다른 견해나 구체적인 내용이 결여된 설명을 들었을 때, 경의를 담아 질문하고, 서로의 해석에 차이가 있었음을 명확히 합니다. 서로의 견해가 이해된다면 '열심히 개선하겠습니다.' 등의 기분을 나타내지 말고, 구체적인 행동으로써 무엇을 해야 할 지 문서로 남깁니다. 피드백을 받는 사람은 자신의 해석이나 호불호는 일단 제쳐두고 본인이 보다 더 향상될 수 있는 기회를 얻었다 생각하고 구체적인 행동을 취해야 합니다. 마지막으로 피드백을 받은 것에 대해, 자신에게 관심을 가져 준 것 또는 개선하기 위한 기회를 부여해 준 것에 대해 감사를 보여야 합니다.

피드백은 선전한 업무 환경을 정비하며, 개인을 성장시키기 위한 필수 불가결한 행동이지만, 보다 효과적으로 기능하기 위해서는 타이밍과 상황을 의식하는 것이 중요합니다. 예를 들어 피드백의 타이밍은 피드백할만한 사건이 일어난 후 가능한 빠르게 전달하지 않으면 안됩니다. 회사에 따라 3개월에 1번 있는 평가 시간에 피드백을 진행하고 있을지 모르지만, 이걸로는 늦습니다. 받아들이는 입장도 이런 일이 있었는지 기억이 애매해지고, 즉시 말해 주는 편이 개선의 기회도 빠릅니다. 상황의 경우 긍정적인 피드백은 가능한 공개된 장소에서 많은 사람들이 보는 곳에서 해야 하며, 부정적인 피드백은 1대1 대면 상황 같이 폐쇄된 장소에서 진행해야 합니다.

이러한 공부를 통해, 심리적 안정성을 지키며 효과적으로 피드백할 수 있을 것입니다. 피드백은 난이도가 높고, 피하고 싶은 행동이지만, 선전하고 효과적인 팀을 만들어 나가기 위해서는 피할 수 없고, 굉장히 중요한 행동임을 의식하여야 합니다.

심리적 안정성을 뿌리박기 위해, 규정을 엄숙하게 준수시키기

심리적 안정성을 뿌리내리기 위해서는 긍정적인 의도를 상정할 수 있는 규칙이나 정책을 늘려나가는 것만으로는 부족합니다. 심리적 안정성을 해칠 것 같은 행위에 대해서는 처벌도 설정할 필요가 있습니다.

제5장에서는 문화는 '명문화된 선언'과 '조직이 역사적으로 경험해 온 암묵적인 전제'에 의해 양성되어 왔다고 설명했습니다. 즉, 규칙을 만들었다 하여도 실제로 직장 내에서 지켜지지 않는다면 심리적 안정성이 높은 조직 문화를 양성하는 것은 불가능합니다. 그런데도 '말하고 있는 것' 과 '하고 있는 것'의 차이를 용인하는 회사라면 의심이 많고 신뢰가 결여된 조직문화가 만들어지는 것으로 이어질 수 있습니다.

■ 올바른 상호성과 잘못된 상호성

올바른 상호성에 해당하는 행동

- 만약 은혜를 입었다면, 갚아 줄 것
- 이전에 친절을 배푼 사람에게는 어려운 상황이라도 도와줄 것
- 이전에 나를 도와준 사람을 위해서라면, 개인적인 비용이나 노력이 들어가더라도 도와줄 것

잘못된 상호성에 해당하는 행동

- 정말로 부당한 취급을 당했다면, 어떠한 희생을 치루더라도 복수할 것
- 누군가 곤경에 처했다면, 그 사람에게 동일한 행동을 할 것
- 누군가가 내 기분을 상하게 했다면, 나도 되갚아 준다

출처: Dohmen, Thomas, Armin Falk, David Huffman and Uwe Sunde "Homo Reciprocans: Survey Evidence on Behavioural Outcomes"을 기반으로 발췌하여 번역

상대를 신뢰하고 스스로 리스크를 지는 것을 통해 집단에 큰 이익을 가져다주는 행위를 '올바른 상호성'이라 합니다. 서로 리스크를 짊어지고 집단 전체의 이익을 최대화하기 위해서는 올바른 상호성을 촉진할 수 있는 시스템이 필요합니다. 한편, 비협력적인 사람이나 규칙을 위반하는 사람을 처벌하여 질서를 지키려 하는 '잘못된 상호성'이라는 행위가 있습니다. 각각에 해당하는 행위는 위와 같이 정리되어 있습니다.

다음 그림은 취리히 대학의 에른스트 페르(Ernst Fehr)등이 진행한 협력의 구조를 조사하기 위한 경제 게임의 연구결과입니다. 같은 조건의 그룹 A와 그룹 B로 나눠 징벌제도 유무 순서로 번갈아 기며 실험을 하였지만, 어떠한 상황에서도 '징벌 제도를 설정하였다'라는 상황에서 협력관계가 활발하다는 결과가 나왔습니다.

■ 징벌제도 유무에 따른 협조 행동 변화

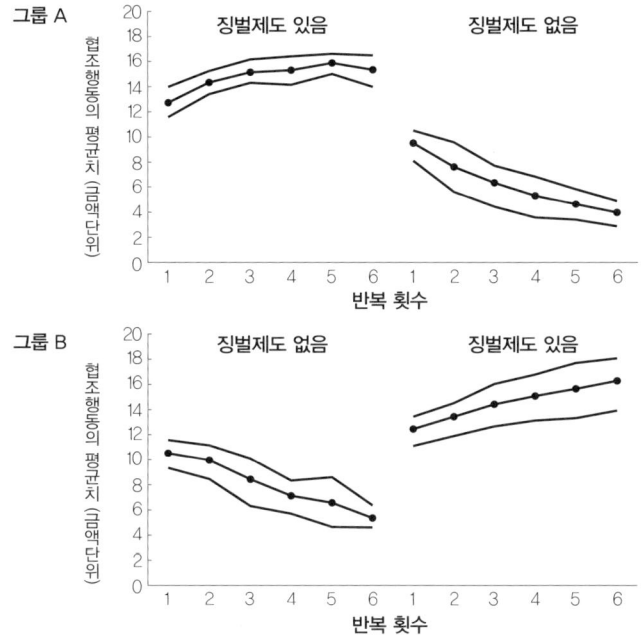

출처: Ernst Fehr & Simon Gächter "Altruistic punishment in humans"을 기반으로 작성

구체적인 규칙은 다음과 같습니다. 게임 참가자 4명에게 같은 금액의 소지금이 주어집니다. 이 때 투자를 하게 된다면 자신을 포함한 전원에게 합해서 투자금을 웃도는 금액이 배분된다(예: 100만원을 투자하면 4명에게 각 40만원씩, 총합 160만원이 배분됨)는 규칙입니다. 팀원 전체가 협력하여 투자를 한다면 전체가 이득을 볼 수 있는 구조로 설계되어 있습니다. 그러나, 이 규칙으로 게임을 진행하면, 다른 멤버들이 투자를 진행할 때 자기만 투자를 하지 않는 편이 가장 큰 이득을 보게 됩니다. 이러한 결과를 통해 경제학에서는 'free rider(무임승차)'라는 개념이 등장하였고, 무임승차의 횟수를 거듭하면 협력 관계가 옅어지게 됩니다.

여기서 자신의 소지금을 100만원 희생하였을 때 특정 참가자의 소지금을 300만원 감소시킨다는 징벌을 부여하는 규칙을 추가한다 가정합시다. 그러면 재미있게도 평균적인 투자액을 밑도는 멤버에게 소지금을 희생시켜서라도 징벌을 내리게 됩니다. 그 결과, 무임승차를 하는 빈도가 줄어들고, 협력관계가 향상되는 연구 결과가 나타났습니다.

이처럼 스스로를 희생시키더라도 사회규범을 깨는 상대에게 벌을 줌으로써 잘못된 상호 행동은 '이타적 징벌'이라 합니다.

이러한 무임승차 문제는 심리적 안정성이 높은 조직에서도 동일한 현상이 발생할 가능성이 있다는 것을 시사합니다. 예를 들어, 팀원 전체가 서로를 배려하고 경의를 담아 행동을 취하는 상황에서, 단 한 명이 타인의 호의를 거리낌 없이 이용하지만 자신은 협력을 하지 않고 멋대로 일을 진행하며 이익을 독점하는 모습이 보인다면, 당신은 어떻게 하겠습니까? 서서히 협력하는 것이 바보같아지게 되고, 서로 존중하는 것을 그만두고, 조직에 대한 애착을 잃어버리게 될 것입니다.

이러한 상황에서 알 수 있듯, 조직이 협업 및 심리적 안정성을 높이기 위해서는, 정해진 규칙을 확실하게 준수하는 것이 중요합니다. 추가적으로, 무임승차자가 존재하고 있다면 확실히 대응하여야 합니다.

물론 단순한 실수인 경우나 몰랐었던 경우, 또는 성장한 국가나 사회적 상식의 영향을 강하게 받은 경우도 존재합니다. 이러한 케이스에도 처음부터 엄격하게 대하면 반대로 심리적 안정성이 저하되게 됩니다. 다양한 가치관 및 상황에 놓여진 사람들이 순조롭게 협업하려면 상세한 내용은 문서화하여 해석의 여지가 적은 규칙을 명시하고 규칙을 준수할 수 있도록 요청하는 것으로부터 시작해야 합니다.

'다양성을 존중하기 위해서라면, 규칙을 만들지 않는 편이 좋지 않나?'하는 의견이 있을 수도 있습니다. 그러나 가치나 업무 규칙은 어디까지나 '업무를 수행하기 위한 기준'이기 때문에 본인의 가치관이나 성격, 다양성과는 무관하며 지키지 않으면 안되는 것입니다. 예를 들어 어떤 경리 담당자의 성격이 확실하지 않은 사람이라 하더라도, 경리 업무는 실수 없이 확실하게 처리하지 않으면 안되는 것처럼, 본인의 성격이나 가치관을 따지지 않고 규칙을 준수하는 것이 중요합니다.

규칙 위반이 반복되어 개선을 위한 피드백을 여러 번 요청하고도 개선될 기미가 보이지 않는 경우에는, 좋지 않은 평가를 내릴 수 밖에 없습니다. 규칙을 준수하고 있는 다른 팀원을 존중하기 위해서라도, 이러한 벌칙은 경영진이나 권력을 가지고 있는 입장에 위치한 사람들에게 특히 엄숙하게 적용시켜야 합니다. 경영진에 가까운 사람들이 착실하게 규칙을 지키고, 이를 위반한 사람을 지적하는 것이 직원 전체의 신뢰로 이어지며, 심리적 안정성이 높은 조직을 만들어 갈 수 있게 됩니다.

제4부

GitLab이
성과를 내기 위해
실천하고 있는
인사 제도와 업무 규칙

제4부에서는 GitLab의 인사제도나 업무 규칙, 인재 관리에 대해 설명하겠습니다. 최첨단 원격 근무 조직에서는 어떤 제도를 설계하고 이 설계는 어떤 사상을 기반으로 퍼포먼스를 올리고 있는지 분석해 보겠습니다.

처음에 제9장에서는 GitLab이 퍼포먼스를 어떤 존재인지 포착하고 있는 것인가, **퍼포먼스를 대하는 사고방식**에 대해 설명할 것입니다. 개인의 퍼포먼스라 하면 의미가 넓기 때문에 GitLab이 인사제도나 인재 관리를 통해 개인을 어떤 상태로 이끌려 하는 것인지, 목표는 무엇인지를 구체화할 예정입니다.

제10장에서는 목표 설정 및 평가제도, 보수로 반영 등 일관된 **인사제도의 전체 사상과 제도의 운용방법**에 관해 설명할 것입니다. 인사제도를 파악하며 각종 제도가 어떻게 퍼포먼스를 촉진시킬 수 있게 설계되어 있는지 그 의도를 파악하고 전체로써 어떻게 통합되어 있는지를 분석할 것입니다.

제11장에서는 **매니저의 역할과 매니지먼트**에 대해 설명하겠습니다. 일본에서는 아직 개인의 퍼포먼스에 주목하는 기업도 있지만, 글로벌 기준에서는 조직의 퍼포먼스는 매니저와 관리에서 결정된다 할 정도로 중요한 포인트입니다. 매니저가 조직 퍼포먼스를 극대화시키기 위해 요구되는 책임과 어떻게 멤버를 관리해 나가는지 그 구체적인 내용을 설명합니다.

제12장에서는 **컨디셔닝**에 대해 설명할 것입니다. 컨디셔닝이란 주로 스포츠 선수가 최고의 효율을 끌어내기 위해 심신의 상태를 베스트 상태로 끌어올리는 것을 의미합니다. GitLab이 개인의 퍼포먼스를 최대로 끌어올리기 위해서 심신을 정비하는데 있어 중요한 포인트를 어디에 두는지 설명하고 실행하기 위해 구성하고 있는 내용을 설명할 것입니다.

제13장에서는 **능력 개발(Learning & Deployment: L&D)를 통해 퍼포먼스와 동기를 어떻게 향상시킬 것인가**에 대해 설명합니다. L&D는 일본 등의

기업에 가장 결여되어 있는 부분일지도 모릅니다. GitLab이 행하고 있는 L&D 는 연수를 준비하는 단순한 레벨이 아니라 필요한 능력을 키우기 위해 전문적인 지식을 입력과 실천 그리고 지속적으로 개발해 나가는 구성입니다. L&D는 직원의 동기를 높일 뿐만 아니라 기존의 팀원에게 보다 중요한 역할을 맡기기 위한 조직의 전략적인 접근입니다. L&D가 정비되어 있으면 속인화를 배제하면서도 우수한 인재를 조직에 담아두고, 지속적인 퍼포먼스를 발휘할 수 있게 됩니다.

제3부까지는 가치나 조직 문화에 관련된 개념적인 이야기가 많았다고 생각됩니다. 제4부에서는, 실무에서 GitLab이 어떻게 운용되고 있는지 살펴보고, 원격 근무 조직 속에서 어떻게 퍼포먼스가 높은 조직을 구축해 갈 것인지를 이해해 가도록 합시다.

제9 장

개인의 퍼포먼스를
끌어내기

이번 장에서는 GitLab이 개인의 퍼포먼스에 대해 어떤 생각을 가지고 있는지 정리하였습니다.

아무리 좋은 조직을 구축하였다 하더라도, 퍼포먼스가 나오지 않으면 의미가 없습니다. GitLab에서 가장 중요한 가치는 성과(Result)라 할 수 있듯, 조직을 만들기 위한 다양한 대응들은 퍼포먼스로 이어지는 것이라고 생각합니다. 다양성과 포용성도 다정함에서부터 구성되어 온 것이 아니라, 퍼포먼스로 이어지기 때문에 기업에서 채용할 만한 가치가 있는 것입니다.

한마디로 퍼포먼스라 하더라도, 결과지표만을 중시할지, 프로세스를 볼 것인지 의견이 나뉠지 모릅니다. GitLab이 생각하고 있는 퍼포먼스의 정의에 대한 이해도를 높이기 위해 인사제도나 규칙이 어떤 영향을 줄 수 있는지 이미지화하기 쉽도록 설명하겠습니다.

또한, 개인의 퍼포먼스를 이끌어 내기 위해 GitLab이 어떻게 목표 설정을 하고 있는지, 개인이 자율적으로 퍼포먼스를 발휘할 수 있도록 어떻게 힘을 실어 주는지 분석할 것입니다.

추가로 개인의 퍼포먼스에 문제가 발생한 경우에 이에 대한 대처나 퍼포먼스를 저하시키지 않기 위한 시스템, 조직에 있어 특별히 중요한 개인의 퍼포먼스를 발휘하고 있는 인재를 어떻게 취급할 것인가에 대해 다루는 퍼포먼스에 관한 견해도 확인하도록 합시다.

GitLab이 생각하는 개인의 퍼포먼스

GitLab에서는 개인의 퍼포먼스를 '성과(Results)'와 '행동(Actions)' 두 축으로 봅니다.

GitLab의 가치에서도 성과(Results)는 과정 자체에 주목하는 것이 아니라, 실제로 팀이나 고객에게 어떤 영향을 주었는지라는 '드러난 결과'를 중시한다고 설명해 왔습니다. 개인 퍼포먼스에서도 성과는 부여된 역할에 대해 주로 정량적 아웃컴(업적 · 사회에 미친 영향)을 의미합니다. 매출, 개발 성과, 팀에 대한 기여 같은 것이 여기에 해당하며, 아주 작은 것이라도 실제로 외부에 릴리스(배포)하고 피드백을 받아 측정하는 것이 중요합니다. 그리고 측정하려면 무엇을 측정할지 명확해야 하므로 목표 설정이 중요해집니다. 조직에서 중요한 포커스 포인트에 대해 자신이 어떤 부분에 기여할 수 있는지 매니저와 충분히 이야기해 목표를 합의하고, 현재 어떤 장애나 고민이 있는지도 함께 짚어가며 측정해 나갑니다.

행동(Actions)은 현재의 직무 등급(Job Grade)에 맞는 역량 기준을 토대로 평가합니다. 업무를 통해 그 역량을 얼마나 발휘하고 있는지라는 관점에서 행동 측면의 퍼포먼스를 측정하는 것입니다. 이 기준은 GitLab Value와 직종, 직무 등급에 따라 규정되어 있습니다. 설령 성과를 냈더라도, GitLab Value에서 기대하는 바람직한 역량의 기준를 따르지 못했다면 퍼포먼스가 낮게 평가될 수 있습니다. 다음 페이지에 GitLab의 역량 기준 표를 실었으니 참고해 주세요.

■ Collaboration 역량

직무 등급	실전되는 역량	인정 시험
5	타 팀원의 행동을 참고하여 협업 스킬을 몸에 익힌다	개인 공헌자로써 이해도 테스트
6	• 다양한 커뮤니케이션을 활용하여 협업 스킬을 향상시킨다 • Issue는 적절히 대응하고, 적절한 Slack 채널에서 질문하며, 올바른 라벨을 활용할 수 있다	
7	팀원 및 그룹 내 타 멤버에게 협력적인 행동 규범을 보여준다	

8	보다 효과적인 협업이 가능하도록 팀원을 지도하여, 협업을 위한 적절한 방법을 안내한다	
9	팀을 넘어 협력적인 의사 결정과 문제 해결에 도움을 준다	
10	부문, 사일로, 부서의 경계를 넘어 팀 간의 협력을 촉진한다	
11	• 네트워크를 구축하여 파트너십을 만들고, 부문을 초월한 행동을 하며 초월적으로 협력하여 당사자 간의 폭넓은 토대를 만들어 낼 수 있다 • 인맥을 활용하여 사내 지원 기반을 구축 및 강화한다	리더로써 이해도 테스트
12	• 일상 업무에 있어 협업과 팀워크를 주장하고, 팀을 초월한 교류, 정보 공유, 실시간 의사 결정의 중요성을 높인다 • 팀장들 사이에서 팀 간의 협업을 촉진한다	
14	• 일상 업무에 있어 협업과 팀워크를 다하고, 팀을 초월한 교류, 정보 공유 실시간 의사 결정의 중요성을 높인다 • 팀장과 GitLab 사이에서 팀 간 협업을 촉진한다	

■ Results 역량

직무 등급	실전되는 역량	인정 시험
5	합의한 행동에 책임을 지고, 이를 이행하기 위해 필요한 스킬을 익힐 것	개인 공헌자로써 이해도 테스트
6	성과에 책임을 지고, 합의한 행동을 실제로 실행	
7	위기감을 가지고, 성과로 연결하는 책임을 다하는 모범을 보일 것	
8	작업시간이 아닌 성과에 집중하여 팀원들이랑 협력하여, 반복을 통해 퍼포먼스를 마주할 수 있도록 지도할 것	리더로써 이해도 테스트
9	개인의 퍼포먼스에 대해 주체성을 가지고 임하는 조직 문화를 양성할 것	
10	팀원 간의 연계를 꾀하여 효율적으로 성과를 낼 수 있도록 추진할 것	
11	사반기마다 OKR을 책정하여, 1개 이상의 팀 퍼포먼스와 성과를 보증할 것	
12 EVP/ CXO	협업, 효율성, 다양성, 이터레이션, 투명성이라 하는 GitLab Value를 지속적으로 침투시키며 목표로 하는 성과 달성을 리드할 것	

■ Efficiency 역량

직무 등급	실전되는 역량	인정 시험
5	• 매니저 중 한명(Manager of one)임을 인식할 것 : 자신의 업무에 책임을 가지고 헌신할 것 • 1대1 환경에서 프로세스를 개선하기 위해 아이디어를 제공할 것 : 질문에 대해 설명을 하는 것보다, 자신의 타이밍에 문서를 읽는 편이 더 효율적이기 때문에, 모든 것을 문서화해야 하는 것을 배운다	개인 공헌자로써 이해도 테스트
6	• 효율화에 대해 깊게 이해하고, 팀에 존재하는 프로세스의 비효율성을 겉으로 표현하는 것으로 행동하고 있다 • 자신의 역할을 보다 효율적으로 이루기 위해서는 방법을 모색하고, 효율적으로 일을 하기 위한 방법을 다른 사람에게 지도하기 시작해야 한다	
7	• 팀에서 모범적으로 효율화를 적용시키고, 이용 가능한 데이터를 활용하여 복수 선택지를 비교하며 적절한 의사 결정을 진행할 것 • 조직과 제품의 혁신 속도를 올리기 위해, 진부한 해결책을 활용하여 모범을 보일 것	
8	• 자기 팀에 비효율적인 프로세스를 해소할 책임을 가지고, 모든 것을 원활하게 진행하기 위해 팀간 협력하여 대응할 것 • 팀원이 '우선 자신의 답을 찾고, 답을 찾지 못한 경우나 명료하지 않은 경우 부끄러워하지 말고 사람들 앞에서 질문할 것'이라는 행동을 팀 내에서 실천할 수 있는 상태를 만들 것	리더로써 이해도 테스트
9	• 그룹에서의 비효율적인 프로세스를 해소하는데에 책임을 가지고, 업무가 원활하게 진행될 수 있도록, 하위 부문을 지도할 것 • 다른 사람의 시간을 존중하고, 셀프 서비스 그리고 셀프 러닝을 촉진하는 조직문화를 하위 부문에 양성할 것	
10	• 부문 레벨에서 절약을 위한 틀을 추진하고, 원활히 진행될 수 있도록 힘을 다할 것 • 부문 및 팀에 영향을 주는 복잡한 또는 특이한 문제를 효율적으로 해결할 것 • 효율성이라는 가치를 유지하기 위해, 상사나 동료에게도 책임을 요구할 것	
11	• 부문 간 검소를 위한 시스템을 구축하여, 업무가 원활하게 진행될 수 있도록 힘을 다할 것 • 부문, 부서 팀에 비효율을 개선하는 리더를 양성할 것 • 효율성이라는 가치를 유지하기위해 상사에게도 책임을 요구할 것	
12	• 전사의 효율성을 이끌 것 • 회사 전체의 효율적인 자원 배분 결정을 보증할 것 • 비즈니스를 보다 효율적으로 진행하기 위해 회사의 전략 및 방침의 개선을 폭넓게 리드할 것 • 효율성이라는 가치를 유지하기 위해 경영진에게도 책임을 요구할 것	
EVP/ CXO	• GitLab의 효율화 전략을 사내외 막론하고 발언할 것 • 항상 전사적인 효율화를 모색하고, 다른 경영진에게도 효율화를 유지할 수 있게 책임을 요구할 것	

■ Diversity, Inclusion & Belonging 역량

직무 등급	실전되는 역량	인정 시험
5	• 편견의 영향에 대해 이해하고, 자신의 편견에 대해 깊게 학습할 것 • 자신의 행동에 대해 책임을 가지고, 사죄하며 실패에서부터 학습할 것	개인 공헌자로써 이해도 테스트
6	• 편견의 영향에 대해 깊게 이해하고, 팀에 포용성과 소속감을 양성할 것 • 자신과 동료에 대해 가치를 지킬 책임을 요구하고, 인식이 다른 경우 친절하게 지적할 것 • 다름을 존중하고, 누구나 공헌할 수 있는 포괄적인 팀 환경을 장려할 것	
7	• 팀 내에서 어느정도의 편견과 배척이 일어나고 있는지 적극적으로 의식하고 팀원이 귀속 의식 및 안심감을 느낄 수 있는 팀 환경이 될 수 있도록 공헌 • 고객 및 타 부문의 팀원과의 교류를 통해 공감을 보일 것	
8	• 팀 내에서 편견을 피하기 위한 시스템을 도입할 것 • 팀 전체에 대해, 공격하는 것이 아니라 설명 책임을 다할 수 있게 준비가 갖춰져 있는지 확인할 것 • 팀원이 안심하고 아이디어를 공유할 수 있는 환경을 만들고 개인의 다름을 환영할 것	리더로써 이해도 테스트
9	• 포괄적인 환경을 촉진시킬 방법을 찾아, 무의식적 편견을 피할 시스템을 면밀히 조사할 것 • 팀 및 부문을 초월한 개개인의 다름을 존중하고 촉진시킬 것	
10	• 부서 전체에 다양성과 포용성 그리고 소속감을 유지할 것 • 상사나 동료에게 가치를 준수할 것을 요청할 것 • D&I 전략 실행에 적극적으로 관여하고, 주변의 참여를 촉진할 것	
11	• 다양성과 포용성의 가치를 부문 전체에 침투시키고, 의사 결정 프로세스에 있어 편견의 억제할 찬스를 발견할 것 • 피드백과 데이터를 활용하여 개선책을 만들 것 • 경영진에 대해 다양성과 포용성의 가치를 지지하기 위한 설명 책임을 질 것	
12	• 전사에 다양성과 포용성의 가치를 리드하고, 의사 결정 프로세스에 있어 편견의 영향을 억제할 찬스를 발견할 것 • 신뢰, 심리적 안정성, 포용성을 높이기 위한 활동을 추진할 것 • 가치를 유지하기 위해 경영진에게도 책임을 요구할 것	
EVP/ CXO	• 다양성과 포용성, 소속감의 가치를 회사 전략에 적용할 것을 꾀할 것 • 사내외의 D&I 활동을 지지하고 스폰서가 될 것 • 전사적인 회의에서 가치의 중요성을 호소할 것 • 팀장이나 경영진에게 가치를 준수하도록 책임을 요구할 것 • 전사적인 신뢰, 심리적 안정성, 포용성을 높이기 위한 방법을 계속 모색할 것	

직무 등급	실전되는 역량	인정 시험
5	• 시행착오를 하며 자신의 지식을 깊게할 것 • 질문을 할 때, 침묵, 도움이 되지 않거나 불완전한 답변에 만족하지 않고 일차적으로 자료를 준비할 것	개인 공헌자로써 이해도 테스트
6	• 적극적으로 이터레이션을 연습하고, 진부한 솔루션을 제공할 찬스를 모색할 것 • 팀의 지원을 받더라도, 단기적인 이익과 장기적인 이익의 밸런스를 맞출 것 • 완전하지 않더라도 다음 번 수정에서 개선할 생각으로 배포를 진행할 것 • 적극적으로 질문을 하며, 동료가 학습의 기회를 살릴 수 있을 법한 실패가 있다면 공개할 것	
7	• 단기적인 이익과 장기적인 이익의 밸런스를 자력으로 결정할 것 • 이터레이션을 적용하여 프로젝트를 실시할 수 있는 기회를 발견할 것	
8	• 장기적인 목표를 반복할 수 있는 실행 가능한 작은 단계로 변환 가능 • 돌이킬 수 없는 의사 결정을 간파하고 방지할 것 • 항상 외부에 배포를 하고, 팀원에게 보다 작게 패키지화할 수 없는지 지속적으로 물어볼 것	리더로써 이해도 테스트
9	• 팀원에게 이터레이션의 가치를 실천하게 하고, 육성시킬 것 • 이터레이션과 진부한 해결 방법의 제공이라는 책임을 다하도록 요청할 것	
10	• 이터레이션과 진부한 해결 방법의 제공이라는 가치를 침투시키기 위해 방법을 적극적으로 모색	
11	• 이터레이션의 가치를 부서나 부문 전체에 침투시킬 것 • 인지, 분석 능력을 구사하여, 전략적 리스트에 연관된 예측불가능한 사태를 상정하여, 모든 관계자에게 이익을 가져다 주도록 조정할 것	
12	• 부문 및 여러 부문으로 이루어진 팀 전체에 이터레이션의 가치를 발전시키기 위해 부문을 여는 존재가 될 것 • 가치 또는 전략 비전을 기반으로 확신을 가지고 팀의 변혁을 이끌고, 적극적으로 리스크를 질 것	
EVP/ CXO	• GitLab 전체에 이터레이션의 가치를 꾀할 것 • 변화나 혁신에 따른 불쾌감 및 불안감의 영향을 받지 않도록 리드할 것	

이렇듯 GitLab에 있어 개인의 퍼포먼스는 '성과'와 '행동'을 통해 구성되어 있으며, 여기에 '성장력'이라 하는 미래지향적인 행동을 추가한 평가제도나 관리가 설정되어 있습니다. 또한, 조직 창설이나 다양한 업무 규칙에 관해서도, 성과를

이끌어내기 위해서는 성과물까지의 거리를 짧게 할 필요가 있기 때문에, 역량이나 장기적인 설계를 피하고 스스로 의사 결정할 수 있는 상황을 만들어 내는 것을 목표로 하고 있으며, 바람직하지 않은 행동을 촉진시키기 위한 가치의 침투를 철저하게 막을 수 있습니다. 이러한 행동을 평가하는 가치의 강화와 바람직한 행동을 촉진시키는 좋은 싸이클을 만들어 낼 수 있습니다. 이러한 조직의 시스템과 조직 문화는 퍼포먼스를 극대화하기 위해 구성되어 있습니다.

OKR과 North Star-KPI 설정

OKR이란 전 인텔 CEO인 앤디 그로브(Andrew Stephen Grove)가 고안한 목표 관리 툴입니다. 영감을 촉진하여 팀을 고무시키는 Objective(목적)과 심리적인 Key Results(주요 성과)에 의해 구성되어 있으며 GitLab의 경우에는 사반기마다 OKR이 설정되어 있습니다. OKR을 정하여, **조직으로써 무엇을 달성하는 것이 중요한지를 명확히 하여 투입할 자원에 집중하여 도전적 목표를 설정하고, 결과적으로 높은 성과를 이끌어 내는 것**을 목적으로 하고 있습니다.

아래와 같이 Objective는 달성의 책임을 가진 DRI가 설정되어 있으며, 책임을 분산시키지 않게 해야 합니다. 팀의 OKR을 만들 때에는 리소스를 집중시키기 위해 Objective는 3개 이하로 설정하며, 무엇을 하지 않을 것인지를 명확히 해야 합니다. KR은 달성이 곤란하나 측정 가능한 도전적인 목표로 설정하고, 달성해야 할 책임을 가진 개인을 명확히 설정하지 않으면 안됩니다.

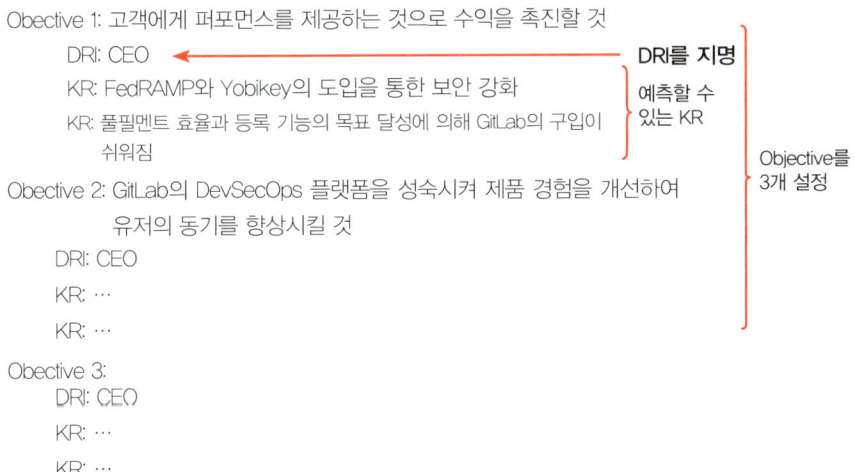

GitLab의 OKR(FY23-Q4)

Obective 1: 고객에게 퍼포먼스를 제공하는 것으로 수익을 촉진할 것
- DRI: CEO → DRI를 지명
- KR: FedRAMP와 Yobikey의 도입을 통한 보안 강화
- KR: 풀필멘트 효율과 등록 기능의 목표 달성에 의해 GitLab의 구입이 쉬워짐

예측할 수 있는 KR

Obective 2: GitLab의 DevSecOps 플랫폼을 성숙시켜 제품 경험을 개선하여 유저의 동기를 향상시킬 것
- DRI: CEO
- KR: …
- KR: …

Obective 3:
- DRI: CEO
- KR: …
- KR: …

Objective를 3개 설정

GitLab에서는 OKR에 링크한 중요 실적 평가 지표(KPI)를 관리하고 있습니다. 그 중에서도 전사원이 주목할 수 있는 유일한 지표를 노스스타 KPI라 합니다. 일반적으로 동일한 지표는 노스스타 '매트릭스'라고 부르고 있지만, GitLab에서는 퍼포먼스 지표(PI)중에서 중요한 것을 KPI라고 구별하고 있기 때문에 매트릭스가 아닌 KPI라는 용어를 이용하고 있습니다. 노스스타 KPI에 정의되어 있는 것은, 제품의 성장에 필수 불가결한 지표이며 제품의 본질적인 가치가 고객에게 제공 가능한지를 살피기 위한 지표여야만 합니다. GitLab의 노스스타 KPI는 'Net ARRR(연간 경상수지 유지율)'이라 되어 있으며, 그밖에도 중요시되고 있는 9개의 KPI와 합쳐 GitLab KPI라 이름지었습니다.

이렇듯 OKR과 KPI를 조합하는 것으로 집중과 책임을 명확히 하여, 모든 것을 가시화하고 팀원들이 무엇을 목표로 하면 좋을지 고민하지 않고 퍼포먼스를 발휘할 수 있게 됩니다. GitLab에 있어 개인의 퍼포먼스는 OKR에 미치는 영향을 통해 예측 가능합니다.

매니저와 퍼포먼스의 기준을 합의하기

개인의 퍼포먼스를 예측하기 위해 매니저와 팀원간에 목표를 합의하는 것이 중요하다 했습니다. 목표설정에 대해 이해하기 위해 GitLab이 생각하는 매니저상과 멤버의 관계성의 관점에서 설명하겠습니다.

우선 GitLab에서는 인텔의 전 CEO, 앤디 S 그로브(Andrew Stephen Grove)의 저서 '하이 아웃풋 매니지먼트'(청림출판)를 참고하여 조직의 퍼포먼스 향상을 마주하고 있습니다. 앤디 S 그로브는 저서에서, 매니저의 역할이란 '팀의 성과물을 최대화시키는 것'이라 설명하고 있습니다. 팀원을 마주하며, 개개인의 퍼포먼스를 최대화시키는 것이야 말로 매니저의 가장 중요한 책임이라 말하고 있습니다.

한편, 팀원들도 최고의 퍼포먼스를 발휘할 수 있다면 조직 내에서 평가되어 경력과 보수의 향상으로 이어지게 됩니다. **이러한 매니저와 팀원의 역할을 명확히 해 둠으로써, 매니저와 팀원은 협력자로써 서로 Win-Win 관계성을 구축할 수 있게 됩니다.** GitLab과 같은 원격 근무 조직에서는 팀원이 매니저에게 컨트롤되는 것이 아니라, 성과를 내기 위해 매니저를 이용하는 것이라고 인식해야 합니다. 팀원은 목표 달성을 위해 매니저에게 자신의 능력을 향상시키기 위한 힌트를 요청하고, 필요한 정보를 얻었다면 이에 대한 조정에 따라 조직을 움직이게 하는 것이 바람직한 관계성이라 할 수 있습니다.

이러한 사고방식은 제5장의 효율성의 가치에서 설명한 개개인이 주인의식, 경영 시점을 가지고 업무를 진행하는 '매니저 중 한명(Manager of one)'이라는 행동 지침에도 나와 있습니다. 퍼포먼스에 대한 약속은 주인의식을 가진 개인의 의지이며, 이를 실현하기 위해 주변에서 노력해 가는 것을 추천하고 있습니다.

목표는 전사의 OKR이나 팀의 KPI에 연계하여, **매니저와 개인의 KPI를 설**

정 후, 달성을 목표로 자율적으로 행동해야 합니다. 때문에, 매니저와 솔직하게 논의하고 어떠한 성과를 목표로 할 것인지 목표를 명확히 합의해야 합니다. 그리고 나서 단지 매니저가 지시한 것만을 하지 않고, 자신의 목표를 달성하기 위해 매니저를 코치로써 활용하거나 이해관계자와 조정을 하는 역할로써 입회시키는 등 합의한 목표를 달성시킬 수 있는 '매니저를 활용할 것'이라는 원칙에 맞게 이용이 필요합니다. 또한 행동 측의 대응에 대해서는 각 가치나 직종에 연관된 역량(성과를 내기 위한 행동 혹은 지향, 판단 기준의 특성)이 정해져 있습니다. 이 기준을 참고하여 매일 업무 중 능력을 발휘하여 성과를 만들어 가고 있습니다. 매니져와 1대1 대면을 통해서도 역량을 발휘한 정도를 통해 피드백을 받으며, 조언을 받고 역량을 보다 향상시킬 수 있습니다.

이것을 통해 알 수 있듯, GitLab에 있어 합의된 목표란 팀원에게 있어 실책으로 어필하고 싶은 성과나 커리어 구축, 성장의 계기가 될 주제를 명확히 하여, 매니저와 팀원 간 서로의 신뢰를 주고 받는 것입니다. 이를 통해 팀원은 높은 동기를 가지고 업무를 임할 수 있게 되고, 결과적으로 높은 퍼포먼스로 이어질 수 있습니다.

의사 결정에 관한 사고방식

GitLab에서는 개인의 퍼포먼스를 최대화하기 위해 유니크한 의사 결정 프로세스를 적용시키고 있습니다. 개인에게 권한을 부여하여, 리더쉽과 상황판단 능력을 양립시킬 수 있도록 하는 방법입니다.

일반적으로 주목하는 의사 결정 프로세스는 계층형 프로세스와 역량형 의사 결정 방식이 있습니다. 계층형 조직에서는 탑다운 방식으로 의사 결정을 진행하기 때문에, 결정까지의 스피드가 빠릅니다. 대신 고객의 생생한 목소리나 업무 프로세스를 운용하는 중에서 발견된 정보를 상위 계급자(주로 의사 결정권자)가 정확히 파악하기 어렵습니다. 한편 업무형 조직은 다양한 계층에서 정보를 보으기가 쉽고, 다양한 관점을 통해 정보를 얻을 수 있고, 역량을 향상시키기 위해 합의를 취할 수 있는 상대가 늘어나기 때문에, 의사 결정 스피드는 떨어집니다.

GitLab에서는 계층형 프로세스의 의사 결정 속도와 역량형 프로세스의 데이터 수집 능력의 양립을 통해 개인의 퍼포먼스를 최대화시킬 수 있는 시스템을 정립하였습니다. 구체적으로는 아래의 그림과 같이 **'데이터 수집'과 '의사 결정'** **이라는 프로세스를 명확히 분해하여 데이터 수집 시에는 역량형 비즈니스 프로세스를 통해 진행하고, 의사 결정을 할 때에는 계층형 프로세스를 통해 실행하는 형태**입니다.

■ GitLab의 의사 결정 흐름

데이터 수집 단계
- 가능한 다양한 관계자들로부터 정보를 수집할 것
- 의사 결정을 한 후 양질의 정보를 충분히 구비해 둘 것
- 간과하고 있는 시점 및 생각에 대한 편견을 피하기 위해 활용할 것

의사 결정 단계
- 정보가 충분히 쌓였다면, DRI가 의사 결정을 진행할 것
- DRI의 의사 결정에 관해 이론이나 반론, 의문을 환영한다
- DRI는 진지하게 대응하지만 타인의 감정을 상하게 해도 의지를 갖고 정해진 결정을 수행한다
- DRI의 결정 사항에는 반대 의견이나 이론이 있는 사람도 전력으로 협력한다

이것을 실현시키기 위해서는 DRI(직접적인 책임자)의 역할이 중요합니다. DRI는 계층형 프로세스에서 최상위권 계층에 있는 의사 결정자입니다. 단, DRI 가 의사 결정을 하기 전에, 역량형 프로세스처럼 다양한 계층 및 팀으로부터 정 보를 수집하기 위한 프로세스를 추가해야 합니다.

예를 들어 '제품에 어떤 기능을 추가한다'라는 주제를 다루는 경우를 생각해 봅시다. 판매하는 입장으로써는 법인 고객으로부터 요청된 A라는 기능을 우선 시 하고 싶은지, 유저 커뮤니티의 담당자로부터 유저가 원하고 있는 B라는 기능 을 우선시해야 하는지 고민하는 상황이라 가정하고 생각을 해 봅시다.

제품에 추가하는 기능을 결정하는 DRI는 판매팀, 유저 커뮤니티, 마케팅, 개 발팀 등으로부터 다양한 의견을 모집합니다. 이것이 의견 수집 단계입니다. DRI 는 GitLab의 가치나 OKR 등을 참조하면서 통합적으로 판단하여 단독으로 의사 결정을 진행합니다. DRI는 많은 사람이 동의하는 의견이 아니라, 자신이 올바르 다 생각하는 방향으로 결단을 내립니다. DRI의 결정에 대해 납득이 불가능하거 나 의문이 있는 경우, DRI에게 질문이나 이의를 제기합니다. 이 의문의 이의에 대해 DRI는 성실히 검토하지 않으면 안됩니다.

답장을 준다 하더라도 납득되지 않는 경우나 결론이 나오지 않는 경우도 있 습니다. 이 때에는 이의나 의문이 있다 하더라도 팀 전체는 DRI의 결정에 전적 으로 따라야 합니다. DRI의 결정이 올바른지 어떤지는 유저의 피드백 등에서 검 증하는 편이 명확할 것입니다. 이 때문에, 의의상의 올바름은 문제가 되지 않습 니다. 의견이 받아들여지지 않은 팀원이라 할 지라도, 자신의 의견으로 고집을 부리는 것이 아니라, DRI의 결정에 대해 전력으로 마주하고 서포트해야 합니다. 이것이 '동의하지 않는다, 그러나 기여(Commit)한다. 그럼에도 동의하지 않는 다.'라는 GitLab의 기본 원칙입니다. 이러한 규칙이 있기 때문에, GitLab에서는 DRI가 스스로 책임을 지고 의사 결정을 하지 않고, 다수결 등으로 결정하려 하는 경우에는 **리더십이 결여되어 있다** 판단될 수 있습니다.

한 편으로 DRI이기 때문이라 해서 조잡한 의사 결정을 해도 좋은 것은 아닙니다. 의사 결정을 할 때에는 무의식적인 편견이나 개인의 주관이 강한 주제(감정의 트리거)가 존재하는 것을 이해하고, 근거가 희박한 데이터를 통해 의사 결정을 하는 것이 아니라, 충분한 양질의 데이터를 기반으로 의사 결정을 진행하여야 합니다. 예외적인 상황이 있다면, 정량적인 데이터가 적고 복잡한 요인들이 엮여있는 주제의 경우에는 이 분야에 정통한 리더의 경험과 지식이 더 우수한 경우가 있기 때문에, 일부러 데이터 수집을 진행하지 않는 경우도 있습니다.

이러한 프로세스를 전사 전체의 규칙으로써 준수함에 따라, 필요한 데이터를 모으면서도 역량에 의존하는 것이 아닌, 개인의 책임과 스피드감을 가지고 의사 결정을 진행하고, 실제로 여론을 확인하며 전진할 수 있습니다. 다양한 관점이나 데이터를 활용하면서, 뜻을 가진 개인에게 재량과 책임을 맡기는 것이 퍼포먼스를 최대화시킴과 동시에 필요한 관점이라고 GitLab은 생각하고 있습니다.

스킬과 의지에 따른 퍼포먼스를 평가하는 방법

성과나 행동뿐만 아니라, 일상적인 퍼포먼스에 대해서도 GitLab은 언급하고 있습니다. 팀원의 일상적인 퍼포먼스가 저하되기 시작하면, 다양한 경향이 보이게 됩니다. 이러한 패턴들이 보여지기 시작하면, 심각한 문제가 되기 전에 가능한 빠르게 방법을 모색하지 않으면 안됩니다.

몇 개의 예시를 들자면, 우선 KPI의 진척이나 업무 처리 속도가 떨어지게 됩니다. 문의나 질문, 상황파악에 대한 반응이 늦어지며, 어떤 상황에 놓여져 있는지 파악하기 어려워집니다. 1대1 상황 등에서 다른 팀원에게 불만을 토로하게 될지도 모릅니다. 더욱이 개인 및 팀의 목표에 대해서도, 걱정이나 납득할 수 없는 태도를 보이게 될 지도 모릅니다. 팀 내에서 배려심 없는 태도가 보여지게 되고, 다른 팀원에게 이러한 대응에 대해 걱정을 표명하는 경우도 나타날 수 있습니다.

이러한 상황이 지속되면, 퍼포먼스가 나오지 않는 팀원의 영향이 다른 팀원들에게 까지 영향을 미치게 되고, 팀 전체의 목표를 달성하지 못하거나, 동기 저하로도 이어지게 됩니다. 이러한 퍼포먼스의 저하가 보여지는 경우, '스킬'과 '의지' 둘 중에 문제가 있음을 특정하고, 근본적인 과제를 해결해 나갈 필요가 있습니다.

'스킬'에 문제가 있는 경우란, 현재의 역할을 수행하기 위한 기술적인 능력, 소프트 스킬, 우선순위를 매기는 능력 등 무언가가 부족하기 때문에, 목표 달성을 하고자 하나 어려운 상황에 놓여지게 된 케이스를 지칭합니다. 이러한 경우에는, 업무를 완료하기 위해 어떤 부분의 스킬이 부족한지 특정하고, 트레이닝 및 코칭, 툴, 리소스 제공, 기간 한정으로 멘토를 배정하는 방법으로 개선을 목표로 할 수 있습니다.

'의지'에 문제가 있는 경우란, 업무를 완수할 스킬을 가지고 있다 하더라도, 실행할 의사가 결여되어 있는 경우입니다. 이럴 경우는, 스킬에 문제가 있는 경우 보다도 민감한 문제가 있는 걸지도 모릅니다. 동기가 보이지 않는다거나, 전문가로써 부적절한 대응 내용이 보이는 경우에는, GitLab의 경우, 전문 부서에 연락을 취하도록 하고 있습니다. GitLab 내에는 다음 항목에서 설명할 팀 멤버 스페셜리스트라고 하는 그룹이 있으며, 팀 내에서의 관계성 구축에 관한 전문적인 노하우를 가지고 있습니다. 이러한 전문 팀의 도움을 받으면서, 상대가 놓여 있는 상황에 대해 이해하고, 지원 및 조언, 코칭 등 여러 방법을 이용하여 팀 내의 문제 해결과 개선에 임하고 있습니다.

팀 멤버 스페셜리스트라고 하는 역할

조직에 있어 문제의 대부분은 인간관계에서 일어난다 해도 과언이 아닙니다. 제품이나 서비스에 관한 걱정이나 법적인 문제는 검증하거나, 기준을 확인한다면 해결 가능하지만, 인간관계 속에서 나타나는 견해의 차이의 경우 어느 쪽이 올바른지 명확하게 하는 것은 난이도가 높은 문제입니다. 정당한 이유일 뿐 아니라, 상성이나 지금까지 축적해 온 경위, 본능적으로 '아님을 인정하고 싶지 않은 등 다양한 요인이 관련되어 있습니다. 그러나, 한번이 아니라 팀원으로써 매일 업무를 같이 해야 하기 때문에 복잡성은 보다 증가하게 됩니다.

이러한 인간관계에서 발생하는 문제를 GitLab에서는 팀 관계 전문가라 불리우는 전문 그룹에서 대응하고 있습니다. 그들은 이러한 상황을 인지한 후 문제가 발생하게 되는 배경 지식이나 대화를 통해 어떻게 인지를 변화시키고, 관계성을 개선할 수 있는지 전문적인 노하우를 공유하고 있습니다. 일본 등의 국가에서도 인사팀이 이러한 인간관계의 트러블을 대처하고 있지만, 이 복적은 회사가 법적인 리스크를 피하기 위함이라는 부분에 초점을 두고 있는 경우가 많다고 생각합니다. 팀 관계 전문가는 문자 그대로 관계성의 전문가이기 때문에, (물론 법률이나 윤리 기준은 준수하면서) 좋은 관계성을 구축하며 나아가는 것에 초점을 두고 있습니다.

무슨 일이 있을 때, 상담 창구 같은 수동적인 문의처뿐만 아니라 팀 관계 전문가와 같이 전문 역할이 조직 내에 존재하는 것은 큰 의미가 있습니다. 우선, 인간관계를 구축하는 일은 모든 사람이 일상적으로 하는 일이므로, 문제가 발생했을 때에도 스스로 해결 가능할 것이라고 가볍게 생각할 수 있겠지만, 이러한 과신 때문에 골이 깊어지는 경우도 종종 발생합니다. 이를 깨달았을 때, 관계 개선이 어려워질 정도로 어긋나 버리는 경우도 셀 수 없을 정도로 많이 있습니다. 그러나 지식과 노하우를 가진 전문가가 개입하는 것으로 되돌리지 못하게 되는 사태를 피할 수 있게 되고, 이러한 민감한 문제를 고민하다 후순위로 밀어버리는 경우도 있기 때문에, 전문가와의 상담은 빠른 문제해결로도 이어질 수 있습니다. 잘못된 대응이나 효과적이지 않은 대응을 피하고, 신뢰할 수 있는 고품질의 대응 방법을 제공받아 인간관계의 문제에 적절히 대처할 수 있게 됩니다.

문제가 발생했을 때 적절한 대처를 하는 것 외에도 팀 멤버 스페셜리스트가 가까이에 있을 때 발생하는 추가 메리트가 존재합니다. 예를 들어 팀 멤버 스페셜리스트가 존재하면 조직 내 공평성이나 신뢰성을 유지하는 기능을 합니다. GitLab의 경우 팀 멤버 스페셜리스트가 기준으로 삼고 있는 GitLab Value와 전문적인 노하우를 토대로 행동을 하기 때문에, 권력이나 개인적인 호불호를 통해 결정을 내리고 있지 않습니다. 상사 부하라고 하는 권력의 불평등이 유발될 때, 권력자가 항상 우선이 되는 환경에서는 신뢰관계는 투명성을 잃게 되고, 공정하지 못한 눈치보기에 의해 의사 결정이 되는 조직 문화가 양성되어 버립니다. 팀 멤버 스페셜리스트가 항상 일정 기준에 따라 공정하게 대응하면 조직 내에서 발생하는 인간관계는 공평하다고 믿을 수 있게 되며, 조직 내에 안정성을 가져다 주는 것이 가능합니다.

팀 멤버 스페셜리스트가 다루는 문제는 몇 가지 단계를 설정하고 있고, 이는 유스케이스를 통해 설명됩니다. 최초 단계(Level 1)에서는, 코칭의 지원, 퍼포먼스에 관한 상담, 전문성이 없는 대응에 대한 대처, 인사 발령 시의 불안, 결근이 지속되는 경우에 대한 대처 등이 이에 해당합니다. 다음 단계(Level 2)의 경우는 업무 방치, 매니저, 팀원 간의 인간관계에서 발생하는 트러블 및 팀원 간의 인간관계에서 발생하는 트러블이 있을 때입니다. 마지막(Level 3)은 윤리 규정 위반, 갑질, 처벌 등에 해당하는 보복 발생, 행동 규정 위반입니다. Level 3가 발생 하게 되면 모든 상황은 법무팀에도 공유되게 됩니다.

GitLab의 팀원은 누구든 개인적인 문제를 팀 멤버 스페셜리스트에게 상담할 수 있게 되어 있으며, 안심하고 상담할 수 있는 창구로써 기능을 하고 있습니다. 이렇듯 신뢰하고 상담할 수 있는 전문가가 조직 내에 존재함으로써, 인간관계 문제에 대해 건전성을 유지하며 안심하고 퍼포먼스를 추구할 수 있게 되어 있습니다.

불건전한 규율에 저항하기

일반적으로 조직이 확대되면 다양한 규칙이 생기면서 프로세스가 늘어나, 최종적으로 결과물이 나오는 속도가 저하됩니다. 한편으로 규칙이 있기 때문에 효율적으로 진행되는 경우도 존재합니다. 문제가 되는 부분은 효율적이지 않은 규칙이 생긴다거나, 규칙이 만들어질 때 타당성이 있었다 하더라도 시간이 지남에 따라 유명무실해진 규칙 등으로, 이대로 계속 남아있게 될 것입니다. 퍼포먼스를 저해하지 않게 하기 위해서는 이러한 불건전한 제약에 저항하여야 하며, 통해 **의미 있고, 효율적인 규칙만을 남겨 두지 않으면 안됩니다.**

예를 들어, DRI를 선출하는 것도 제약 조건을 줄여 나가는 시스템 중 하나입니다. 합의 없이 책임 소재를 명확히 함으로써 누가 이끌어 나갈 것인지를 명확히 하는 시스템입니다. 이를 통해 암묵적인 조정이나 기대를 피할 수 있고, 본질적인 업무에 집중할 수 있게 됩니다. 프로세스를 관리할 필요가 있는 부분은 보다 부담을 줄이는 방법이 없는지 평소에도 찾아볼 수 있어야 합니다. GitLab의 경우 매년 규칙이나 프로세스에 낭비가 없는지 재고하는 시기가 설정되어 있습니다. 여러 단계를 거치지 않으면 안되는 경우나 매번 승인을 받아야 할 필요가 있는 것들, 제한이 걸려 있는 부분을 주목하여 보다 효율적으로 이용할 수 없는지 살펴봅시다.

이 외에도 불필요한 제한 사항을 제거하여 효율적인 프로세스를 유지하기 위해서는 몇 가지 방법이 존재합니다. 예를 들어, 이러한 제한 사항을 제거하는 것을 전문적으로 하는 역할을 다른 사람에게 부여하는 방법도 있습니다. 어떠한 제한을 제거함으로써 효율화시킨 사람에게 인센티브를 부여한다던가, 이벤트성으로 모두에게 일제히 경쟁시켜 본다는 것도 좋은 아이디어입니다. 조직 재편 및 서비스에 변화가 발생하거나, 비즈니스상 상황의 변화가 있는 경우에는 제한을 제외하는데 있어 제약조건이 있는지를 의식해 봐야 합니다. 작업의 공수나 시간을 계산하여, 시간 단축을 목표로 도전을 해 보는 것도 의미가 있습니다. 제약을 없애는 것에 집중하는 날을 만들어, 팀 단위로 기존의 업무 플로우를 효율화하기 위해 도전하는 방법도 효과적일 것입니다. 이러한 문화를 조직에 침투시켜야 일상적인 가치를 느낄 수 없는 프로젝트나 규칙은 정지할 것을 제안할 수 있는 조직 문화가 양성될 수 있습니다.

또한, 프로세스의 비효율성이 지적되었을 때, 지적 받는 측에도 규칙을 설정해야만 합니다. 예를 들어, '이전부터 이 방식을 취하고 있기 때문입니다.'라는 답변은 인정받지 못하게 하는 것도 한 가지 방안입니다.

이렇듯 항상 자신의 퍼포먼스를 방해하는 비효율적인 제약이 없는지 주목하고, 개선점을 제안하여 자신의 힘만으로 해결 불가능한 경우에는 매니저나 유관 부서에 일을 시킴으로써 개선을 노려 보다 효율적인 업무 환경을 정비해 갈 수 있습니다.

핵심 인재(Key Talent) 선정

조직에서 특히 중요한 퍼포먼스를 발휘하고 있는 인재를 다루는 방법을 생각해 봅시다. GitLab에서는 회사의 상황을 좌우하는 중요한 인재를 'Key Talent'로 인정하고 관리합니다.

대상자가 퇴직한 경우, 다음 기준 중 한 가지를 만족하는 경우 Grade를 불문하고 Key Talent로써 인정하는 경우가 있습니다.

- 부재 시 제품에 중대한 혼란이 발생한다.
- 연간 경상수익(ARR)에 중요한 영향을 미친다.
- 중요한 마일스톤을 달성하기 위해 조직 능력에 큰 영향을 미친다.
- 중요한 프로세스를 진행에 있어 심각한 영향을 미친다.
- 부서 운영에 중요한 영향을 미친다.

이렇듯, 퍼포먼스가 높다고 해서 반드시 Key Talent도 인정되는 것은 아닙니다. Key Talent로 인정되는 경우는 어디까지나 퇴직했을 때, 조직이 기능하기 어려운 상태에 빠질 수 있는 역할을 담당하고 있는 인재입니다. Key Talent의 운용은 조직을 시스템으로 보고 중단되어서는 안되는 부분을 특정하고 다중화하는 것을 목표로 합니다. 소속성이 높고, 이 사람이 없을 경우, 아무도 대신할 수 없는 역할을 담당하고 있는 사람을 임명합니다. 이것은 버스 사고에 말려들게 되었을 때 회사 전체에 영향을 주는 특정한 사람이라는 의미로 '버스인자'라고 합니다.

GitLab에서는 이러한 이유로 Key Talent로 설정되는 경우는 전 사원 중 10%에 지나지 않으며, 당연하지만 이 외에 활약하고 있는 직원도 많이 있습니다. 비전을 달성하기 위해서는 다양한 인재가 필요하기 때문에, Key Talent에 인정되지 않더라도 GitLab은 똑같이 공정하게 존중하고 있습니다.

GitLab이 Key Talent를 인정하는 프로세스는 다음과 같습니다. 우선 20명 이상의 부하를 가진 시니어 매니저가 인사 시스템으로부터 추천됩니다. 그 후 각 부문에서 조건에 합치하는지 확인을 진행하고, Key Talent의 수가 적절한지 등 조정이 이루어지며 마지막으로 경영진의 승인을 통해 결정됩니다. 상황에 따라 재검토가 이루어질 수 있기 때문에, 한번 인정되었다고 해서 인정이 지속된다는 보장이 없습니다.

GitLab에서는 Key Talent직을 계속 유지하기 위해 동기를 높이는 방안을 제공하고, 갑작스럽게 퇴직을 하지 않도록 정중하게 대우하고 있습니다. 동시에 조직에 있어 유일한 장애점이 되지 않도록 Key Talent의 후임 양성도 임하고 있습니다. 구체적인 동기 향상 정책으로써 GitLab은 L&D(Learning & Development: 능력 개발, 제13장 참조), 커리어 발전의 기회, 그리고 적절한 보수 제공 등을 이용하여 계속 재직할 수 있도록 동기를 높이고 있습니다. Key Talent처럼 중요한 스킬을 지닌 인재는 성장할 기회나 적절한 보수를 항상 요구하고 있으며, 이를 현재 회사에서 제공받을 수 없다는 생각이 들게 되면 퇴사하는 것도 고려하게 됩니다.

이러한 상황에 빠지는 것을 피하기 위해 L&D에서는 개인적인 스킬이나 전문성을 갈고 닦기 위한 컨텐츠, 트레이닝, 실행 기회, 코칭 등을 의식적으로 제공하고 있습니다. 커리어 발전 측면에서는 매니저와 Key Talent 사이에서 커리어 구축에 대해 이야기를 하고, 어떠한 업무나 주제에 동기를 가지고, 커리어 비전을 그리고 있는 것인지 파악해 둘 필요가 있습니다. 본인의 희망을 이해한 뒤 현재의 포지션을 다음 단계로 나아가는 '종단적 커리어 발전'과 역할의 범위를 늘려나가는 새로운 역할을 맡기는 '횡단적 커리어 발전'의 어느 쪽이든 가능성을 열어 주고 있습니다.

보수에 대해서는 GitLab은 업계 평균 수준을 반영한 금액을 기반으로 인재를 채용하고 있으며, 이는 퍼포먼스와 시장 가격에 기반하여 다른 기업에 지지 않는 금액을 제시할 수 있게 되어 있습니다.

이렇듯 조직을 하나의 시스템으로 보고, Key Talent로써 관리하는 것으로 조직이나 업무 프로세스의 유일한 장애점이나 리스크가 높은 부분을 발견하여 억제하며 만에 하나 있을 사태에 대비할 수 있게 됩니다. 무엇보다도 이러한 인재는 매우 수요가 높고, 조직을 전진시킬 수 있는 중요한 인재입니다. 이러한 인재를 이탈시키지 않고 활약할 수 있게 만드는 일은 조직에게 있어 큰 메리트가 있는 대응이라 할 수 있습니다.

제10 장

GitLab Value에 기반한
인사 제도

이번 장에서는 GitLab의 인사제도에 관해 설명하겠습니다.

놀라운 점은 GitLab은 인사제도에 관해서도 대부분을 웹사이트 상에 공개하고 있습니다. 외부에 공개함으로써 인사제도를 철저하게 엄수하려는 강한 의지를 느낄 수 있습니다. 인사제도란 조직에서 각 구성원이 어떤 책임을 지고 있는지 평가되는 기준이며, 보수가 올라갈지 어떨지를 정하는 회사의 기본이 되는 규칙입니다. 인사제도는 일반적으로 등급제도, 평가제도, 보수제도로 구성되어 있으며, 각각의 일관된 사상을 토대로 통합될 필요가 있습니다. 제도 설계를 한 후 조직에서 원하는 대응이나 성과를 이끌기 위한 인센티브를 부여하기 위한 기준으로써만 기능하는 것이 아니라, 팀원에게도 자신들에게 무엇을 요구하고 있는지 명확하게 전달하지 않으면 안됩니다. GitLab에서는 Grade의 정의나 평가 기준, 승진 프로세스, 보수 결정 방법 등도 명확하게 설정되어 팀원이 납득하고 퍼포먼스를 발휘할 수 있는 시스템이 정비되어 있습니다.

GitLab의 인사제도가 어떠한 사상을 기반으로 설계되어 있고, 운용되고 있는지를 분석하고, 인사제도를 설계하였는지 참고하여 활용해 보도록 합시다.

등급은 직무 등급(Job Grade)를 기준으로 결정

직급제도란 회사가 생각하고 있는 책임 범위나 퍼포먼스 레벨에 상응하는 등급을 설정하여, 기대하고 있는 역할 및 보수금액의 기준으로 삼고 있는 제도입니다. 등급제를 구축할 때에는 등급을 결정하는 근거가 되는 기준의 정의를 명확히 하고, 어떤 기준이나 프로세스로 다음의 등급으로 올라갈 수 있는지를 결정해 갑니다.

등급제는 **일반적인 능력을 기준으로 한 '업무 능력 자격 제도'**, 직무를 기준으로 한 **'직무 등급 제도'**, 역할을 기준으로 한 **'역할 등급 제도'** 등이 존재합니다.

GitLab에서는 다음 표와 같이, **직무 등급 제도**에 의한 Job Grade를 적용하고 있으며, 운영 표와 개인 공헌 표(Individual Contributor)가 준비되어 있습니다. 이러한 표가 나뉘어 있기에, 인사 관리의 방향성이 아닌 개인으로써 전문성을 높이고 싶은 팀원도 커리어를 그려나갈 수 있게 되어 있습니다.

직무 레벨별로 역량이 설정되어 있으며, 이는 리더십과 같은 소프트 스킬이나 직종별 특수 스킬, 원격 근무의 역량 등으로 설정되어 있습니다. 추가적으로 GitLab Value에 엮여있는 역량 스코어도 규정되어 있기 때문에 Job Grade에 합치하는 가치를 몸에 익힐 것을 요구하고 있습니다.

진급은 사반기에 한번 진행되며, 진급 계획, 조정, 처리의 3단계의 프로세스로 실시되고 있습니다. GitLab에서는 다음 Grade 요건을 충족하면 다음 Grade로 진급하는 방식을 채택하고 있습니다. 다음의 Grade의 업무를 기대할 수 있는지 없는지가 아닌, 실제로 발휘하고 있는 퍼포먼스를 기반으로 결정하고 있습니다.

■ GitLab의 Job Grade

Grade	매니저	개인 공헌자(IC)
15	CEO	
14	EVP/CXO	
12	VP	동료(Fellow)
11	시니어 디렉터(Senior Director)	고위급 저명 인사(Senior Distinguished)
10	디렉터(Director)	저명 인사(Distinguished) 시니어 프로덕트 매니저(Senior Product Manager)
9	시니어 매니저(Senior Manager) 프로덕트 그룹 매니저 (Product Group Manager)	그룹장(Principal) 총괄 프로덕트 매니저 (Principal Product Manager)

8	매니저(Manager)	스태프(Staff) 시니어 프로덕트 매니저 컨설턴트
7		시니어 프로덕트 매니저 (Senior Product Manager)
6		중간자(Intermediate)
5		주니어(Junior)
4		인턴(Intern)

※ 판매직, CS직은 별도

매니저는 진급 계획 단계 시기에 진급할 멤버가 있는지 확인 후, **진급 신청서**를 작성합니다. 진급 신청서는 진급 대상자의 개요, Value 이해도, 실제 퍼포먼스, 진급시켜야 할 비즈니스상 타당성을 3페이지 내로 정리하여 기재합니다. 검증 단계에서는 각 부서의 리더와 관련된 HR이 조정을 진행합니다. 검증 단계에는 진급 대상 문서의 조사나 유관부서와의 협업 실적, 퍼포먼스, 인사평가 기록 등을 확인하여 진급의 타당성을 확인합니다. 조정이 완료되면 스케줄에 따라, 인사 시스템을 이용하여 수속을 진행하여 프로세스의 처리를 완료합니다.

일반적인 진급 프로세스 외에도 사내에 새로운 포지션이 비어있는 경우에는, 사외에 포지션이 공개됨과 동시에, 사내 시스템상에서 해당 포지션에 응모할 수 있는 시스템이 제공됩니다. 면접 프로세스에 참가하여, 통과하게 되면 해당 포지션으로 이동이 가능하며, 해당 포지션의 Job Grade가 현재의 Job Grade보다 높은 경우에는 진급하게 됩니다. 이를 통해 사내, 사외에서 적절한 인재를 포지션에 맞게 채용할 수 있게 됩니다. 또한 사내에 있는 사람이 진급을 제대로 하지 못하는데, 사외에서 상사가 입사하는 불공평함을 피할 수 있기 때문에, 커리어 개발 면에서도 효과적인 정책이라 할 수 있습니다.

인사 평가는 매니저의 최우선 사항

평가제도의 운용은 GitLab의 매니저에게 있어 가장 중요한 역할 중 하나입니다. 적절한 평가 프로그램의 운용은 팀원의 퍼포먼스 저하를 막고, 주요 인재를 떠나보내지 않게 하는, 조직에서 최우선 카테고리에 해당하는 문제에 대처하는 역할도 하고 있습니다.

GitLab에서는 '9-BOX'(9 블록이라고도 부르고 있습니다)를 이용하여 평가를 진행하고 있습니다. 9-BOX는 다음 페이지와 같이 세로축에 '퍼포먼스', 가로축에 '성장력'을 각각 3단계씩 분할하여 9개의 박스로 나눈 것입니다. '성장력'이란 득정 기산 동안 생산성을 높이거나, 보다 근 가치를 빌휘힐 수 있게 되기 위한 '행동을 취하고 있는가'를 의미합니다. 이는 성장이란 재능이라 하는 애매한 것이 아니라, 성장을 요구하는 행동의 결과만이 효과적인 학습과 능력 개발로 이어지기 때문입니다.

■ GitLab의 9-BOX

퍼포먼스 ↓ 퍼포먼스 →	성장력을 개선할 필요가 있음 (Developing Growth Potential)	성장력을 보여주고 있음 (Growing Growth Potential)	탁월한 성장력을 보이고 있음 (Exceeding Growth Potential)
역할을 초월하여 퍼포먼스를 발휘하고 있음 (Exceeding)	순조롭게 성과를 올리고 있지만, 현재의 역할에서 성장할 필요가 있으며, 성장의 의욕이나 능력을 보이고 있지 않음	• 역할에 대해 충분히 제 몫을 하고 있고, 가치 있는 공헌, 요구되는 역량을 일관적으로 발휘하고 있음 • 역할을 펼칠 의욕과 능력이 있으며, 이 1년간 더 큰 책임을 맡길 준비가 되어 있음	• 현재 포지션이나 부분에서 요구하는 것보다 빠르게 성장하고 있음 • 역할을 초월한 일을 맡겨도 높은 책임감을 보여주며, 큰 성과를 내고 있음 • 자신의 기술 스택을 확대해 가며, 보다 넓은 범위의 책임을 맡을 준비가 되어 있음

역할에 기대되는 퍼포먼스를 발휘하고 있음 (Performing)	역할에 대한 기대는 충족하고 있지만, 보다 성장하기 위한 의지가 없거나 불가능	• 역할에 대해 충분히 제 몫을 하고 있고, 성장하고자 하는 의욕 및 능력을 보이고 있음 • 이 1년간 큰 책임, 영향력, 복잡성을 흡수할 준비 또는 조정되어 있지 않을 가능성이 있음	• 팀원의 기대에 합치하는 공헌도를 보여주고 있으며, 기대와 같은 퍼포먼스를 발휘하고 있음 • 자신의 능력을 보다 성장시키기 위한 의욕과 능력이 있으며, 근시일 내에 더 큰 책임을 맡을 준비가 갖춰져 있을 가능성이 있음
역할을 다하기 위해 개선할 필요가 있음 (Developing)	• 역할의 기대를 충족하지 못하며, 배워야 할 것이 많음 • 포지션을 맡은지 얼마 안되었지만, 지속적인 성장에 대한 대응책이 세워져 있지 않음	• 포지션에 취임한지 얼마 안되었다 해도, 충분한 능력이 발휘되지 못함 • 조직내 변화에 따라가지 못할 가능성이 있음 • 역할을 다하기 위한 성장 의지와 능력을 보이고 있음 • 퍼포먼스나 성장력을 발휘할 기회에 지속적으로 도전함	• 현재의 직무요건을 충족하고 있지 않지만 일단 성장하게 되면 해당 범위를 초월한 의욕 및 능력을 보여주고 있음 • 해당 팀원은 보다 많은 지도와 시간이 있다면 현재의 역할에서 성공할 수 있고, 보다 적절한 기술 스택을 가진 다른 역할 및 부서에서 활약할 수 있는 가능성이 있음

어느 정도의 기대를 가지고 있는지 가능성을 가지고 있는 사람이라 할지라도, 행동을 동반하지 않고 성장하는 것은 있을 수 없습니다. GitLab에서는 이 9-BOX를, 퍼포먼스를 보다 향상시켜, 커리어 개발을 진행하기 위한 대화의 재료로써 활용하고 있습니다.

GitLab에서는 '퍼포먼스 평가'를 2가지 시점을 통해서 결정하고 있습니다. 우선 해당 포지션에서 달성해야 할 책임 및 KPI 지표, 전문성의 발휘 등의 '성과' 요소를 퍼포먼스 평가의 60%로써 평가하고, 다음에 GitLab Value나 원격 근무 능력 등의 역량 요소를 나머지 40%로써 계산하고 있습니다. 각각을 합계하여 퍼포먼스를 끝까지 지켜보고, Developing(개발 중), Performing (공헌), Exceeding(탁월)의 3단계로 분류합니다.

Developing은 역할에 기대되는 퍼포먼스를 충족하지 않고, 개선할 필요가 있는 경우에 이용하는 범주입니다. 신입 사원 및 이제 막 진급한 팀원이 아직 업무에 익숙하지 않아, 이렇게 평가되는 경우가 있기 때문에, 바로 퍼포먼스가 '나쁘다'라고 취급하지 말고, 향상시킬 필요가 있다는 메시지를 전할 수 있도록 주의해야 합니다. 매니저는 Developing인 이유를 설명하기 위해 논리적인 근거가 정확하게 전달될 수 있도록, 객관적이고 구체적인 예시와 상세 내용을 제공하지 않으면 안됩니다.

다음으로 Performing은 순조롭게 본인 역할에 충족되는 상태입니다. GitLab의 업무 방식을 기반으로 행동하며, 기대되는 성과를 낸 조직에 공헌 가능한 상태입니다. 때때로 기대를 상회하는 성과를 내고 있는 경우도 여기에 해당합니다.

마지막으로 Exceeding은 현재의 포지션에 요구되는 내용을 항상 상회하는 경우입니다. GitLab의 가치를 이상적으로 실현하기 위한 대응을 모색하고, 기대되는 역할 그 이상의 범위에서 자신의 역할을 다하여 큰 성과로 이어지는 상태입니다. GitLab에서는 이렇게 분류하여, 성과와 행동에 의한 퍼포먼스를 정의하고 있습니다.

다음으로는 '성장력' 평가에 대해 설명하겠습니다. 퍼포먼스는 현재의 상황 및 과거의 실적에 초점을 두고 있지만, 성장력이란 장래에 초점을 두고 있기 때문입니다. 성장력 평가에 관해서는 퍼포먼스 평가보다도 정성적인 관점으로 바라볼 필요가 있습니다. 성장력이란 현재의 역할보다도 더 넓은 범위나 복잡한 주제에 대한 책임을 솔선수범하여 받아 들이고, 새로운 스킬을 습득할 수 있는 능력과 의욕을 의미하기 때문입니다.

GitLab에서는 성장력을 측정하기 위해 다음의 페이지와 같이 4개의 시점에서 바라볼 수 있는 틀이 제공되고 있습니다. 첫 번째가 '**적응성**'이라 불리며, 새로운 기술을 배울 때 활용되며 곤란한 상황에서도 성공하고 싶은 의욕과 능력입니다. 불확실한 상황 속에서도 이를 극복하고, 변화에 유연하게 대응할 수 있는 요소입니다. 두 번째는 '**확장성**'이며 자신의 영역 밖으로도 책임을 확장하는 성질입니다. 보다 복잡하고, 영향력이 크고 범위가 넓은 역할을 받아들일 의욕과 능력을 통해 계측됩니다. 세 번째가 '**일관성**'이며, 효과적인 문제 해결 능력을 가지고 있는가 하는 요소입니다. 다양한 변화가 있는 상황 하에서도 일관적으로 성과를 계속 내는 능력, 책임감, 신뢰성을 의미합니다. 마지막으로 '**자기 관심**'이라 불리며, 자신을 성찰하고 객관적으로 바라보는 능력입니다. 자신의 스킬이나 강점, 약점 편견 등을 인식하여 개선점을 발견하고 계획을 세우는 능력과 실현할 수 있는지를 인식하여, 효과적으로 행동할 수 있는 깊이입니다. 자신의 행동이 어떠한 영향을 미치는지 인식하고, 효과적으로 대응하는 것도 가능해집니다. GitLab에서는 이 4개의 시점을 '**성장력의 기둥**(Growth Potential Pillar)'라고 합니다.

■ '성장력의 기둥' 체크리스트

적응성
1. 상황의 변화에 적응 가능한가
2. 자신의 역할에서 더 큰 성공을 위해 새로운 스킬을 습득하려 하고 있는가
3. 압박감 속에서도 효과적으로 새로운 것을 학습할 수 있는 유능함을 보이고 있는가
확장성
1. 자신의 역할 범위 밖의 영역에도 관심을 보이는가
2. 진급 및 다른 역할을 담당하기 위해 도움이 되는 스킬을 습득하기 위해 준비되어 있는가

3. 한단계 위의 프로젝트나 계획에 자발적으로 참가하는가

4. 다른 팀원을 코칭, 멘탈 관리, 로드할 수 있는가

일관성

1. 일관적으로 지속해서 성과를 내고 있는가

2. 책임감을 가지고 마지막까지 업무를 수행하고 있는가

3. 믿음직한가

자기 관심

1. 규칙대로 피드백을 효과적으로 받고 있는가

2. 자신의 강점과 개선점을 인식하고 있는가

3. 개선할 만한 영역간의 간격을 메우기 위한 준비가 되어 있는가

4. 의사 결정에 있어 긴진한 판단을 보이고 있는가

성장력의 평가에서는 성장력의 기둥이라 하는 기준을 통해 평가가 진행되며, Developing(개발), Growing(성장), Exceeding(탁월함)의 3단계로 분류할 수 있습니다.

Developing은 충분히 성장력을 발휘하지 못하는 팀원을 가리킵니다. 이것은 새로운 역할에 익숙하지 않아, 성장력을 보일 시간이 없었던 경우에도 해당되며, 새로운 것을 배우려고 하는 의욕이 결여된 모습이 보여지는 것을 말합니다. 이 때에는 퍼포먼스와 다른 관점에서 볼 수 있도록 주의가 필요합니다.

Growing은 성장으로 이어지는 행동이 보이는 멤버를 가리킵니다. 기존의 영역 외에도 흥미를 보이고, 보다 개선하여 발전하기 위해 어떻게 해야 좋은지 고민하며 성장을 모색하고 있습니다. 성장력의 기둥을 기준으로 보면, 확장성이나 적응성을 보이고 있고 성과에 대해 일관성이 보이지 않으며 자기 관심이 보여지지 않는 경우에는 Growing의 범주에 집어 넣는 것이 타당합니다.

Exceeding은 충분한 성장력을 보이며, 기회가 있다면 진급 가능할 정도로 준비가 되어 있음을 의미합니다. 성장의 기둥에 해당하는 요인들이 모두 확인 가능하며, 적극적으로 요구되는 능력 이상의 목표나 프로젝트를 추진할 수 있는 상태입니다.

각 매니저들은 이를 기준으로 멤버들의 퍼포먼스와 성장력을 정리합니다. 이 작업이 끝난 뒤에 매니저가 모여 각각의 평가에 대해 회의를 진행하고, 일관성과 공평성이 있는 평가를 추진할 수 있도록 조정합니다. 특히, 0-BOX의 좌측 하단과 우측 상단의 퍼포먼스와 성장력에 해당하는 Developing/Exceeding에 해당하는 박스에 위치한 평가에 관해서는, 영향이 크기 때문에 평가자의 편견을 통해 영향을 받고 있지 않은지 신중하게 논의해야 합니다.

GitLab에서는 이러한 프로세스를 3개월에 한번 진행하고 있으며, 결정된 평가를 9-BOX와 같이 피드백을 진행합니다. 이는 단순히 결정사항을 전달하는 것뿐 아니라 팀원의 커리어 개발이나 퍼포먼스 개발을 위한 대화 도구로써 활용하고 있습니다. 일상적으로 상세한 1대1 대면을 거듭한 피드백을 통해, 사반기 중 절반이 지날 무렵에 중간 피드백을 진행합니다. 이렇듯 상세한 평가에 대한 상황을 피드백하는 것을 통해 퍼포먼스와 커리어를 개발할 수 있으며 최종적으로는 결정에 납득할 수 있게 됩니다.

보수(Reward)에 대한 GitLab의 입장

보수 제도도 GitLab은 중요시하고 있는 공정함과 투명성을 베이스로 설계하고 있습니다. 예를 들어, GitLab에서는 유동적으로 진급 시 급여가 결정되는 것이 아니라, Sales등의 일부 직종을 제외하고 사내에 공개되어 있는 보수 계산 시스템을 통해 동일한 규칙으로 보수금액을 결정하여 투명성과 일관성을 지키고 있습니다. 보수 계산 시스템을 통해 정산된 금액에 지역별로 보수 수준에 준하는 계산을 추가해 보수금액을 결정하고 있습니다. 이를 통해 보수 수준이 낮은 지역에 거주하는 멤버에게 과잉 지급되지 않고 각 지역에서도 채용 경쟁력을 유지할 수 있습니다. 과잉 지급이 없다는 의미는 회사 측의 책임도 있지만, GitLab에 소속된 것이 본인에게 최선의 선택이 아니라도, 과도한 보수 금액은 GitLab에 얽메이게 되어버리기 때문에, 건전하지 않은 관계를 피하기 위해서도 적절한 보수여야 합니다. 팀원과 퍼포먼스가 어디까지나 공정한 상태를 유지하기 위해서도, 이러한 지역 상황을 가미하는 것은 중요한 관점입니다.

GitLab의 보수 수준은 채용 시장에 있어서 GitLab의 채용 타깃이 되는 인재가 채용될 수 있는 금액을 제시할 수 있으며, 동시에 보수를 이유로 퇴직하는 것을 피하기 위해 샌프란시스코의 채용시장의 평균 금액을 기준으로 해서, 이를 상회하는 보수가 될 수 있도록 설계되어 있습니다. 또한 양도제한 조건부 주식(RSU)도 제공되고 있으며, 장기 근속 시 메리트도 제공하고 있습니다.

이 외에도 유니크한 점은 팀원 개인이 GitLab의 다른 팀원의 활약을 추천할 수 있는 제도가 있으며, 인정되면 1000달러의 보너스가 지급됩니다. 이러한 보너스가 있기 때문에, 자신의 업무 퍼포먼스가 우수하다고 인정받는 기회를 얻게 되고 다른 사람의 좋은 점을 찾아 칭찬하려 하는 동기부여로 이어지게 됩니다.

평가제도에 관해서는 1년에 한 번, 평가를 기반으로 보수 금액을 다시 상정하고 있습니다. 퍼포먼스를 현금 보수에 반영시키고, 성장력은 스톡옵션 제공의 판단 기준으로써 활용하고 있습니다. 성장력을 기준으로 스톡옵션을 제공하는 것은 장기적으로 회사에 소속되기 위한 인센티브가 되기 때문에 성장력에 대한 보상이 되기 때문에 효과적입니다.

퍼포먼스 평가가 현금 보수에 반영되는 정도는, 안정성의 기준으로써 Developing의 경우 0~3% 증가, Performing은 3~7% 증가, Exceeding은 6~10% 증가를 추천하고 있습니다. 이는 어디까지나 기준이기 때문에, 이 범위를 적절히 조정해야 할 것입니다.

기본적인 보수 금액을 낮춘다는 선택지는 존재하지 않습니다. 보수를 낮추게 되면 동기가 저하가 되지, 올라가지는 않을 것입니다. 보수를 줄이는 시점에서 재무지표에 영향이 엄청나다는 의미로 전달되기도 합니다. 퍼포먼스의 저하에 관해서는 보수 금액에 메시지를 담는 것이 아니라, 관리를 통해 퍼포먼스 개발 및 HR과 연계하여 퍼포먼스 개선 계획을 통해 대처를 해야 합니다. 안되는 것을 전달하기 위한 목적이 아니라, 서로 납득할 수 있는 퍼포먼스를 발휘하기 위해 무엇을 하면 좋을지에 대해 고려해 보는 것이 중요합니다.

경영 과제로서의 승계 계획(Succession Plan) 마련

승계 계획이란 중요한 위치에 있는 사람들의 후임 육성 계획을 의미하며, 경영 계획 상 중요한 인사 정책입니다. 도쿄증권거래소가 2015년에 주주 권리 보호를 위해 책정되었으며, 2018년에 개정, 2020년과 2022년에 경제 산업성이 취합한 '인재판 이토 레포트 2.0'에서도 언급되는 등, 승계 계획에 대해 일본에서의 관심도 높아지고 있습니다. 당연하지만 교체 불가능한 중요한 포지션의 존재를 기업에 있어 리스크일 뿐만 아니라 경영을 안정화시키기 위해서는 확장성의 확보도 필요합니다.

다른 관점에서 보면, **승계 계획은 리스크를 줄일 뿐만 아니라 장래에 짊어진 우수한 인재의 유지와 능력개발을 통해 사업 성장을 유지하는 역할도 담당**하고 있습니다. 또한 중요한 포지션을 담당할 수 있는 인재가 늘어남에 따라 특정 인물들의 집중을 피해 분담할 수 있게 되어 병목현상의 해소나 업무 처리 속도 향상으로 이어질 가능성도 있습니다.

GitLab에서는 평가제도를 실시하여 팀원의 퍼포먼스나 성장력이 확인되면 시니어 매니저(부장급) 이상의 역할을 가진 팀원이 승계 계획을 진행합니다. 후임 후보자는 지속적으로 우수한 퍼포먼스와 성장력을 보이고 보다 큰 역할을 맡을 의욕과 준비가 된 인재이지 않으면 안됩니다. 승계 계획이 진행되고 있을 때, 조직장은 팀의 현재 상황과 미래의 사업 목표를 다시 확인해야 합니다. 후보자의 실적이나 개발해야 할 스킬을 명확히 하여 어떻게 육성해 가야하는 것인지, 어느정도 기간이 걸리는지 살펴가야 할 것입니다. 혹시 후보가 되는 인재가 없는 경우, 채용 등 외부 리소스를 활용하는 계획을 준비해 두어야 합니다.

여기서 정리한 내용은 승계 계획의 템플릿을 활용하여 문서화하고, 경영팀이나 부장급 이상의 팀원, HR과 협력하여 리뷰하여 질의응답과 개선 작업이 이루어집니다. 사업 목표를 달성하기 위해 스킬의 간격을 매울 필요가 있을 때는 중요 지표로써 설정하고, 정기적으로 상황을 확인할 수 있도록 가시화해 두어 확실히 대처해야 합니다.

모든 직원이 반드시 승진을 목표로 할 필요는 없다

여기까지 GitLab이 성과나 성장에 얼마나 강한 책임감을 보여주고 있는지 설명해 왔습니다. 그러나 GitLab은 옛날 외국계 전략 컨설턴트라 불리우는 Up or Out(진급하거나 나가라)이라고 하는 한계까지 성과나 성장이 미치지 않는 팀원은 필요없다는 사고방식의 채용을 하고 있지는 않습니다. 역할에 요구되는 퍼포먼스를 발휘하고 있다면 조직에 있어 귀중한 전력인 것이며, 또한 본인이 바라고 있지도 않은데 보다 큰 역할을 강제적으로 요구하는 것은 포용성이라 할 수도 없습니다. 인생에 있어 업무가 전부가 아닙니다. 팀원이 인생과 일을 잘 조율할 수 있도록 조직으로써 마주함에 따라 한계치까지 성장하고 싶은 사람은 성장할 수 있고, 조화를 이루며 일하기를 바라는 사람에게는 그렇게 할 수 있는 상황을 제공하면 어떤 경우라 할지라도 오랫동안 좋은 관계성을 유지해 갈 수 있게됩니다.

그렇기 때문에, 매니저와 팀원 사이에서 대화를 통해 서로의 기대치나 인식을 확실하게 취합하지 않으면 안됩니다. 승계 계획을 통해 후보자가 된 사람을 포텐셜을 보고 선택하는 것이 아니라, 해당 후보자가 실제 후임자로서 적절한 역량을 보이고, 강한 의지를 명확히 표현하는지 확인이 필요하다고 보는 시각도 이러한 이유에서입니다.

이러한 사상을 실현하기 위해, 다양한 가치관을 가진 사람들의 바람직한 퍼포먼스를 발휘할 수 있는 포괄적인 인사제도를 설계할 필요가 있습니다. 평가나 피드백, 커리어에 관한 이야기를 통해 팀원이 어떻게 커리어 비전을 그리고 있는지 파악하고 이에 대해 매니저는 어떻게 공헌할 수 있는지를 성실하게 마주하지 않으면 안됩니다.

제11 장

매니저의 역할과 매니지먼트를 지원하기 위한 시스템

조직을 만드는데 있어, 매니저는 조직의 질을 좌우하는 중요한 역할입니다. 관리직은 무엇이라도 새로운 가치를 만들어 내는 직책이 아닌가 하는 생각을 하는 사람도 있을 수 있지만, 이것은 착각입니다. Google은 매니저는 불필요한 직책이 아닌가?하는 생각을 가지고 있으며, 2002년에 실험적으로 매니저 직책을 철폐하는 시도를 해 보았습니다. 그런데, 2008년에 이에 대한 효과를 검증해 보았을 때, 정반대의 결과가 도출되었습니다. 즉, 매니저는 정말로 중요한 역할을 하고 있었다는 것을 알게 되었습니다. 이 프로젝트는 'Project Oxygen'이라고 명명되어 있고, 팀원의 퍼포먼스를 향상시키기 위해 매니저들에게 나타나는 공통적인 행동을 명확히 해 두었습니다.

현재 Google에서는 프로젝트에서 명확해진 행동을 관리 능력 개발에 활용하고 있습니다. 구체적으로는 부하의 지도, 의사 결정, 협업, 넛지, 동기 관리, 성과를 중시하는 자세, 커뮤니케이션, L&D, 비전의 공유라 하는 행동을 팀에 적절히 제공할 수 있는 노하우나 트레이닝을 제공하고 있습니다.

퍼포먼스에 관한 설명 중 'HIGH OUTPUT MANAGEMENT'를 소개하였지만, 그 외에도 매니저는 팀의 동기를 높이고, 포커스를 보이며 능력을 개발하여 팀원을 목표 달성으로 이끄는 역할입니다. 한편, 팀원의 퍼포먼스가 발휘되지 않는 경우의 대응이나 인식의 차이를 메우기 위한 대화, 동기 저하에 대한 대처 등 민감한 주제에 대해 대응할 필요도 있습니다.

이번 장에서는 조직의 질을 결정짓는 매니저와 관리 방법에 대해 설명하며, **세계 최첨단의 원격 근무 조직이 어떻게 퍼포먼스를 이끌어 내고 있는지** 이해해 가보도록 합시다.

친밀함은 퍼포먼스를 향상시킨다

GitLab의 방식은 **경의를 가지고 친밀함을 구축하고, 서로의 신뢰관계를 강화하기 위한 접근 방식입니다.** 이것이 관리 방식에 어떠한 영향을 가져다 주는지를 알고 있으니 이제 관리에 친밀도의 필요성을 확인해 보도록 합시다.

팀장과 팀원 사이에 있는 관계성을 다루는 LMX(Leader−Member Exchange) 이론이라는 개념이 있습니다. 팀장과 팀원 사이에서 보수나 감정 등을 교환하고 있는데, 이 교환의 질에 주목해야 한다는 이론입니다. 관계성을 성숙시킴에 따라 질 높은 관계성을 가진 팀원은 보다 많은 피드백을 모색하고, 직접적인 피드백을 요청해, 부정적인 피드백에 대해서도 적극적으로 요청함을 알 수 있습니다.

또한 팀원이 조직 내에서 높은 자존심(Organization−Based Self−Esteem : OBSE)를 가졌다면 좋은 퍼포먼스나 행동에 유의미한 영향을 미치는 것도 알 수 있습니다. 주변에서 인정받고 직장 환경에서 성공 경험을 쌓아가며 자신은 이곳에서 활약 가능하다는 실감(소속감)을 부여하는 것의 중요성도 시사하고 있습니다. 팀원이 팀장에 대해 긍정적인 감정을 끌어 안고 조직에서 활약 가능하다는 자신감이 있다면, 팀장이나 조직을 위해 공헌하려 하는 동기부여가 발생하는 일은 자연스러운 감정이기 때문에 이미지화하기 쉬울 것이라고 생각합니다.

한편 팀장과 팀원의 관계 구축에는 서로의 성격이 영향을 미친다고 알려져 있습니다. 즉, 성격의 상성이 좋은 경우 자연스럽게 좋은 관계를 구축하기 쉬울 것이고, 그렇지 않은 경우에는 어려울 것입니다. 또한, 높은 퍼포먼스를 발휘하는 멤버와는 질 높은 관계를 구축하기 쉽지만, 퍼포먼스가 낮은 멤버에게는 냉랭해지고 관계의 질이 저하되기 쉬워집니다. 이 외에도 양질의 관계가 구축되어 있다 하더라도 팀원 자신이 자신의 능력을 과소평가하고 있다면 높은 OBSE를 획득하기는 어렵고 도전적인 행동으로 이어지기도 어렵습니다. 이렇게 팀장이 무의식적으로 팀원과 접촉하고 있다면 눈치채기도 전에 팀원의 퍼포먼스를 충분히 발휘시키기 어려운 상태가 되어 있을 가능성이 있습니다.

이렇듯 팀장이 팀원의 퍼포먼스를 충분히 발휘시키기 위해서는 **매니저는 가치관이나 성격이 다른 팀원이나 퍼포먼스가 나오지 않는 멤버와도 적극적인 관계를 구축할 필요가 있음을 알 수 있습니다.** 스스로 과소평가를 하고 있는 멤버에게는 성공 경험을 축적하여 사실 기반으로 자신을 가질 수 있도록 이끌지 않으면 안됩니다.

■ 다니엘 김의 성공 순환 모델

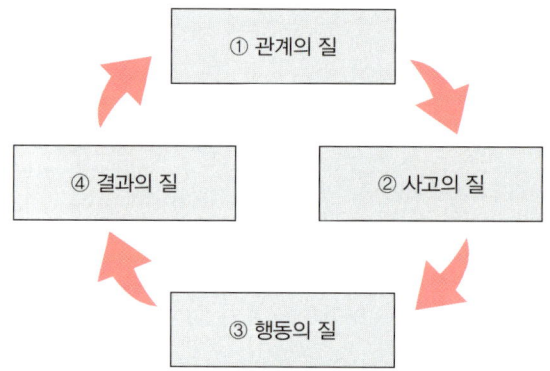

출처 : 다니엘 김 "WHAT IS YOUR ORGANIZATION'S CORE THEORY OF SUCCESS?"를 기반으로 작성

이러한 관계 구축의 중요성은 위의 그림인 다니엘 김의 성공 순환 모델에서도 지적되고 있습니다. 좋은 관계 구축은 높은 퍼포먼스의 순환 고리를 만들어내고, 질이 낮은 관계성은 퍼포먼스를 지속적으로 저하시켜가는 순환 고리를 만들어 낼 것입니다.

매니저는 의도적인 관계를 구축할 필요가 있으며, 호불호를 기준으로 하지 않고, 매니저의 책무로써 친밀함을 구축할 필요가 있음을 인식해야 팀의 퍼포먼스를 보다 향상시킬 수 있을 것입니다.

매니저는 직원을 이끌고 유지할 책임이 있다

'사원은 회사를 떠나는 것이 아니라 상사를 떠나는 것이다.'라는 말이 있을 정도로, 팀원들에게 있어 매니저는 영향력이 큰 존재입니다. 후생노동성의 '2020년 고용동향 조사 결과의 개요'의 퇴직 이유에서도 인간관계나 능력을 활용할 수 없었음을 주요 퇴사 이유로 들고 있습니다. 이직률은 재무 퍼포먼스에 영향을 주는 변수로써 등장하며, 실적에 대한 영향이 큰 중요 경영 과제입니다.

또한 이직자가 발생하면 단순히 리소스가 감소되어 작업이 진행되지 못할 뿐 아니라, 다른 팀원들에게 가는 부담이 늘고, 팀의 동기부여에도 영향을 미칩니다. 더구나 추가 인력 보충을 위해 채용 활동을 리소스 소모나 채용 매체 취업 알선 서비스 등에 소비되는 채용 비용도 추가로 발생하게 됩니다. 더욱이 우수한 인재일수록, 신뢰할 수 없는 상사나 능력을 살릴 수 없는 환경에서 적극적으로 벗어나려 하기 때문에 우수한 인재가 정착하지 않는 팀에는 변화에 대한 질적인 저하가 발생합니다.

엔지니어들이 조직에 있어 차별화된 요인이라고 언급되는 요즘, 우수한 인재가 지속적으로 활약하도록 요구하는 것은 조직에게 있어 굉장히 중요한 경영 과제입니다. 이러한 이유도 있지만 인재를 머무르게 하는 일은 매니저들에게 있어 기본적으로 우선도가 높은 역할이라 여겨집니다.

GitLab에서는 팀원을 얼마나 오래 머무르게 하는가라는 재직률을 매니저의 정량적인 수치 목표로써 관리하고 있으며, 매니저는 팀원을 머무르게 할 책임을 가지고 있습니다. 한편, 개선을 위해 전력으로 마주하더라도, 퍼포먼스가 향상되지 않는 경우나 본인이 하고 싶은 일이 조직에서 불가능한 경우에는 퇴사하는 것도 GitLab에서는 건전한 선택지로써 채택되고 있습니다. 중요한 점은 재직률을 목표로 하고 있기 때문에 무리하게 잡아 두는 것이 아니라, **GitLab에서 활**

약할 수 있는 능력과 의욕이 있는데도 관리 문제로 살리지 못하는 상황을 피해야 한다는 것입니다.

이 때문에, 매니저는 일상적으로 팀원의 커리어 설계에 관여하고, 퍼포먼스를 발휘하여 커리어 구축이 가능하도록 지원할 필요가 있습니다. 조직에서 충분히 활약하고 있으며, 능력을 성장시킬 기회가 있고, 타당한 보수도 제공되는 환경을 일부러 바꾸려고 하는 사람은 적을 것입니다. 팀원이 활약할 수 있는 환경을 제공하는 일은 조직과 팀원 모두에게 메리트가 있으며, 같이 원만한 관계를 지속해 나가는 것이 가능합니다.

SMART한 목표를 설정하는 법

다양한 계획이 목표 설정에서부터 시작되듯, 관리의 업무도 **목표 설정을 통해 포커스를 두는 것**이 중요합니다. 맥킨지 등의 컨설턴트가 'So What? / Why so?'을 반복하거나, 도요타가 '왜? 왜? 분석'으로 파고들어 구체화하듯, 무엇을 해결 할 것인지라는 디테일의 구체성은 결과를 크게 좌우합니다. 명료한 질문이 있다면, 현실적으로 택할 수 있는 선택지의 폭도 정할 수 있기 때문에 행위를 문서화할 수 있게 됩니다. 이는 흔히 말하듯 '좋은 질문을 던질 수 있다면, 문제는 절반쯤 해결된 셈이다'라는 의미입니다.

이러한 상태를 목표로 하기 위해 GitLab에서의 매니저가 좋은 목표를 설정하기 위해 활용하고 있는 프레임워크가 **SMART**입니다. Specific(구체적), Measurable(측정 가능), Achievable(달성 가능), Related(경영목표와 연계), Time-bound(시간 제약이 있음)의 어미를 따 온 것이며, 이 프레임워크를 기반으로 목표 설정을 하게 되면, 매니저가 기대하고 있는 퍼포먼스와 팀원의 해석 간의 간극을 줄이는 효과를 기대할 수 있습니다.

SMART가 아닌 나쁜 예를 몇 가지 열거하자면, '서비스 문의 건수 증가' 혹은 '버그 감소'라는 목표는 애매하며, 실제로 문의 건수가 증가하더라도 매니저가 기대하고 있는 내용과는 다른 내용이 될 수도 있습니다. '9월 말까지 CRM 툴에 등록된 신규 문의 건수를 20% 증가시킨다', '2023년 10월까지 8개의 버그를 수정한다. 이는 기일까지 병합되지 않으면 안되고, 수정하지 않은 판단 및 재현되지 않는 경우는 해당하지 않음'과 같은 구체적인 목표가 설정 가능하도록 매니저가 이끌어가야 합니다.

실시간 피드백을 제공하여 퍼포먼스를 향상시키는 방법

매니저의 중요한 역할은 퍼포먼스를 이끌어내고, 성장을 지원하는 것이라고 설명해 왔습니다. 이를 위해 피할 수 없는 행동이 '피드백'입니다.

매니저는 팀원에게 정기적으로 양질의 피드백을 제공할 책임이 있습니다. 피드백은 퍼포먼스나 동기 부여의 문제가 심화되기 전에 대처할 수 있는 기회를 제공하고 문제를 해결할 뿐 아니라, 퍼포먼스를 향상시키거나 커리어 개발로도 이어집니다.

피드백은 단지 제공만으로도 좋은 게 아니라 일상적인 신뢰관계가 필요합니다. 제8장에서도 설명하였지만, 팀원이 메시지를 의도 대로 받아들일 수 있도록, 충분한 문맥을 제공할 필요가 있습니다. 상대의 시점이나 가치관을 존중하고, 팀원을 향상시킬 수 있는 긍정적인 기회라고 이해 받지 못한다면 안됩니다. 상대가 충분히 받아들일 수 없는 피드백은, 반대로 유해한 영향을 미칠 가능성이 있기 때문에, 매니저는 효과적인 피드백을 제공하기 위해 트레이닝을 진행할 필요가 있을지도 모릅니다.

GitLab에서는 피드백을 제공하기 위해 '크루셜 컨버세이션(Crucial Conver

sation)'이라 하는 프레임워크를 활용하고 있습니다. 크루셜 컨버세이션(중요한 이야기)란 다음의 페이지에 열거된 3개 중 어느 곳에 속하는, 또는 모든 요소가 포함되는 대화를 지칭합니다. 우선 첫 번째는 다른 의견을 가지고 있을 경우(반대 의견)입니다. 예를 들어 팀원이 자신은 승진이 당연하다고 느끼고 있겠지만, 상사는 그렇게 생각하지 않는 경우도 있습니다. 두 번째는 중요한 결과를 동반하는 경우입니다. 이대로라면 목표가 달성되지 않아, 무언가 새로운 시도를 하지 않으면 안될 때 진행해야 하는 대화 등이 여기에 해당합니다. 마지막으로 강한 감정이 동반되는 대화입니다. 예를 들어 본인이 자각하지 않은 상태에서 거만한 태도를 취하고 있어, 이를 지적 받는 경우, 감정이 격해져 과하게 말을 하는 경우를 상상해 보시길 바랍니다.

■ 크루셜 컨버세이션(Crucial Conversation)에 해당하는 경우

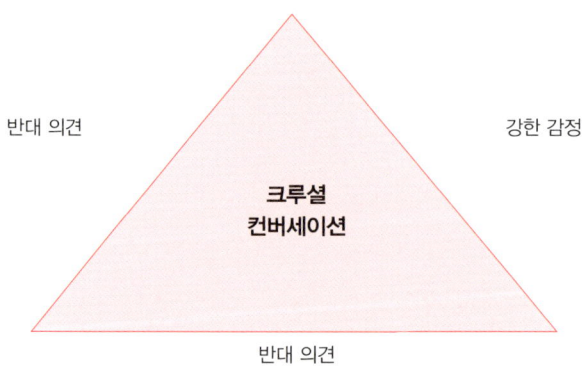

크루셜 컨버세이션은 적절한 대응이 불가능할 경우, 감정적으로 변해 인간관계에 금이 가게 됩니다. 이를 두려워하여 크루셜 컨버세이션을 피하려는 사람이 많을 것입니다. 그러나 크루셜 컨버세이션이 필요한 화제는, 본질적이고 근본적인 경우가 많으며, 방치해 버리면 과제가 해결되지 않는다거나, 결론이 나지 않을 정도로 악화되어 버리는 경우도 있습니다. 이 때문에, GitLab에서는 크루셜

컨버세이션에 관한 서적을 읽는다거나, 공인 자격을 보유한 팀원으로부터 훈련을 받는 등, 전 사원이 크루셜 컨버세이션을 체득할 수 있도록 하고 있습니다.

크루셜 컨버세이션의 기본 틀은, 우선 대화 내용이 위험하지 않은가하고 이해하는 것으로부터 시작해서, 서로의 인식을 통합하고, 공통의 목적을 위해 대화가 적절히 진행될 수 있도록 노하우를 제공하는 것입니다. 예를 들어, 대비를 통해 상대의 불안을 적절히 풀어주며, 서로가 합의할 수 있는 진짜 목적을 밝히는 방법이나, 사실을 기반으로 가설을 전하여, 적당히 강한 반응을 이끌어 내는 것으로 건설적인 대화로 이끌어 내는 방법 등이 설명되고 있습니다. 매니저는 크루셜 컨버세이션 등의 지식을 활용하여, 중요한 주제에 대해 안전하고 효과적인 피드백을 제공하여 퍼포먼스를 향상시켜, 팀원들과의 신뢰관계를 구축해야 합니다.

이외에도 매니저가 효과적인 피드백을 내리기 위한 노하우가 몇가지 제공되고 있습니다. 예를 들어, 피드백을 전하기 전에 피드백 내용에 대해 매니저가 중간에 체크를 진행하는 것이 추천되고 있습니다. 이에 따라 보내고자 하는 피드백의 질을 향상시킬 수 있습니다. 우선, 피드백 내용이 받은 사람에게 현실적으로 실현할 수 있는 내용인지 체크합니다. 다음으로는 SBI 모델을 적용하여 해석의 여지가 적은 명료한 내용인지 확인합니다. 그리고, 피드백 내용이 매니저가 말하고 싶은 내용뿐만 아니라, 상대방에게 도움이 되는 내용으로 이루어져 있는지 받아들이는 입장에서 생각해 봅니다. 피드백의 목적이 명확하고, 매니저와 팀원이 같은 목적을 가지고 목표를 바라보고 있는지도 체크해야 합니다. 마지막으로, 피드백을 통해 팀원에게 기대하고 있는 내용은 팀원의 역할 및 보수 금액이 합의된 내용인지 타당성을 확인하는 것입니다. 이러한 포인트를 자문하다 보면 효과적인 피드백이 맞는지 확인 가능할 것입니다.

더욱이, 퍼포먼스의 질을 향상시키기 위해서는, 팀원이 직면하고 있는 구체적인 과제를 발견하는 것이 중요합니다. 이것을 발견하기 위해서는 다음 페이지에 열거된 가트너가 작성한 퍼포먼스 문제의 원인 진단 툴을 활용하여 검토하는 것도 좋습니다.

■ 퍼포먼스의 문제 원인 진단 툴

매니저가 직원의 퍼포먼스 과제의 근본적인 원인을 평가하기 위한 질문

동기

- 업무를 완료할 의욕이 있는가?
- 자신의 일이 평가되고 있다 느끼고 있는가?
- 직원이 업무에 완전히 관여하고 있는가?
- 조직의 전략에 어떻게 관여하고 있는지, 명확하게 설명 가능한가?
- 직원은 일을 성공시키고 싶은 야심을 가지고 있는가?
- 업무에 대한 보람을 느끼고 있는가?
- 직원에게 영향을 미치고 있는 개인적인 사정이 있는가?
- 다른 팀원과 성격적인 부분에서 충돌이 있는가?

환경

- 업무 범위가 적절하게 정의되어 있고, 요령에 맞게 업무를 담당하고 있는가?
- 사내 프로세스는 명확하고 효율적인가?
- 이익이 모순되는 우선사항을 부여받지 않았는가
- 관료주의적인 저해 요인이 존재하는가?
- 조직내 명확한 보고 라인이 존재하는가?
- 조직 구조는 책임을 동반한 구조로 되어 있는가?
- 필요한 리소스에 접근 가능한가?
- 경영진의 메시지는 일관성을 지니고 있는가?

지식

- 기대되는 부분은 명확하게 전달되었는가?
- 자신의 역할과 책임을 이해하고 있는가?
- 필요한 정보를 가지고 있는가?

- 자신의 장점과 단점을 모두 파악하고 있는가?
- 기술을 어느정도 수준까지 활용할 수 있는지 이해 하고 있는가?
- 우선순위를 파악하고 있는가?
- 정기적으로 정밀한 피드백을 진행하고 있는가?
- 적절한 OJT를 제공하고 있는가?

스킬
- 업무를 끝마칠 수 있는 방법을 이해하고 있는가?
- 필요한 트레이닝은 전부 완료하였는가?
- 과거와 동일한 업무를 경험한 적이 있는가?
- 기대되는 퍼포먼스 레벨로 업무를 완료시킬 수 있는가?
- 필요한 기술의 이용 방법을 이해하고 있는가?
- 시간 관리 능력에는 이상이 없는가?
- 역량이 직무책임과 일치하는가?
- 조직 문화와 합치되는가?

출처 : 'Gartner PERFORMANCE ISSUE ROOT-CAUSE DIAGNOSTIC'를 기반으로 번역

부정적이든 긍정적이든 어떤 방향의 피드백이라도, 가장 효과적으로 기능하는 피드백은 사건이 일어난 직후에 진행하는 피드백입니다. 시간이 지날수록 피드백의 효과는 옅어지고, 악영향이 커집니다. 이상적으로 항상 피드백의 기회를 준비하고, 1주일이나 늦어도 2주일에 한 번 정도는 퍼포먼스에 대해 피드백을 정기적으로 제공합니다. 이것은 실시간 피드백이라도 불리우며 퍼포먼스 관리의 기본적인 사이클로도 활용 가능합니다.

이때 매니저는 단지 퍼포먼스 향상을 목적으로 삼아도 되는건 아닙니다. '매주 10% 퍼포먼스를 향상시킬 것'이라 말해도, 계속 몰아붙이면 한계를 마주하게 됩니다. 팀원의 컨디션 및 실현하고 싶은 퍼포먼스를 마주하고, 적절한 페이스를 정비할 필요가 있습니다. 현재의 Grade에 알맞은 퍼포먼스를 넘어 섰다면

다음 Grade로 승진을 시키고, 역할에 대한 책임과 권한, 퍼포먼스와 보수의 밸런스를 맞추지 않으면 안됩니다. 단지 한결같이 퍼포먼스를 요구하게 되면 팀원들은 피폐해지고, 높은 퍼포먼스를 내고 있는 팀부터 팀에서 이탈하는 결과로 이어지게 됩니다.

여기까지 피드백을 전하는 방법에 대해 설명했으며, **매니저 자신이 피드백에 대해 어떻게 마주해야 될까?**라는 관점도 중요합니다. 팀원으로부터의 피드백에 대해 매니저가 불성실하게 반응을 하게 되면 팀원의 신뢰를 잃게 될 것입니다. 매니저가 팀원으로부터 부정적인 피드백을 받은 것은 간단한 상황이 아닙니다. 매니저는 팀원으로부터 부정적인 피드백을 받은 경우, 말하기 어려운 것을 말해준 것에 대해 정중하게 감사의 기분을 담아 마주하지 않으면 안됩니다. 변명이나 반론을 말하고 싶은 마음을 억제하고, 우선은 한번 성실하게 받아들일 수 있도록 합시다. 이러한 경험이 쌓이면, 부정적인 피드백을 퍼포먼스로 개선시킬 수 있고, 좋은 영향을 주고받는 관계성을 구축할 수 있게 됩니다.

퍼포먼스 부족 문제에 대응하는 방법

매니저에게 있어 가장 곤란한 역할 중 하나는, 팀원의 퍼포먼스가 부족하다 느껴졌을 때의 대처 방법입니다. 퍼포먼스가 나지 않고 있다는 말을 들은 팀원은 충격을 받을 것이며, 매니저도 이러한 메시지를 전할 때 스트레스를 받을 것입니다.

그러나, 퍼포먼스가 부족한 팀원을 이대로 방치하면 팀의 공평성을 저하시키고, 실적 저하나 조직을 이끄는 우수한 인재의 유출 등을 초래할 것입니다. 일부러 낮은 퍼포먼스를 발휘하고 싶다 생각하는 사람은 적기 때문에, 매니저는 근본적인 원인을 마주하여 퍼포먼스를 개선하여, 활약할 수 있도록 이끌어 나가지 않으면 안됩니다.

퍼포먼스 부족에 관해서는 **매니저가 팀원과 합의한 기준을 토대로, 어떤 부분이 얼마나 부족한지 가능한 정량적인 상황과 사례를 기준으로 설명을 해야 하며, 원하는 퍼포먼스를 발휘할 수 있도록 협력해 간다는 긍정적인 메시지로써 팀원이 받아들일 필요가 있습니다.**

아침부터 매니저가 팀원들에게 퍼포먼스를 향상시켜, 활약하기 위한 책임을 부여함으로써, 팀원 또한 퍼포먼스를 내기 어려운 상황이 될 것 같은 경우에는 사전에 원인을 공유할 수 있도록 해야 합니다. 이는 업무에 직접 연관되지 않은 팀원의 사적인 사정이라 할 지라노 팀원이 미리 인질해 준다면 친밀하게 받아들이고 배려할 수 있도록 마주해야 합니다.

매니저는 가능한 빠르게 퍼포먼스에 대한 문제에 대처하고, 문제가 커지기 전에 코칭이나 티칭, 리소스 확보 등을 통해 개선의 여지를 만들 수 있도록 해야 합니다. 그러나, 매니저의 지원이 지속되어도 개선이 어려운 경우, 늦어도 1개월간 서포트를 제공해 주었어도 효과가 보이지 않는 경우에는, GitLab의 경우는 팀 멤버 스페셜리스트에게 협력을 요청합니다. 팀 멤버 스페셜리스트는 이 전문성을 살려 퍼포먼스의 개선을 지원합니다.

그럼에도 퍼포먼스의 개선이 이루어지지 않는 경우, **'퍼포먼스 개선 계획(PIP)'**를 회사 공식 프로젝트로써 설정합니다. 글로벌 기업에서는 역사적으로 PIP를 낮은 퍼포먼스를 내는 팀원의 구조조정 정책으로써 활용해 왔습니다. 이를 가지고 활약하지 못했던 객관적인 사실을 증명하고, 해고를 정당화하기 위한 프로세스였습니다. 그러나, GitLab에서는 PIP를 단지 구조조정 정책으로 이용하는 것이 아니라, 진정한 의미로 퍼포먼스를 개선하기 위한 프로젝트로써 책임을 가지고 마주합니다.

PIP의 프로세스는, 우선 개선을 목표로 하여 퍼포먼스 목표를 문서화하는 것으로부터 시작합니다. 현재의 퍼포먼스에 관한 평가, 무엇을 어떻게 언제까지 개선할 것인 것 하는 방향성, 어떤 순서로 개선해 나갈 것인지 구체적인 내용도 문서로 남겨둬야 합니다. 문서의 내용을 매니저와 팀원 순서로 읽고, 견해의 차이가 없도록 확인합니다. 매니저는 팀원에게 개선을 원하는 내용과, 팀원을 서포트하기 위해 PIP에 착수하겠다는 의지를 지속적으로 전달합니다. 질문이 없어질 때까지 정중하게 커뮤니케이션을 취하며, 매니저는 PIP가 전한 내용을 팀원 관계 전문가에게 보고하며, 팀원 관계 전문가는 팀원에 대해 PIP가 공식적으로 전달한 내용을 확인하는 것으로 프로세스가 시작됩니다.

PIP에 의한 퍼포먼스 개선 중에는 매니저, 해당 매니저의 매니저, 인사 시스템 파트너, 팀원 관계 전문가로 구성된 Slack 채널을 통해 매주 PIP의 상황을 공유하고, 모두에게 정보를 공유합니다.

PIP의 대상이 되는 멤버들은 2~4주 정도 퍼포먼스의 개선 기회를 부여하고, 매니저 및 팀원 관계 전문가의 협력을 받아, 퍼포먼스의 개선에 임합니다. 이때, PIP를 진행하고 있는 팀원이 신중하게 프로젝트를 진행하고 있지 않는 등, 퍼포먼스의 개선에 집중하지 않는 경우에는 빠르게 PIP를 중단시키기도 합니다. 개선의 방향성이 보이거나, 또는 충분히 개선되지 않은 경우에는 기간을 연장하는 경우도 존재합니다. 팀원이 PIP 기간 중 충분히 개선의 여지를 보이고, 설정된 기대에 응하는 경우에는 PIP는 무사히 종료되며, 보다 활약 가능하도록 매니저는 지원을 계속합니다. 팀원이 충분한 개선을 보이지 않고, 문서에 기재된 기대를 충족하지 않는 경우, 그 나라의 기준에 따라 계약 종료 등의 절차가 진행됩니다. PIP가 진행되고 있다는 사실은 다른 팀원에게는 표시되지 않습니다.

GitLab의 경우, 회사로써 퍼포먼스 개선에 책임감을 가지고 있고, 성공률 50% 이상을 회사의 KPI로써 설정하고 있습니다. 적어도 PIP를 통해 퍼포먼스가 개선되고, 활약할 수 있게 되는 사람이 절반 이상이라는 사실을 통해, 직원들은 PIP가 팀원을 위해 존재하고 있다는 인식을 가지고 있을 것입니다.

이러한 건전한 퍼포먼스에 대한 자세가 지속적으로 기능하기 위해서라도, 매니저는 팀원의 퍼포먼스에 대해 진중하게 마주하지 않으면 안됩니다.

매니저가 갖춰야 할 5가지 핵심 역량

여기까지 설명한 대로, 매니저는 조직의 퍼포먼스를 좌우하는 높은 난이도의 역할을 수행할 필요가 있는 중요한 역할입니다. 나아가 어떻게 역할을 확실하게 수행할 수 있는 매니저를 늘려나갈 수 있는가 하는 고민도 시야에 들어가지 않으면 안됩니다.

GitLab에서는 다음 페이지의 그림과 같이 우수한 매니저의 5가지 역량을 특정하고, 관리 능력 개발 프로그램으로써 제공되고 있는 안정적으로 매니저를 활용할 수 있는 환경을 준비하고 있습니다.

첫 번째 역량은 '**감정적 지성**(Emotional Intelligence)'라 불리는 것으로, EQ라는 명칭으로 알려져 있습니다. 감정적 지성은 공감을 통해, 자기 인식(자기 관심, Self Awareness) 및 스스로의 행동이나 사고방식을 조정하는 것을 가능하게 합니다.

■ 팀의 퍼포먼스를 이끌어 내기 위한 관리 능력

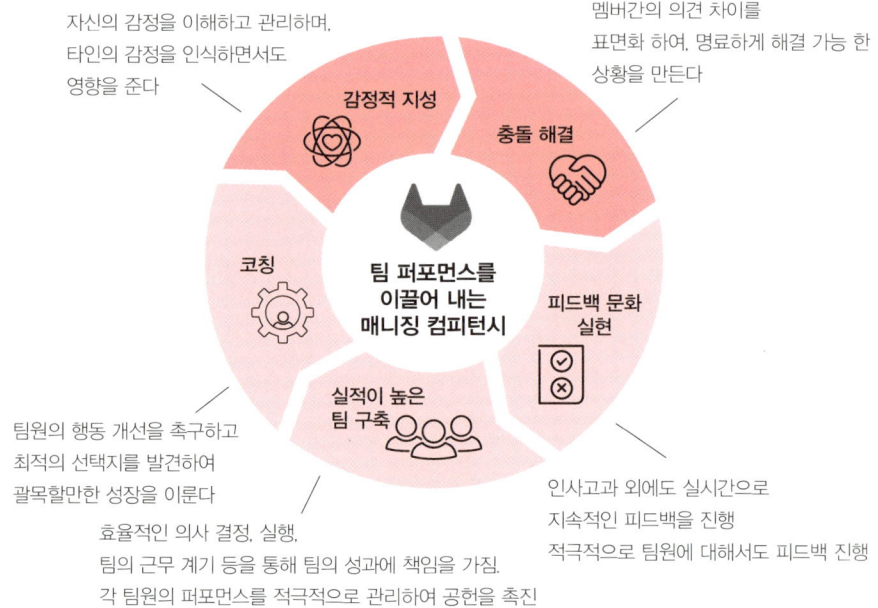

자신의 감정을 이해하고 관리하며,
타인의 감정을 인식하면서도
영향을 준다

멤버간의 의견 차이를
표면화 하여, 명료하게 해결 가능 한
상황을 만든다

감정적 지성

충돌 해결

코칭

팀 퍼포먼스를
이끌어 내는
매니징 컴피턴시

피드백 문화
실현

실적이 높은
팀 구축

팀원의 행동 개선을 촉구하고
최적의 선택지를 발견하여
괄목할만한 성장을 이룬다

효율적인 의사 결정, 실행.
팀의 근무 계기 등을 통해 팀의 성과에 책임을 가짐.
각 팀원의 퍼포먼스를 적극적으로 관리하여 공헌을 촉진

인사고과 외에도 실시간으로
지속적인 피드백을 진행
적극적으로 팀원에 대해서도 피드백 진행

자기 관심이란, 객관적으로 자기 자신을 바라보는 능력이며, 되돌아보며 자신의 감정이나 상황, 추억, 충동 등을 냉정하게 바라보는 것입니다. 감정적 지성을 가진 매니저는 팀에 대해 경의와 성실함을 보유하고 있고, 팀원이 놓여진 상황이나 과제를 객관적인 시점으로 인식 가능합니다. 이에 따라 자신의 감정을 적절히 컨트롤할 수 있고, 공감과 이해를 보이는 객관화된 관리 능력을 제공합니다.

두 번째 역량은 **'피드백 문화 실현'**입니다. 원격 근무 조직에서는 실시간 피드백이 각각의 장소에서 지속적으로 실행되는 것이 중요합니다. 피드백 문화를 양성해 가기 위해서는, 매니저가 우선 피드백의 모범이 되는 자세를 계속해서 구현해 나가야만 합니다. 피드백 문화를 구현하기 위한 구체적인 행동의 사례로써, 매니저 자신이 적극적으로 주변에 피드백을 요청하고, 아무리 엄격한 피드백에 대해서도 진중하게 받아들일 수 있어야 합니다. 동일하게 팀원에게도 평소에도 실시간 피드백을 지속적으로 제공하고, 당연하게 피드백이 진행되는 상태를 만들어 내는 것입니다. 피드백을 유효하게 활용할 수 있도록 피드백을 주거나 받는 사람을 서포트하고, 팀원이 서로 피드백을 통해 서로 학습하는 공개 토론 등이 진행될 수 있도록 합니다. 팀원이 과제를 직면했을 때, 과제 해결을 학습의 기회로 보아 피드백을 통해 성장할 수 있도록 후견하는 것입니다.

세 번째가 **'코칭'** 역량입니다. 코칭이란 매니저가 상대의 목표를 향해 팀원을 이끌어 나가기 위한 능력입니다. 팀원의 질문을 통해, 학습 및 통찰력을 키우기 위한 시사를 제공해 가도록 합시다. 이를 통해 팀원이 자신의 강점을 자각하고, 능력을 키우기 위해 가능성을 깨달아 가게 됩니다. 팀원에게 다가가 깊게 경청하여, 팀원 자신이 자신의 내면과 대화할 수 있도록 서포트하는 것입니다.

코칭을 제공하기 위해 GROW 모델을 활용하는 것도 하나의 방법입니다. GROW 모델은 Goal(목표), Reality(현실), Option(옵션), Way Forward(진행)으로 구성된 프레임워크입니다. Goal(목표)에서는 팀원의 동기를 높이기 위해 영감을 부여하는 목표를 설정합니다. Reality(현실)에서는 현재의 상황과 장래의 목표를 달성하기 위해 해결하지 않으면 안되는 과제가 무엇인지 특정합니다. Option(옵션)은 진행을 위해 체득해야 하는 수단을 검토하는 것입니다. Way Forward(진행)에서는 무엇을 언제까지 진행할 것인지 구체적인 행동과 기간을 설정합니다. 여기서 책임을 가지고 행동하여, 다시 Goal로 되돌아가 사이클을 진행합니다. 코칭은 이러한 질문을 팀원에게 부여하여, 팀원이 스스로 나아갈 수 있는 길을 발견할 수 있도록 이끄는 일입니다.

네 번째 역량은 **'충돌 해결'**입니다. 팀에서 성장하려면, 바람직한 충돌과 피해야만 하는 충돌이 존재합니다. 바람직한 충돌은 다른 의견의 충돌에서 보다 좋은 선택지가 발생하거나, 리스크를 새롭게 케어할 수 있는 충돌입니다. 이에 반해 피해야 할 충돌은, 인간관계의 호불호나 정치적 다툼 등이 해당합니다. 매니저는 바람직스러운 충돌은 권장하고, 피해야 할 충돌은 일으키지 않도록 팀의 충돌을 관리하여, 팀을 보다 좋은 방향으로 이끄는 스킬을 고도화해야 합니다. 팀 내에 존재하는 인식의 차이를 표면화하여, 해결 가능한 환경을 만들어 내야 합니다. 구체적으로는 팀원의 이해 차이를 문서로 정리하여 공통점과 논점을 특정하여 합의할 수 있는 공통의 목표를 위해 논의가 잘 진행될 수 있도록 유도하거나, 개방되고 건설적인 대화를 추진하여 서로의 이해를 촉진시킵니다.

마지막으로 '**실적이 높은 팀 구축**' 역량입니다. 실적이 높은 팀에서 보이는 특징을 팀에 이식하여 지속적인 성과를 남기게 하는 능력입니다. 높은 실적을 내는 팀의 특징은, 우선 최종적인 목표와 마일스톤의 목표에 대해 명확한 비전을 가지고 있다는 점입니다. 다음으로는 목표 달성과 관계 없는 업무나 포커스에서 벗어나 달성을 위해 전념하고 있는 상태를 유지할 수 있게 하는 것입니다. 또한, 팀 내에서 생산적인 커뮤니케이션이 가능하고 서로의 신뢰관계가 있는 상태에 있는 것도 중요한 사항입니다. 마지막으로 팀으로써 결정된 내용에 대해 어떠한 감정이 들더라도 기여하는 책임을 가지는 것입니다. 매니저는 이러한 팀을 만들기 위해 관계나 과제를 조정해 가야 합니다.

GitLab에서는 다음 그림의 엘런 드랙슬러(Allan Drexler)와 데이비드 시베트(David Sibbet)의 모델을 활용하여 팀의 과제나 대책에 대한 공통 인식을 구축하는 것을 추천합니다. 팀, 퍼포먼스, 모델은 높은 실적을 내는 팀을 만들기 위해 팀에서의 대화를 촉진시키는 프레임워크입니다. 이러한 경위나 가치관으로 팀에 소속되어 있는가를 이해하는 오리엔테이션으로부터 시작하여, 상호 존중에 의한 신뢰를 양성하고 팀의 공통적인 목적에 목표를 명확화하여, 어떤 책임을 팀을 위해 담당할지 책임을 가지고, 누가 언제 실행할지를 정해 높은 퍼포먼스에 도달하는 것입니다.

■ 드랙슬러 / 시베트의 팀 퍼포먼스 모델

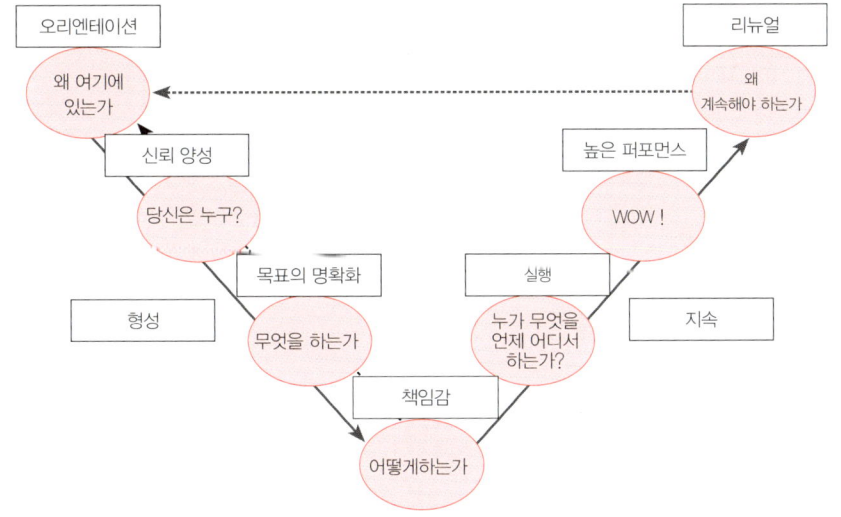

출처: The Grove Consultants International를 참고하여 번역
URL : https://www.thegrove.com/

팀이 완성되었다 하여도, 시간이 지나거나, 상황이 변화하거나 하는 문제로 팀을 재정비할 필요가 있을 수 있습니다. 리뉴얼은 이러한 상황에 대해, 팀을 유지해야 하는지를 검토하는 프로세스입니다. 많은 팀은 전반적으로 형성 부분을 제외하고, 갑자기 실행 단계로 진행하려 합니다. 높은 실적을 내는 팀을 실현하기 위해서는 순서에 따라 팀을 형성해 가는 것이 좋습니다.

조직에 있어 매니저가 담당하는 역할은 굉장히 큽니다. 매니저가 이러한 5개의 역량을 개발하여야 팀이 제기능을 하게 되고, 조직을 성장시키게 될 것입니다.

제12 장

컨디셔닝을 실현하기

이번 장에서는 GitLab이 다루고 있는 **컨디셔닝 방법이나 효율적으로 휴가를 활용하기 위해 신경 쓰고 있는 포인트**에 대해 해설합니다. '컨디셔닝'이란 스포츠 업계에서 최고의 퍼포먼스를 발휘하기 위해 정신적인 면, 육체적인 면, 건강적인 면의 컨디셔닝을 정비하는 태도입니다. 프로 스포츠 선수가 퍼포먼스를 발휘하기 위해서 심신의 컨디션을 정비하듯 의도적으로 컨디션 관리를 진행함으로써, 업무에서도 지속적으로 높은 퍼포먼스를 발휘할 수 있게 됩니다. 그 결과로써 조직으로부터 고평가받고, 보수면에서도, 커리어적으로도 인생을 보다 풍부하게 보낼 수 있게 될 것입니다.

한편, 원격 근무 조직이라는 업무 환경은 의도하지 않더라도 심신의 밸런스가 망가지기 쉽다는 특징을 가지고 있기 때문에, 퍼포먼스를 '올린다'의 중요성과 동등하게, 퍼포먼스 '저하 방지'를 위한 컨디셔닝을 의식하는 것이 중요합니다. 여러분 주변에서도 원격 근무로 전환하여 컨디션 난조를 겪거나, 정신 건강에 대미지가 우려된다는 목소리를 듣는 경우가 있었을 수도 있습니다.

원격 근무가 인간의 컨디션에 어떤 영향을 미치는지 이해하는 것은 원격 근무를 지속하기 위한 중요한 관점이라 할 수 있습니다. 원격 근무 환경의 컨디션을 정비하기 위해 GitLab이 채용한 다양한 정책 및 지식을 익혀 퍼포먼스를 내기 쉬운 컨디션을 유지해 갈 수 있도록 합시다.

환경 감수성의 차이를 이해하기

환경 감수성(Environment sensitivity)이란 '긍정적 또는 부정적인 환경을 대하는 방식이나 지식에 대한 개인적인 차이'로서 정의된 개념입니다. 좀처럼 상상하기 어렵겠지만 간단히 설명하자면, 외부의 자극에 대한 민감함이라는 감각입니다. 이러한 감수성에 대한 개인차는 '유전자에 따른 생에 전반적인 특징'

과 '발달 과정에 있어 환경의 영향'의 상호 작용으로 인해 결정됩니다. 감수성의 차이에 따라 자신에게 아무런 문제가 없는 사상이, 다른 사람에게는 강한 자극이 되거나, 반대로 다른 사람에게 대단한 자극이 아니더라도, 자신에게 참을 수 없는 자극이 될 수 있습니다. 이러한 차이가 존재함을 이해하고, 자신에게 허용되는 부분이 다른 사람에게는 허용되지 않음을 유의하도록 합시다.

특히 감수성에 민감한 사람은 HSP(Highly Sensitive Person)라 불리며, 주변 환경으로부터 강하게 영향을 받고 있습니다. 이러한 사람들은 지원을 받고 있는 환경 내에서는 긍정적인 감정을 환기시킬 수 있지만, 역으로 스트레스가 강한 환경에서는 부정적인 감정이 높아지기 쉽기 때문에, 정신 건강 관리를 위해 자신의 내면에 있는 일시적이지만 강렬한 감정을 파악하고 대처할 수 있는 스킬이 필요합니다. 구체적으로는, 자신이 위기를 느끼고 있는 이 상태가 객관적인 입장에서는 대단한 문제가 아니라고 인식할 수 있도록 하거나, 우리들의 특징을 주변에 양해를 구하고 협력을 요청하는 등의 대처가 있습니다.

반대로 감수성이 낮은 사람들은 주변의 정보에 주의를 기울이지 않고 행동하는 경향이 있기 때문에, 주변의 동의나 이해를 얻지 않고 스트레스를 발생시키게 되는 경우가 있습니다. 이러한 사람들에게는 행동을 하기 전에 정보를 정리하고, 설계를 하는 스킬이 필요합니다. 자신에게는 문제 없는 행동을 하더라도, 주변에서는 어떻게 느끼고 있는지를 다시 한번 피드백을 요청하는 것도 좋은 방법입니다. 또한, 감수성이 낮은 사람들은 행복감을 느끼기 위해 많은 자극을 느낄 필요가 있기 때문에, 자신의 방에 틀어박혀 다른 사람과의 교류가 없는 생활을 지속하다 보면 서서히 정서가 마모되어 버릴지도 모릅니다.

어떠한 경우라 할지라도 주변의 지원 유무에 따라 정신 건강을 유지할 수 있는지가 좌우된다는 것을 알게 되었습니다. 이 때문에, 정신적인 면에서 건강을 유지하기 위해서는 팀원 및 주변 사람들의 관계를 구축하고, 지원을 받을 수 있는 대인관계 스킬이 필요합니다.

그러나 개인의 노력에는 한계가 있기 때문에, 조직에서도 대인 관계 스킬에 대한 훈련을 제공하며, 시스템적으로 커버하지 않으면 안됩니다. 특히 원격 근무 환경에서는 직접 만날 기회가 적기 때문에, 지원을 필요로 하는 멤버에게 신경을 써주지 못하는 경우가 있습니다. 원격 근무 환경이기 때문에, 인포멀 커뮤니케이션 및 심신의 컨디션을 확인할 기회를 마련하고, 이러한 지원이 필요한 사람을 빠르게 발견할 수 있는 시스템을 준비해 두도록 합시다. 그 후, 팀원은 항상 조직이 지원을 해 주고 있다는 신뢰를 하도록 커뮤니케이션을 지속하지 않으면 안됩니다.

매니저 및 팀원들이 이러한 감수성의 차이를 상호 이해하고, 자신들의 특성에 맞는 대처 방법 및 참조 가능한 문서를 준비하는 것도 중요한 방법입니다.

휴가를 가지 않는 것이야 말로 조직의 약점

GitLab에서는 휴가를 쓰지 않는 것은 조직에 위약성이 존재하는 상태라고 말하고 있으며, 이에 대해 2가지의 이유를 들고 있습니다.

하나는 당연한 이야기지만, 휴가를 가지 않으면 팀원들이 피폐해져 버리기 때문에, 언젠가 한계를 마주할 가능성이 있기 때문입니다. 장기간 무리한 결과, 정신면에서나 육체적인 면에서나 한계를 마주하여도 빠르게 회복할 수 없고, 최악의 경우 직장을 떠나 돌아올 수 없게 됩니다. 이러한 상황이 되어버리면 서로가 불행해지게 적절한 휴가를 취하며 간단히 피할 수 있는 문제이기도 합니다.

다른 하나는 휴식을 취하지 않는 사람의 업무가 그 사람만 대응 가능한 유일한 업무이기 때문입니다. 휴식을 취할 수 있다는 것은, 누군가 그 사람의 역할을 대신 담당할 수 있다는 것입니다. 이러한 상황을 위해 다른 사람의 업무를 다른 사람이 대신 처리할 수 있는 프로세스를 문서화하고, 업무를 위임할 수 있는 형태로 구성하지 않으면 안됩니다. 휴식을 취하지 않으면 언제까지나 속인화 상태가 지속되고, 다른 사람이 업무를 대신 처리할 수 있는 시스템 및 문서화가 진행되어 있지 않았다는 문제가 발생할 수 있습니다. 이러한 상태는, 앞서 말한 유일한 담당자가 갑작스런 건강 문제가 생겨 퇴직으로 이어진 경우, 아무도 해당 업무를 대처하지 못하게 되는 리스크를 내포하고 있습니다. 또한, 누군가의 휴가가 다른 팀원이 새로운 업무를 담당해 볼 수 있는 기회로도 이어질 수 있습니다. 담당해 보고 싶은 새로운 경험을 축적하여, 능력을 키울 수 있게 될지도 모릅니다. 휴식이 없다면, 이러한 결과를 얻을 수 없습니다.

또한, 다른 사람과 업무를 분담하며 새로운 관점에서 바라 볼 수 있게 되며, 보다 효율적으로 업무를 처리할 수 있는 방법이 발견될 가능성도 있습니다. 업무 내용이 한 사람의 머리 속에만 존재하는 경우, 신념 등의 이유로 후순위로 미뤄져 과제가 개선되지 않고 서서히 축적되어 버리는 상황도 발생할 수 있습니다.

이러한 속인성을 높이는 태도를, GitLab과 같은 글로벌 기업에서는 '지적 겸허함 결여'라 보고 있으며, 휴가를 가지 않거나 장시간 노동을 버티는 것을 지양하기를 권장하고 있습니다. '지적 겸허함이 높다'는 것은, 자신이 절대적인 정답이 아니라고 생각하여 유연하게 생각을 바꿀 수 있는 상태입니다. '무지의 지'에도 가까운 생각 방식일지도 모릅니다.

GitLab의 경우, 최소 1년에 연속 2주, 합계 총 25일 이상의 연차를 사용하는 것을 추천하고 있습니다. 이 정도의 기간을 쉬어도 문제 없이 업무 처리를 유지할 수 있는 시스템을 만드는 것이, 조직에게도 그리고 팀원에게도 지속성이 높은 관계 형성으로 이어질 수 있습니다.

완벽한 휴가를 보내게 하기

쉬는 날 스마트폰 및 PC를 통해 자연스럽게 업무 연락을 보고 있는 상황이라면, 휴가 중에는 완전히 업무에서 벗어나 철저히 재충전을 해야 합니다. 휴가 기간 중 업무를 본다거나, 연락으로 분위기를 망치게 된다면 충분히 쉴 수 없습니다. 휴가 중에는 업무를 위한 기기 및 프로젝트에서 자신을 완전히 벗어날 수 있도록 합니다.

GitLab에서는 **충분한 휴식을 보내게 하기 위해서 어떻게 팀원들에게 휴가를 알릴지 정해 두었는데, 여기서 배울 점이 있습니다.** 예를 들어 휴가를 떠나기 전에는, 해당 휴가 일수의 두 배에 해당하는 기간 전부터 팀에 공유해야 합니다. 즉 10일간 휴가를 가질 예정이라면, 적어도 20일 전에는 팀원에게 공유해야 합니다.

이메일 등에는 부재 시 자동응답을 설정하고, Google 캘린더에도 부재 설정을 하여 예정을 전부 비울 수 있도록 만듭니다. 이 외에도 사내 시스템의 상태를 '부재중'으로 전환하고, 참가하지 않을 회의에는 전부 참석하지 않도록 해 두어야 합니다. 급하게 대응해야 할 업무가 들어오는 경우에는 대체 업무자를 지정해 두고, 중요한 프로젝트에 대해 충분한 설명을 매니저에게도 전달해 두어야 합니다.

장기 휴가로부터 돌아왔을 때, 곧장 퍼포먼스를 발휘하는 것은 현실적으로 불가능합니다. 변화한 상황을 이해하기 위해 어느 정도의 시간이 필요할 것입니다. 그러나 GitLab에서는 그럼에도 휴가를 가는 것이 생산적인 활동이라고 생각하고 있습니다.

런던 정치 경제 대학교(London School of Economics and Political Science)의 공동 설립자 그레이엄 윌러스(Graham Wallas)에 의하면 창조성에

는 4단계가 존재하며, 각각 준비(Preparation), 인큐베이션(Incubation), 일루미네이션(Illumination), 검증(Verification)의 단계를 거친다고 설명하고 있습니다. 인큐베이션은 '부화'라고 번역할 수 있으며, 과제를 인식한 뒤, 잠시 보류하는 일입니다. 이를 통해 전혀 무관한 다른 아이디어와도 연결해 보고, 일반적인 틀에서 벗어난 발상을 할 수 있는, 아이디어가 광범위하게 넓어질 수 있는 계기가 될 수 있습니다. 일루미네이션은 인사이트라고도 불리며, 단편적인 정보가 일관되어 구조화되는 순간을 의미합니다. 인큐베이션과 일루미네이션은 어떠한 업무에 대응할 때뿐만 아니라, 업무에서 벗어났을 때 활성화됩니다. 휴식을 통해 보다 효율적으로 업무를 처리할 수 있는 방법을 떠올리고, 활력 있는 상태가 되어 우선순위를 재정비하는 상황의 발생은, 새로운 관점을 발견할 수 있는 계기를 부여해 준 덕분일 지도 모릅니다.

충분히 휴식을 취하고 휴가에서 돌아왔을 때에는 우선 팀원과 가볍게 잡담을 나누고, 휴가 중에 있었던 일을 공유하거나, 어떤 일이 있었는지 서로 이야기하는 것을 추천하고 있습니다. 특히 원격 근무 조직에서는 자연스러운 잡담의 기회가 발생하지 않기 때문에, 의도적으로 이러한 상황을 마련하는 것도 교류를 위한 귀중한 기회가 될 것입니다.

이렇듯 휴가에 집중할 수 있도록 조직을 정비하고, 철저히 규칙을 준비하여 재충전이 가능하도록 해야 합니다. GitLab과 같이 장기간 휴가를 취하게 하기 어려운 경우라도, 휴가 중에 일절 업무와 관계되지 않도록 하는 것이 가능해집니다.

운동을 통한 두뇌의 재정비

운동이 몸에 좋다는 것은 어린아이도 알고 있지만, 운동의 중요성은 상상을 초월하는 큰 영향을 미칩니다.

예를 들어, 딘(Dean) 대학의 제임스 블루멘탈(James Blumenthal)의 연구에 의하면, 우울증 환자에게 '운동을 제공한 그룹'과 '졸로프트라는 항우울제를 투여한 그룹'을 비교하였을 때, 두 그룹 모두 동일한 정도로 우울증이 개선되었습니다. 또한, 우울증 재발율은 운동을 제공한 그룹(항우울제 투여 그룹 : 38%, 운동 제공 그룹 : 8%)이 더 낮다는 결과가 나왔습니다. 즉, 항우울제보다도 운동이 더 효과적입니다. 이러한 연구에서는 매일 2~30분 정도 워킹(빠른 걸음을 통한 산책)을 지속하면 우울증을 예방할 수 있다고 주장합니다.

또한 스트레스 억제나 기억을 촉진시키는 '해마'의 세포는 나이를 먹을수록 매년 1~2%씩 감소한다고 알려져 있습니다. 그러나, 매일 40분 정도 워킹을 하면 해마 세포의 감소가 멈추고, 오히려 증가한다는 연구도 존재합니다.

이 외에도 안데르스 한센(Anders Hansen)의 저서 '집중하는 뇌는 왜 운동을 원하는가'(한국경제신문)에서는 정기적인 유산소 운동이 집중력이나 창조성을 향상시켜 정신 질환이나 치매를 억제하고 지력에도 영향을 미친다고도 설명합니다.

원격 근무 환경에서는 지금까지 출근을 위해 역까지 도보로 이동하던 시간도 없어지고, 계단을 오르내리는 일도 없어졌으며, 계절이나 마을 변화를 느낄 기회도 줄어들지도 모릅니다. 이러한 상황은 어느 순간, 뇌와 육체를 좀먹게 될 가능성도 있습니다. 원격 근무 환경에서 근무를 하기 때문에, 의도적으로 주 2회 20분 이상의 유산소 운동을 생활에 끼워 넣음으로써 신체 기능을 조정하는 것을 추천합니다.

제13 장

L&D를 활용하여
퍼포먼스와 의욕을 향상시키기

이번 장에서는 L&D (Learning & Development)에 대해 설명하고, L&D에 관한 생각과 노하우를 제공하는 방법을 설명하겠습니다.

어떤 의미에서 L&D는 일본 등의 국가에서는 가장 등한시하고 있는 분야일지도 모릅니다. 파솔 통합 연구소에 의하면 'APAC 취업 실태, 성장의식 조사 (2019년)'에 의하면, 일본은 자기 자신에 대해 깊게 연구하고 있는 비율이 아시아 14개국 중 최하위(아무것도 하고 있지 않음이 46.3%를 차지)이며, 출세 의욕 또한 최하위에 있는 등, 능력 개발 및 커리어 향상 의식이 현저히 낮다 볼 수 있습니다. 많은 직장에서 행해지는 인재 육성 방침을 보아도, 엄숙한 환경 안에서 자신의 실력만으로 성장해 온 '자수성가'가 존경되고, 모든 사람들이 그래야 한다 생각하는 조직이 많다고 느껴집니다.

혼자 힘으로 지속적인 성장을 지속할 수 있는 우수하고 향상심이 있는 인재는 더 큰 성장이 가능한 환경을 추구하여 이직할 가능성도 있기 때문에, 성장이나 도전의 기회, 자극을 받기 위한 동료가 존재하는 것은 큰 의미가 있습니다.

GitLab 및 높은 순위에 있는 글로벌 기업에서는 L&D를 깊이 이해하여, 효과적인 능력 개발 및 커리어 향상의 기회를 제공하는 등, 팀원 전체의 퍼포먼스 향상과 Key Talent와 같은 중요한 인재를 머무르게 하는 노력을 지속하고 있습니다.

효율적인 L&D의 시스템을 제공하고 있는 기업은 아직 한정되어 있기 때문에, 이 분야에 빠르게 대응하는 것은 다른 기업과의 차별화된 요인으로써 가치가 있을 수 있습니다. GitLab을 필두로 기업이 어느 정도 선까지 L&D를 포착하고, 대응하고 있는지 이해해 보도록 합시다.

효과적인 자기개발 프로세스를 이해하기

사람의 스킬은 어떻게 해야 성장시킬 수 있는가 하는 기본적인 부분에서 부터 이해해 보도록 합시다.

우선 '성장'이라는 말의 정의부터 확인해야 합니다. 성장에는 능력, 스킬의 취득 및 향상을 통해 새로운 난이도나 종류의 업무를 달성할 수 있게 되거나, 결과를 향상시키는 것이 가능하도록 하는 '기술적 성장'과 역할을 노리거나, 스스로를 통제하여 되고 싶은 방향으로 될 수 있도록 하는 '정신적 성장'이 있습니다. 주변에서 기술적인 성장이 보인다고 인정받거나, 실적을 올리는 등 자신이 붙었을 때 정신적인 성장으로도 이어질 수 있습니다. 정신적인 성장을 동반한 성장 또는 새로운 기술적인 성장을 이루는 사이클이 기본적인 성장 방법입니다. 이 두 가지 측면이 혼재되어 있으므로 L&D에서 제공하는 성장도 '기술적 성장'과 '정신적 성장'으로 나눠서 생각해 주세요.

특히 일본은 '기술적 성장'에 관한 대응이 늦다는 견해가 있습니다. 근래에는 역할에 요구되는 스킬을 구체적으로 정의하는 경향이 보이는 듯 하지만, 아직 기술적 성장을 구체적으로 제공하는 부분은 개선의 여지가 존재합니다. 이는, 전통적인 종신 고용 형태가 소속된 기업 내에서 직무 순환을 통해 폭넓은 기술이나 인간관계를 쌓는 것을 목적으로 삼고 있었거나, 일반 직원에서 관리직이 된 사람들이 '우리들도 따로 교육 받지 않았기 때문에, 기술은 스스로 보고 익혀야 한다'라는 가치관을 가지고 있기 때문일지도 모릅니다.

기술적 성장을 이루기 위해서는 '현재의 스킬 레벨업'과 '목표로 하는 스킬 레벨업'을 가시화하는 것이 필수입니다. 일본의 기업은 스킬의 데이터베이스 및 스킬 맵 등을 활용하는 것이 구비되어 있지 않아, 소속되어 있는 팀원들이 어떤 스킬을 보유하고 있고, 어떤 스킬을 어느 정도까지 성장시켜야 하는지의 기준이 보이지 않는 상황 아닐까요? '목표'와 '현상'이 보이지 않기 때문에, 간격이 어느 정도인지 모른 채 비효율적인 노력으로 이어지거나, 어떤 능력을 개발하면 좋을지 모르게 될 것입니다. 능력을 개발하기 위해서는, 특정 직종에서 요구하는 스킬 및 레벨을 특정하고, 이 기준 자체를 공통의 인식으로써 갱신해 갈 필요가 있습니다.

다음으로는 능력 개발 프로세스를 살펴봅시다. 데이비드 콜브(David Kolb)에 의하면 인간은 '구체적인 경험', '내성적 관찰', '추상적 개념화', '적극적 실천'을 반복하며, 경험을 통해 학습해 갑니다. 이는 '경험 학습 모델'이라 불립니다. 구체적인 경험이란 실제 경험한 것을 자신의 머리로 생각하고, 행동하며 그 결과를 받아들임으로써 다양한 영감을 얻는 프로세스입니다. 내성적 관찰이란 자신이 경험한 것을 넓은 범위에서 바라볼 수 있는 입장에서 돌아보는 것을 통해 객관적으로 관찰하고, 성공 및 실패 요인을 다방면으로 생각을 해 보는 것입니다. 추상적 개념화란 내성적 관찰을 통해 얻은 정보를 보다 메타적인 관점에서 관찰하여 공통 항목이나 본질적인 지식을 추출하여, 다음 상황에서도 활용할 수 있도록 범용화하는 것을 의미합니다. 마지막으로 적극적 실천은 추상적 개념화에서 얻은 학습을 이용해 실행하는 단계입니다. 그 결과가 최초의 프로세스인 구체적 경험으로 돌아가, 다음 페이지의 그림과 같은 사이클을 돌리는 것처럼 됩니다.

이 경험 학습 모델의 사이클 자체는 일본에서도 화제가 되었지만, 해외와의 큰 차이는 '추상적 개념화'의 부분입니다. 개인의 노력 수준에서 경험 학습 사이클을 돌리는 경우 자신의 머리로 일을 개념으로써 추상화하지 않으면 안됩니다. 그러나, 이세상 누구도 해 본 적 없는 업무라면 논외지만, 대부분의 업무는 많은 사람들이 마찬가지로 업무에 종사하고 있습니다. 그렇기에 성장의 과정이 체계화되고, 연수나 서적으로써 지식이 정리되는 경우가 많습니다.

■ 콜브의 경험 학습 모델

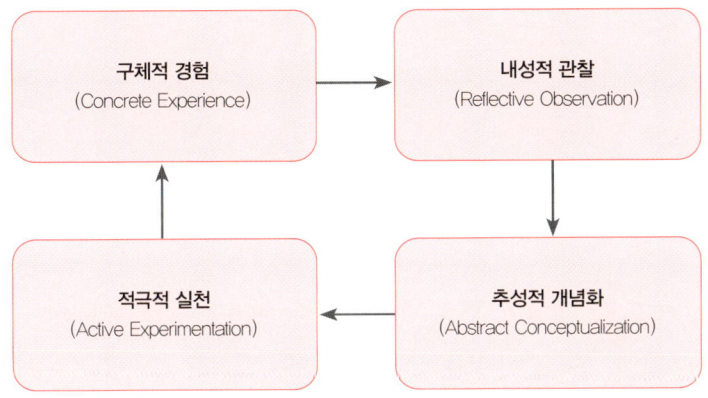

출처: Kolb, D.A, 「Experiential Learning: Experience As The Source Of Learning And Development」(1984)을 기반으로 작성

L&D가 충실한 해외 기업에서는 매니저나 L&D 담당자가 역량의 구조화나 체계화되지 않은 지식을 가지고 있기 때문에, 참조할 만한 문서나 트레이닝을 효과적으로 제공하고 있습니다. 개인이 어림잡아 무언가를 찾으며 시간을 들여 해결하는 것보다, 이미 선배들이 정리해 둔 지식을 활용하여 범용화된 부분까지 빠르게 파악할 수 있습니다. 이후 다시 시작점을 잡고, 다시 체계화되지 않는 선진적인 주제나 어려운 도전에 마주하는 것입니다.

GitLab도 다양한 훈련법이나 지식에 대한 문서나 동영상, 외부 리소스 등을 활용하여 합리적으로 학습할 수 있는 환경을 준비하고 있습니다. 이를 통해 경험이 적은 업무라도 효율적으로 스킬을 갈고 닦아 속인성을 배제하면서 퍼포먼스를 발휘할 수 있게 됩니다.

그러나 이러한 연수가 의미가 없다 느끼거나, 부정적으로 생각하는 현장 멤버 등이 있을 수 있습니다. 일이 바쁜데 연수를 위한 시간을 따로 뺐다면, 연수가 끝나고 학습한 내용을 금방 잊어버리게 되어 연수는 의미가 없는 것이라고 느낄 수 있습니다.

이는 연수가 나쁜 것이 아니라, 학습 내용의 활용 방법이 적절하지 않았기 때문입니다. 연수는 수강만이 목적이 아니라, 연수를 통해 얻은 개념을 적극적인 실천을 통해 활용하고, 스킬로써 정착시켜 가는 것이 목적입니다. 많은 연수에서는 정착까지 추천되지 않고, 강습만으로 끝내버리고 있기 때문에 의미가 없는 것입니다.

연수를 통해 얻은 내용을 실무에서 활용하여, 경험을 통해 스킬로써 정착시키는 것을 '연수전이'라고 합니다. 연수전이를 현실화하기 위해서는 개념을 어떻게 적극적으로 실천하여 활용할 수 있는지 문서 등으로 정리하고, 행동으로 실천하며, 끊임없이 연습을 반복할 필요가 있습니다.

이러한 행동은 혼자의 힘으로 해결하기 어렵기에, 매니저나 L&D 담당이 정기적으로 책임을 가지고 행동할 기회를 제공하고, 실제 능력이 개발될 수 있는지를 확인해 가는 것이 효과적입니다.

개인 개발 계획(IGP)을 수립하고 지속적으로 커리어 개발 논의를 이어가기

능력 개발을 효과적으로 진행하기 위해서는, 개개인이 자신의 커리어 설계를 세운 후 책임감을 가지고 행동할 필요가 있습니다. GitLab이 추천하는 IGP(Individual Growth Plan)에는 자신이 실현하고 싶은 목표나 장래의 커리어를 결정하여, 이를 위해 어떤 도전을 할 것인지 액션 플랜이 적혀 있습니다.

자신이 어떤 행위를 했을 때 보람을 느끼는지, 어떠한 일을 중심으로 커리어를 형성하고 싶은지 등 스스로의 내면을 정리하며, 이후의 커리어에 대해 구체성을 높여갑니다. 개발 목표를 달성하기 위해 어떠한 기회에 도전할 것인지를 결정하고, 구체적인 프로세스나 스케줄을 정합니다. GitLab에서는 매니저와 월

1회 이상 IGP에 대해 이야기할 기회를 설정하고, 결정한 액션 플랜에 대해 정기적으로 검토합니다.

커리어 개발의 기회를 제공하는 것은 팀원, 매니저, 조직의 삼방향으로 좋은 영향을 주는 훌륭한 대처입니다. 커리어 개발을 하기 위해 팀원이 요구 수준이 높은 목표에 대해 도전하면, 지금까지의 범위를 넘어선 퍼포먼스를 발휘해야 할 필요가 있습니다. 이를 통해 팀의 퍼포먼스와 팀원의 스킬이 향상되기 때문에, 조직에 있어 큰 메리트가 될 것입니다. 또한, 우수한 인재는 자신의 능력을 끌어내 줄 매니저와 일하고 있다 느끼게 되어, 퍼포먼스가 높은 팀원의 이직률을 억제하고, 매니저 자신도 주변에서 고평가될 것입니다. 더욱이 팀원 자신도 실적과 함께 스스로 시장가치를 높이게 되어, 높은 스킬을 체득하게 됩니다. 이렇듯, IGP를 만들어 조직으로써 커리어 개발을 마주하는 윈윈 관계를 구축할 수 있다는 큰 의미를 가집니다.

360도 피드백을 통해 능력 개발을 촉진시키기

팀원이 능력 개발에 집중하고 있을 때, 편견이 영향을 미칠 경우도 있어, 혼자 힘으로는 자신의 과제를 올바르게 인식할 수 없을 것입니다. 또한, 과제를 인식하였다 하더라도 개선되어 있는지 정확히 판별하기 위해, 효율 좋게 능력을 개발하는 것이 어려울 수 있습니다. 360도 피드백은 객관적인 시점에서 중요한 내용을 깨닫게 해주기 때문에, 놓쳤던 자신의 강점을 파악하거나, 개선할 포인트를 발견하거나 발견하기 위한 유효한 도구로써 활용할 수 있는 가능성이 있습니다.

GitLab의 경우, 360도 피드백은 능력 개발에 목적을 두고 있기 때문에 퍼포먼스 평가에는 활용되지 않습니다. 360 피드백은 팀원으로부터 요청이 있을 시,

동료나 매니저 그리고 부하 등을 지명하여 피드백을 받습니다. 지명된 팀원은 SBI 모델을 활용하여 구체적이고 해서의 여지가 가능한 적은 형태로 피드백을 제공합니다. 피드백을 요청한 팀원과 매니저는 자기 평가와 팀으로부터의 360도 피드백을 비교해보며, 대화를 통해 내용을 분석해야 합니다.

매니저는 팀원이 피드백에 방어적이 되지 않도록 코칭을 진행하고, 능력을 키울 수 있는 포인트를 검색합니다. 발견한 주제에 대해 어떤 상태를 노려야 할지 문서화를 진행하고, 목표에 도달하기 위한 계획을 세우고 IGP의 내용을 갱신하여 기록해야 합니다. 여기에 적힌 내용도 매니저와의 1대1 면담에서 정기적으로 진척 상황을 확인하고, 필요에 따라 매니저가 서포트를 제공하면 능력개발을 성공적으로 이끌 수 있습니다.

GitLab의 경우, 자기평가와 팀원으로부터 받은 피드백은 'Start', 'Continue', 'Stop'의 3가지로 구성되어 있습니다.

Start는 피드백 대상자가 '팀의 성공을 지원하기 위해 새롭게 시작해도 좋다.' 라는 의미입니다. '팀의 성공을 지원하기 위해, 피드백 대상자가 시작할 수 있는 것을 한 가지 말해 주세요.'라는 설문에 대한 답변을 통해 명료해져 갈 것입니다. Continue는 피드백 대상자의 계속되어야 할 우수한 점을 나타냅니다. '피드백 대상자의 강점이자, 유지해야 할 것은 무엇인가?'라는 설문에 답하는 행위입니다.

Stop은 피드백 대상자에게 개선을 기대하는 내용을 답변하는 것입니다. '피드백 대상자에게 있어 진정한 의미로 긍정적인 변혁을 가져다 줄 수 있고, 최대의 개선 기회라 생각합니까?'다는 설문을 통해 깊게 파고 드는 것이 가능합니다.

자기 평가와 360도 피드백은 'Start', 'Continue', 'Stop' 각각의 설문에 대해 10개의 선택지 중에서 최대 3개까지 선택하여 답변합니다. 선택지는 '협업', '피드백', '포용성', '이터레이션', '성과', '성장 욕구', '효율성', '투명성', '전문 기술', '기타'로 구성되어 있으며, GitLab Value나 성과를 내기 위한 역량과 연결됩니다.

이처럼 구조화된 360 피드백을 진행하여, 자기 인식과 팀의 인식 간 차이에서 새로운 인식이나 맹점을 발견할 수 있습니다. 부정적인 피드백이었던 경우에는 충격을 받을지도 모릅니다. 그러나, 다른 사람에게 어떻게 보여지고 있는지 현실적으로 마주하고, 개선할 수 있는 부분을 찾는 일은 본질적으로 능력을 개발할 때에는 피할 수 없는 포인트라 할 수 있습니다. 객관적인 피드백을 통해 편견을 넘어, 현실을 마주하는 일은 비즈니스나 제품 제조 등에도 공통된 학습의 기회일 것입니다.

임시 역할에 대한 이해

GitLab에서는 커리어 개발의 일환으로써 '**잠정(Interim)**'과 '**임시(Acting)**'라는 역할이 발생할 수 있습니다. '잠정'의 역할은 운영에 흥미가 있는 엔지니어가 매니저의 역할을 체험하는 엔지니어에게만 한정된 기회로써 준비되어 있습니다. 회의에 참가하거나, 인턴의 채용에 관여하는 등, 잠정적인 역할을 경험할 수 있습니다. 이를 통해 매니저가 되기 위한 다양한 경험을 체득하거나, 관리직이 아니라 개인으로써 전문성을 갈고 닦는 편이 자신에게 있어 적성이 있음을 알게 될 지도 모릅니다.

잠정 역할을 희망하는 경우에는 사내 인사 시스템에서 희망을 제출하고, 선발(선정) 프로세스를 거쳐 승인을 받으면 잠정 매니저가 될 수 있습니다. 잠정 매니저는 신규 멤버 채용 등과 같은 목표를 가지고 활동하며, 채용한 인재가 조직에 안정적으로 정착하고 그 밖의 목표들이 달성되면 정식 매니저로의 승격 검토가 진행되는 구조입니다.

'임시'는 조직에 필요에 따라 일시적으로 만들어지는 관리직이며, 일시적으로 역할을 대신하여 일정 기간 또는 무언가 조건이 충족되면 원래의 역할로 돌아가는 상태입니다. 이쪽은 엔지니어에 국한된 것이 아니라, 모든 직종이 대상이 됩니다. 임시 역할은 커리어 개발의 일환으로써 행해지는 것도 있지만, 이 역할의 사람이 채용될 때까지 이어지는 경우도 있습니다. 임시기간이 종료되었을 때에는 매니저는 적절한 보너스 기준을 확인하고, 임시 역할을 수행한 사람에게 안내합니다.

이러한 기회를 설정하여 직원들에게는 커리어 개발의 찬스를 제공하고, 조직에게는 의욕적인 인재가 포지션을 이유로 외부에 유출되는 것을 억제하여 GitLab에 적절한 인재를 매니저로써 승진시키는 것이 가능하게 됩니다.

GitLab이 제공하는 역량 개발 지원 프로그램

능력 개발을 위해서는, 스킬이 구조화되어 있거나 주변의 피드백을 받는 등 능력을 개발하기 위한 지원이 존재하는 것도 중요하지만, 독학도 큰 의미가 있습니다.

GitLab에서는 구성원이 성장하고, 보다 높은 퍼포먼스를 발휘할 수 있도록, 독학 및 셀프 서비스를 지지하는 서포트를 준비해 두었습니다. 예를 들어, 백엔드 엔지니어로써 일하고 있는 팀원이 보다 높은 레벨의 지식을 체득하기 위해 대학교 또는 대학원에서 CS(Computer Science)를 배우거나, 비즈니스 팀원이 프로그래밍 능력을 체득하기 위해 인터넷 강의를 수강하는 것도 가능합니다.

스킬을 향상시키고 싶다고 생각하고 있는 사람에게, 회사가 비용을 부담해 주는 것으로 전문적인 지식을 체득할 수 있다면, 능력 개발에 대한 동기부여가 될 것이며, 회사에 대한 참여도도 향상될 것입니다. 회사에 있어서도 배운 지식을 통해 보다 높은 퍼포먼스를 발휘해 줄 수 있다면, 이는 큰 메리트가 될 것입니다.

이를 목적으로 GitLab의 서포트에는 많은 선택지가 존재하며, 학문적인 지식을 체득하기 위해 대학이나 대학원에 다니는 비용을 제공받거나 전문적인 프로의 비즈니스 코치에게서 코칭을 받는 것도 가능합니다. Udemy나 Coursera라고 하는 풍부한 콘텐츠를 갖춘 인터넷 강의 코스를 수강하는 것도 가능하며, 비영어권의 인재가 활약하기 위한 영어 학습 서포트 또한 콘텐츠로써 제공하고 있습니다. 해외에서는 LinkedIn을 이력서 대용으로 활용하는 사례도 있지만, LinkedIn이 인정하는 다양한 코스를 수강하며 전문적이 지식을 가지고 있음을 인증하는 배지를 제공해 주고 있기 때문에, 커리어의 가치를 향상시키는 것도 가능합니다. 사이버 보안 인증 및 AWS 인정 솔루션 아키텍트 등의 자격을 취득하는 것도 회사에서 지원을 받을 수 있고, 체계화된 지식을 체득할 수 있는 기회이자 이를 커리어의 가치로서 보증해 주는 자격을 취득 가능하게 마련되어 있습니다. 엔지니어들을 위해서는 기술 서적을 다수 출판하고 있는 오라일리의 기술 트레이닝이나 엔지니어링 매니저를 위한 CTO가 되기 위한 임원 코칭 등도 제공되고 있습니다.

이외에도 현대적인 헬스케어(Modern Health)라는 서비스 활용도 유니크할지도 모릅니다. 현대적인 헬스케어는 커리어나 자신을 가지기 위한 코칭등을 제공할 뿐 아니라, 치료사(Therapist)가 업무 상담, 스트레스 관리, 연애 상담, 가족 관계, 교우 관계등의 고민, 출산 및 간호 등의 인생에 있어 큰 이벤트, 풍부한 라이프 스타일의 실현 등을 조언해 주는 폭넓은 인생상담에 어울리는 서비스입니다. 이를 직원들뿐 아니라, 직원들의 가족이나 파트너들까지도 이용 가능하게 해 줌으로써, 직원들이 업무뿐만 아니라 사생활 및 직원 주변에 있는 사람들에게 미치는 다양한 인생의 고민 등 퍼포먼스를 저하시킬 가능성이 있는 일에 대한 케어도 제공하고 있습니다.

이러한 사고방식은 더욱 효율적으로 능력을 개발시켜 퍼포먼스를 향상시킬 수 있는가라는 관점뿐만 아니라, 다양성과 포용성 그리고 소속감의 관점에서 쓸데 없이 퍼포먼스를 저하시킬 요인을 배제할 것인가?라는 사고방식으로도 이어질 것입니다.

GitLab은 다양한 장소에 존재하는 개인들의 퍼포먼스를 이끌어내고, 협업을 하기 위해서는 어떻게 해야 좋을까하는 관점을 가지고 조직을 구축해 왔기 때문에, 다양한 상황에 놓인 사람들이 이렇게 퍼포먼스를 발휘시켜, 좋은 팀을 구축해 온 것입니다.

GitLab의 사고방식을 자사에 도입해 보기

여기까지 GitLab이 핸드북을 활용하여 어떻게 최신의 원격 근무 조직을 구축해 왔는지에 대해 설명하였습니다. 문서화나 규칙화를 고집하는 것에 대해 놀라신 분들도 적지 않을 것입니다. 또한, 자신의 조직에서 시험해 보고 싶다 생각하는 분들도 있으실 것입니다.

본서에서 소개한 다양한 팁을 부담 없이 테스트해 보는 것도 의미가 있겠지만, 모두에게 설명한대로 GitLab은 방식 및 조직 설계에서부터 인사제도, 업무 흐름까지 일관된 사상을 베이스로 구성되어 있으며, 이를 통해 효율성이 최대화되어 있습니다. 조직이 허용하는 한, 제 3장에서 설명한 원격 근무 조직을 구성하는 프로세스에 따라 초석을 만들고, 서서히 본서에 기재된 내용들을 조직 전체에 적용해 보는 것을 시도해 봐야 합니다.

이 책을 통해 효율적인 원격 근무 조직 구축 방법을 알았다고 하여도, 이 방법을 모든 분들이 소속된 조직에서 채용할 수 있는지 없는지는 현재 조직의 상황에 좌우될 지도 모릅니다. 권위적인 경향이 강한 조직에 소속된 경우, 보통업

(Bottom Up) 방식으로 조직의 방향성을 크게 바꿀 수 있는 주장은 쉽게 받아들여지지 않을 가능성도 있습니다. 참고로 필자가 어떤 프로세스를 거쳐 자사 조직에 'GitLab Handbook'의 방식을 도입해 왔는지, 실제 사례를 들어 설명을 하겠습니다. 오랜 역사를 가진 기업이나 IT 리터러시가 그렇게까지 높지 않은 기업이라도 필자가 지금부터 설명하는 요점을 잘 파악한다면, 조직 변혁에 긍정적이지 않은 기업이라도 도입할 가능성이 올라갈 수도 있습니다.

필자의 회사는 원격 근무 조직으로 전환하는 것을 결정하기 이전에, 오피스에서 직접 얼굴을 마주하고 커뮤니케이션을 취하는 것을 중시하는 흔히 있는 보통의 회사였습니다. 2020년에 COVID-19로 인해 출근이 제한되었을 때, 많은 조직과 동일하게 이제부터 어떻게 조직을 유지해 갈지를 생각하는 좋은 계기가 되었습니다. 당시, 소속 조직의 주류 사상은, 바이러스의 유행이 소강되면 오피스로 돌아와, 지금처럼 대면하는 방식으로 업무를 지속하자는 것이었습니다.

그러나, 인사책임자를 담당하고 있던 필자는 이후에 세상을 변화시킬 수 있는 최적화된 조직을 실현하고 싶다는 생각이 있었습니다. 다수의 근무자가 반강제적으로 원격 근무를 경험하게 되었기 때문에, 이에 따라 원격 근무가 제한된 사람의 근무 방식부터 일반적인 선택지로 변화될 것이 예측되었습니다. 원격 근무로 퍼포먼스를 내는 우수한 인재가, 원격 근무를 완강히 금지하고 있는 회사를 취직처로 선택할 이유는 줄어들 것입니다. 다수의 기업이 어떠한 형태로든 원격 근무를 채용할 필요가 있다는 전제를 세우면, 어떻게 해야 원격 근무의 퍼포먼스를 낼 수 있는 것인가 하는 이해가 발생하고, 이 조사 중 'GitLab Handbook'을 마주하게 되었습니다. GitLab의 대응이나 지금까지의 실적을 알고 있기에 핸드북에 쓰여진 방법은 원격 근무 조직으로써 퍼포먼스를 올리고 있다는 확신이 강했으므로, 이 방법을 채용하여 소속 조직을 글로벌 수준의 원격 근무 조직으로 전환하겠다는 목표를 설정하였습니다.

'GitLab Handbook'을 분석함으로써 퍼포먼스가 높은 원격 근무 조직을 어떻게 구현할 수 있는지 이해할 수 있었습니다. 다음으로는 어떻게 원격 근무 조직을 지향하는 조직으로 변화해 갈 것인지 고민하는 페이즈에 들어가는 것입니다. 앞서 설명한 대로, 필자의 회사는 대면하여 커뮤니케이션을 취하는 것을 중시하는 조직문화를 가지고 있었습니다. 경영자에게 갑작스럽게 원격 근무 조직으로 이행하여야 한다고 주장하여도 그 자리에서 바로 결정은 어려울 것입니다. 상정하지 않은 리스크를 고려해야 하는 것도 어렵고, 오피스에서 대면하여 일하고 싶은 직원들의 반발도 생길지도 모릅니다. 즉각적인 대응이 필요한 위기 상황에 빠지지 않더라도 큰 변화를 일으키기 위해서는 변화할 목적이 공유되지 않으면 일치시킬 수 없습니다. 이 때문에, 우선 대화를 통해 조직 내의 마인드셋을 변화시켜 조직을 보다 좋게 해 갈 의의가 있다는 것을 느끼게 하기 위해 행동 하였습니다.

우선, 조직을 변혁시키기 위해 중요한 위치의 키맨들과 대화하고, 자신의 과제감을 공유하고, 동료로 받아들여지는 것이 중요하였습니다. 대표나 다른 경영진, 사업 책임자, 법인 부문의 시설 책임자, 장기 근속자 중 영향력이 큰 직원 등 조직의 의사 결정에 영향을 미치며, 조직 구축을 위해 협력 받아야 할 필요가 있는 키맨들과 이야기를 하는 것부터 시작하였습니다. 이럴 때, 제가 인사책임자였기 때문에 제외시켜 두었지만, 인사책임자가 아닌 경우, 인사책임자도 키맨에 포함될 것입니다.

협력자들이 많을수록 원활하게 전환이 가능하기 때문에 가능한 키맨 외에도 많은 사원들과도 대화를 진행하고, 조직 변혁의 이해자를 조직 내에 증가시켜 왔습니다. 키맨 각각에게 '변화시킬만 하다'라는 제안을 갑작스럽게 주장하는 것이 아니라, '조직을 보다 좋게 만들고 싶다.'라는 의사를 전달하고, 과제에 대해 의견을 원한다는 대화 자세로 임하였습니다. 필자의 경우에는 '원격 근무의 퍼포먼스를 최대화시키면서, 오피스에 있을 때처럼 인간관계의 따뜻함을 유지 가능하다면, 오피스와 원격 근무의 좋은 부분을 겸비한 조직을 만들 수 있지 않을까?'하는 주제를 유지하며, 조언을 구하였습니다. 키맨으로부터 조언을 받음으로써, 키맨의 마인드셋이 **'안건의 문제점을 샅샅이 뒤져보는' 마인드에서 '조직을 좋게 만들기 위해 어떻게 할까?'라는 성장의 마인드셋으로 변화했습니다.**

여기서 키맨으로부터 얻은 조언을 채용하여, 같이 조직을 개선해간다는 협력 관계를 구축해 왔습니다. 키맨의 조언을 살려, 동일한 과제를 같이 마주하며 한편으로 글로벌 환경에서 성공한 사례로써 GitLab의 방법을 소개했고, 키맨에게 의견을 구했습니다. 이러한 환경 덕에, 키맨은 GitLab의 방법을 조직에 활용할 수 있는가라는 긍정적인 시점에서 바라볼 수 있게 됩니다. 'GitLab Handbook'의 각 항목에는, 근거가 되는 연구나 참고 문헌 등이 준비되어 있기 때문에, 긍정적인 시점에서 정중하게 이해 받을 수 있다면 충분히 메리트가 전해질 것입니다. 이러한 신뢰를 축적하며 동의를 얻는 것이 가능했습니다.

키맨의 협력을 얻어, 조직 개선의 분위기가 달아 오른 타이밍에 대표의 협력을 받아, 경영 회의에서 '퍼포먼스를 높이는 원격 조직을 구축하겠다'는 회사 공식 프로젝트를 발족하였습니다. 이후 제가 원격 근무 책임자로써 제3장에서 설명한 원격 조직으로 전환하는 프로세스에 따라 업무와 스케줄을 정리하여, 전환 계획을 설정하였습니다. 전사원에 대해 설명회를 실시하여, 그 때마다 키맨에게도 의의와 책임을 다양한 장소에서 말하도록 계속하여 요청하였습니다. 원격 조직으로 전환될 때, 처음에는 위화감을 품는다거나, 문제가 발생하는 경우 즉시 주변에 알리는 것이 중요합니다. 실제 제 경우도, 전환하고 얼마간은 오피스에서 근무하는 편이 좋았다는 목소리나 텍스트 커뮤니케이션이 차갑게 느껴져 무섭다라는 목소리가 나오는 경우도 있었습니다. 그러나, 다시 한 번 이러한 문제가 발생할 것을 상정하여 조직 내에서 끈질기게 대처해 나가기로 방침이 결정되었기 때문에, 망설임 없이 개선에 마주하였습니다. 이렇듯 트러블이나 문제에서 조직 변혁의 욕구를 꺾지 않기 위해, 이러한 문제가 발생하여도 올바르게 전환하는 과정 속에서 발생한 상황에 대응하며 조직을 완성시켜 가는 것이다, 라는 것이라고 전제를 통합하는 것에 주의할 필요가 있습니다. 또한 간단히 최저 1년은 되돌아갈 수 없음을 못박은 뒤 대응해야 합니다.

여기까지 준비가 갖춰지고 나서 우선 최소한의 규칙으로 핸드북을 작성하고, 특히 중요하게 지켜야 할 요점을 정리하였습니다. 추가로 Slack 등에 질문할 수 있는 채널을 준비하여, 사소한 내용이라 하더라도 질문할 수 있도록 하여 핸드북 내 URL을 활용하여 회답하였습니다. 이 Slack 채널을 운영하며 많은 사람들이 다른 사람의 질의응답을 볼 수 있어 학습 가능하였습니다. 또한 새로운 질문에 대한 답변이 있는 경우 핸드북에 답변을 반영하여 같은 질문이 나왔을 경우, URL을 보면 해결할 수 있도록 핸드북을 키워 갔습니다. 이와 동시에 신입 사원용 온보딩을 정비하여 새로운 사원이 원격 근무 조직에 익숙해 질 수 있도록 충분한 지원을 제공할 수 있도록 대처하였습니다.

원격 근무 조직의 운용을 지속함에 있어 텍스트 커뮤니케이션을 어려워하고 있는 팀원이 나타나거나, 고독함을 느끼는 팀원으로부터 상담을 받는 등 문제가 발생할 수 있습니다. 이러한 문제에 대한 트레이닝을 제공하여, 인포멀한 커뮤니케이션의 기회를 준비하는 등, 본서에서 설명한 정책을 실시하여 대응하였습니다. 제 경우에는 오프사이트라는 명목으로 3개월에 한 번은 모일 수 있는 사람들을 한 곳에 모아두고 일반적인 대화나 토론을 통해 커뮤니케이션의 기회를 만들었습니다. 이러한 개선을 반복하며 서서히 원격 근무 조직으로 전환하였고 북쪽으로는 홋카이도, 남쪽에는 큐슈에서 신입 사원이 입사하며 오피스에 모이는 것을 전제로 하지 않는 업무 방침이 당연시되어 왔습니다. 최근에는 오키나와에서 워케이션을 하거나, 일본과 오스트레일리아 두 곳에서 근무를 하는 팀원 등도 늘어나고 있습니다.

이러한 운영 경험은 약 2년간 계속해 온 결과이며, 안정적인 운용과 높은 퍼포먼스를 발휘할 수 있게 되어, 빛나는 원격 근무 상 등 다양한 표창을 받을 수 있게 되었습니다.

'GitLab Handbook'에 적혀진 조직 구축의 노하우를 실제 조직에 적용시키기 위해서는 운용에 대한 올바른 이해와 지속적인 조직으로써의 책임감이 불가결합니다. 그러나 노력은 필요하지만, GitLab의 대처 그 자체는 특별한 것이 없습니다. 착실히 쌓아온 것으로 누구든 재현할 수 있기 때문에, 높은 퍼포먼스의 조직을 구축하는 것이 가능합니다. 부디 본서를 읽고, 자신의 조직을 개선하기 위해 활용한다면 이보다 더 큰 영광은 없을 것입니다.

마지막으로, 본서의 간행에 있어 GitLab사의 핸드북 운용 상황 등 내부의 목소리를 들려주어, 필자의 해석에 오점이 없도록 어드바이스를 통해, 큰 공헌을 해 주신 감수의 이토 토시타카(伊藤俊廷)씨, 사사키 나오하루(佐々木直晴) 두 분께 특히 감사의 말씀을 전해드리고 싶습니다. 또한 이러한 기회를 제공해 준 쇼에이사, 본서에 언급한 수많은 연구자들, 조언을 아끼지 않은 친구분들께 진심으로 감사의 말씀을 올립니다.

GitLab Handbook
일 잘하는 글로벌 기업의 조직 문화

1판 1쇄 발행 2026년 1월 12일

저　　자 | 치다 카즈히로
발 행 인 | 김길수
발 행 처 | (주)영진닷컴
주　　소 | (우)08512 서울특별시 금천구 디지털로9길 32
　　　　　 갑을그레이트밸리 B동 10층 (주)영진닷컴
등　　록 | 2007. 4. 27. 제16-4189

ISBN | 978-89-314-8178-5